Budget Impact Analysen für pharmazeutische Innovationen in Deutschland

Schriften zur Gesundheitsökonomie 23

Budget Impact Analysen für pharmazeutische Innovationen in Deutschland

Martin Bierbaum

Bierbaum, Martin

Universität Erlangen-Nürnberg
Lehrstuhl für Gesundheitsmanagement
Lange Gasse 20
90403 Nürnberg, Deutschland

Budget Impact Analysen für pharmazeutische Innovationen in Deutschland
Schriften zur Gesundheitsökonomie 23, HERZ, Burgdorf 2013
Zugl. Erlangen, Nürnberg, Univ., Diss., 2013
Erstreferent: Prof. Dr. Oliver Schöffski, MPH
Zweitreferent: Prof. Dr. Martin Emmert
Datum der letzten mündlichen Prüfung: 05.11.2013
ISBN 978-3-936863-22-2

Herstellung: BoD - Books on Demand, Norderstedt

Inhaltsverzeichnis

Abkürzungsverzeichnis

AABG	Arzneimittelausgaben-Begrenzungsgesetz
ABAG	Arzneimittelbudget-Ablösungsgesetz
ABM	Agent-Based-Modelling
ADHS	Aufmerksamkeitsdefizit und Hyperaktivitätsstörung
AEP	Apothekeneinkaufspreis
AG MEG	Arbeitsgruppe Methoden der gesundheitsökonomischen Evaluation
AM	Arzneimittel
AMCP	Academy of Managed Care Pharmacy
AMD	altersbedingte Makuladegeneration
AMNOG	Arzneimittelmarktneuordnungsgesetz
AMPreisV	Arzneimittelpreisverordnung
AVP	Apothekenverkaufspreis
AVR	Arzneiverordnungs-Report
AVWG	Arzneimittelversorgungs-Wirtschaftlichkeitsgesetz
BeitrEntlG	Beitragsentlastungsgesetz
BI	Budget Impact
BIA	Budget Impact Analyse
BIM	Budget Impact Modell
BLA	Biological Licencse Application
BMG	Bundesministerium für Gesundheit
bspw.	beispielsweise
BSSichG	Beitragssatzsicherungsgesetz
bzw.	beziehungsweise
CADTH	Canadian Agency for Drugs and Technologies in Health
CBA	Cost-Benefit-Analysis
CCA	Cost-Consequence-Analysis
CCOHTA	Canadian Coordinating Office for Health Technology Assessment

CEA	Cost-Effectiveness-Analysis
CEO	Chief Executive Officer
CTMC	Continuous Time Markov Chain Model
CUA	Cost-Utility-Analysis
DAHTA	Deutsche Agentur für Health Technology Assessment
DEEPP	Describe, Evaluate, Explore, Predict and Persuade
DES	Discrete Event Simulation
DESTATIS	Statistisches Bundesamt
DGSMP	Deutsche Gesellschaft für Sozialmedizin und Prävention
DIMDI	Deutsches Institut für Medizinische Dokumentation und Information
DMP	Disease Management Programm
DNEbM	Deutsches Netzwerk für Evidenzbasierte Medizin
DRG	Diagnosis Related Groups
DTMC	Discrete Time Markov Chain Model
EBM	Einheitlicher Bewertungsmaßstab
EbM	evidenzbasierte Medizin
ECHTA	European Kollaboration in HTA
EMA	European Medicines Agency
EMBASE	Excerpta Medica Database
EU	Europäische Union
EUnetHTA	European network for Health Technology Assessment
FB	Festbetrag
FDA	Food and Drug Administration
FDE	Finite Difference Equations
FI	Fachinformation
FuE	Forschung und Entwicklung
G-BA	Gemeinsamer Bundesausschuss
GB	Großbritannien
GBE-Bund	Gesundheitsberichterstattung des Bundes

GEKID	Gesellschaft der epidemiologischen Krebsregister in Deutschland e. V.
GI-GO	Garbage In - Garbage Out Prinzip
GKV	Gesetzliche Krankenversicherung
GKV-FinG	GKV-Finanzierungsgesetz
GKV-OrgWG	Gesetz zur Weiterentwicklung der Organisationsstrukturen in der GKV
GKV-SolG	GKV-Solidaritätsstärkungsgesetz
GKV-VStG	GKV-Versorgungsstrukturgesetz
GKV-WSG	GKV-Wettbewerbsstärkungsgesetz
GKVRefG 2000	GKV-Gesundheitsreformgesetz 2000
GMDS	Deutsche Gesellschaft für Medizinische Informatik, Biometrie und Epidemiologie
GMG	GKV-Modernisierungsgesetz
GOÄ	Gebührenordnung Ärzte
GRG	Gesundheits-Reformgesetz
GSG	Gesundheitsstrukturgesetz
GSK	Glaxo-Smith-Kline
GVD	Global Value Dossier
HAP	Herstellerabgabepreis
HAS	Haute Autorité de Santé
HEED	Health Economic Evaluations Database
HMD	Human Mortality Database
HMO	Health Maintenance Organisation
HTA	Health Technology Assessment
HTAi	Health Technology Assessment International
i. d. R.	in der Regel
i. H. v.	in Höhe von
ICD	International Codification of Diseases
ICER	Incremental Cost-Effectiveness Ratio
IEH	Individual Event History Model
INAHTA	International Network of Agencies for Health Technology Assessment
IQWiG	Institut für Qualität und Wirtschaftlichkeit im Gesundheitswesen
ISM	Individual Sampling Model

ISPOR	International Society for Pharmacoeconomics and Outcomes Research
Jh.	Jahrhundert
KBV	Kassenärztliche Bundesvereinigung
KH	Krankenhaus
KISS	Keep It Simple Stupid
KIT	Karlsruher Institut für Technologie
KNA	Kosten-Nutzen-Analyse
KNWA	Kosten-Nutzwert-Analyse
KV	Kassenärztliche Vereinigung
KVEG	Kostendämpfungs-Ergänzungsgesetz
KVKG	Krankenversicherungs-Kostendämpfungsgesetz
KWA	Kosten-Wirksamkeits-Analyse
LQ	Lebensqualität
LYS	Life Years Saved
MDK	Medizinischer Dienst der Krankenkassen
MDS	Medizinischer Dienst der Spitzenverbände
MS	Multiple Sklerose
NCE	New Chemical Entity
NHS	National Health Service
NHSEED	NHS Economic Evaluation Database
NICE	National Institute for Health and Clinical Excellence
NME	New Molecular Entity
ODE	Ordinary Differential Equations
OR	Operations Research
OTA	Office of Technology Assessment
PBAC	Pharmaceutical Benefits Advisory Committee
PBMA	Programme Budgeting and Marginal Analysis
PKV	Private Krankenversicherung
PSA	Probabilistische Sensitivitätsanalyse

pU	pharmazeutischer Unternehmer
QALY	Quality Adjusted Life Year
RCT	Randomized Controlled Trial
RoR	Rule of Rescue
s.	siehe
SA	Sensitivitätsanalyse
SDM	System Dynamics Modell
SDT	Simulated Decision Tree
SGB	Sozialgesetzbuch
SGB V	Fünftes Sozialgesetzbuch
SMAC	Standing Medical Advisory Council
SMM	Simulated Markov Model
SPLDT	Simulated Patient-Level Decision Tree
SPLMM	Simulated Patient-Level Markov Model
TA	Technology Assessment
UAW	Unerwünschte Arzneimittelwirkungen
USA	United States of America
VHF	Vorhofflimmern
vs.	versus
VÄndG	Vertragsarztrechtsänderungsgesetz
WIdO	Wissenschaftliches Institut der AOK
WINEG	Wissenschaftliches Institut der TK für Nutzen und Effizienz im Gesundheitswesen
WIP	Wissenschaftliches Institut der PKV

Abbildungsverzeichnis

Tabellenverzeichnis

Früher litten wir an Verbrechen,
heute leiden wir an Gesetzen.

(Publius Cornelius Tacitus)

1 Einleitung

1.1 Relevanz des Themas

Die Gesundheitsversorgung der Bevölkerung ist sowohl in Industrie- als auch Entwicklungsländern ein zentrales Thema.[1] Während bei letzteren vor allem die Frage im Mittelpunkt steht, wie überhaupt eine elementare Versorgung hergestellt werden kann, geht es in den Industrieländern schon lange darum, welche der verfügbaren Maßnahmen zum Einsatz kommen sollen und wer die Kosten dafür trägt.[2] Auch im deutschen Gesundheitswesen besteht seit jeher die Herausforderung, ein Gleichgewicht zwischen hoher Qualität und allgemeinem Zugang zu innovativen Therapien einerseits, sowie den damit verbundenen Kosten bzw. der Finanzierbarkeit andererseits zu finden. Allein die Vielzahl an Gesundheitsreformen (s. Abbildung 1.1) zeigt sehr deutlich, dass es dem Gesetzgeber nur schwerlich gelingt, eine Balance zu finden. Bei näherer Betrachtung wird die Hilflosigkeit des Staates angesichts der Multidimensionalität der Ursachen jedoch schnell verständlich.

Für Ärzte und Patienten steht bei der Auswahl von Maßnahmen zunächst die Abwägung von Nutzen und Risiken bzw. Nebenwirkungen im Vordergrund. Dabei werden beide immer gewillt sein, sich für jene Maßnahme zu entscheiden, welche die maximale Gesundheit verspricht.[3] Erschwerend kommt hinzu, dass in der Regel keine Konsumentensouveränität herrscht, denn ein schwer erkrankter Mensch wäre bereit, jeden Preis für seine Heilung bezahlen ohne rational Kosten und Nutzen gegeneinander abzuwägen. Damit verhindern die fehlenden Mechanismen eines freien Marktes den effizienten Umgang mit den zur Verfügung stehenden Ressourcen.[4] In der Gesetzlichen Krankenversicherung (GKV) wird der Effekt obendrein noch durch die Trennung von Entscheider, Patient und Kostenträger verstärkt.[5] In der Folge kommt es zu einem

[1] Vgl. Bundeszentrale für politische Bildung (Hrsg.) (2013b).
[2] Vgl. Kleinrock, M. (2012), S. 2.
[3] Vgl. Siebert, U. (2003), S. 143.
[4] Vgl. Kersting, W. (2007), S. 29–33.
[5] Vgl. Schöffski, O. (2008), S. 14.

Abbildung 1.1: Gesundheitsreformen seit 1977

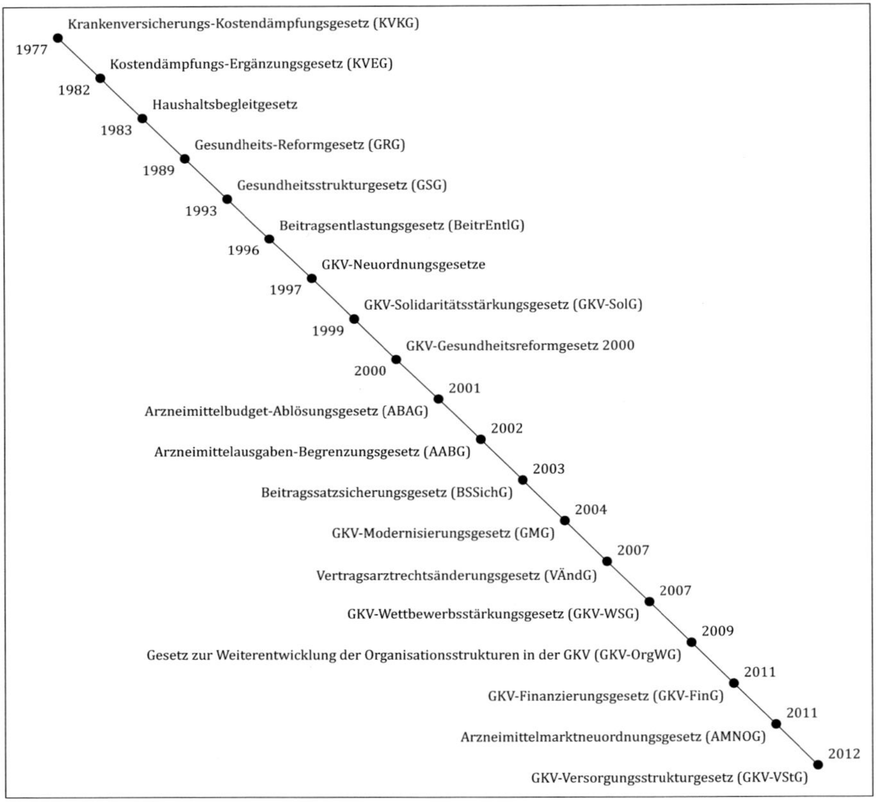

Quelle: Eigene Darstellung nach Kassenärztliche Vereinigung Bayern (Hrsg.) (2012); AOK-Bundesverband (Hrsg.) (2012).

übermäßigen Konsum an Gesundheitsleistungen, „da die Grenzkosten für die Inanspruchnahme einer Leistung beim Patienten nahe Null sind.“[6]

In Deutschland wird die Finanzierung der GKV durch das Umlageverfahren sichergestellt, d. h. Einnahmen und Ausgaben müssen aufs Jahr betrachtet einander entsprechen.[7] Während dieses System in Zeiten wirtschaftlicher Prosperität gut funktionierte, gerät es seit einiger Zeit sowohl von der Einnahmen- als auch der Ausgabenseite zunehmend in Schieflage. Die Einnahmenseite kommt durch den demographischen Wandel sowie Niedriglohn und erhöhter Arbeitslosigkeit in Folge der Globalisierung und Technisierung bestimmter Wirtschaftszweige unter Druck. Außerdem lassen sich die ans Arbeitseinkommen gekoppelten Beiträge aus politischen Gründen nicht beliebig erhöhen.[8] Auf der Ausgabenseite hingegen führen die höhere Lebenserwartung mit einer im Alter zunehmenden Morbidität, sowie die Zunahme chronischer Volkskrankheiten in Verbindung mit dem medizinischen Fortschritt und der modernen Apparatemedizin zu steigenden Ausgaben.[9]

Zunächst kann natürlich durch Rationalisierung wie bspw. die Vermeidung unnötiger Doppeluntersuchungen versucht werden, die Mittel für die zusätzliche Nachfrage nach Gesundheitsleistungen innerhalb der vorhandenen Budgets bereit zu stellen. Das Wirtschaftlichkeitsgebot in §12 des SGB V mahnt ohnehin an, dass Maßnahmen *ausreichend, zweckmäßig und wirtschaftlich sein* müssen und *das Maß des Notwendigen nicht überschreiten* dürfen.[10] Da aber auch die Rationalisierung ihre Grenzen hat und die dem Gesundheitswesen zur Verfügung stehenden Ressourcen beschränkt sind,[11] ist es weder möglich noch sinnvoll, jedem ein Maximum an Gesundheitsleistungen zukommen

[6] Schöffski, O. (2008), S. 14.
[7] Vgl. Schöffski, O. (2008), S. 8–9.
[8] Vgl. Bundesministerium für Gesundheit (Hrsg.) (2012c); Bundeszentrale für politische Bildung (Hrsg.) (2013a).
[9] Vgl. Trueman, P., Drummond, M., Hutton, J. (2001), S. 609; Wang, Z., Salmon, J. W., Walton, S. M. (2004), S. 48; Cohen, J., Stolk, E., Niezen, M. (2007), S. 727; Schulenburg, J.-M. Graf v. d. (2007), S. 21; Kersting, W. (2007), S. 41; BernsteinResearch (Hrsg.) (2008), S. 13; Sachverständigenrat zur Begutachtung der Entwicklung im Gesundheitswesen (2009), S. 27–28, 35–79; Bundesministerium für Gesundheit (Hrsg.) (2012b); Bundeszentrale für politische Bildung (Hrsg.) (2013b); Freund, M., Lüftner, D. (Hrsg.) (2013).
[10] Vgl. Fünftes Buch Sozialgesetzbuch - Gesetzliche Krankenversicherung (2011), §12, Abs. 1, S. 1; Schulenburg, J.-M. Graf v. d., Vauth, C. (2007), S. 788.
[11] Ob diese Beschränkung durch einen naturgegebenen Mangel entsteht oder gesellschaftlich-politisch gewollt ist, spielt dabei zunächst keine Rolle.

zu lassen.[12] Folglich muss eine Instanz darüber entscheiden, welche Maßnahmen erstattet werden bzw. bis zu welcher Höhe. Für die GKV in Deutschland wird diese Aufgabe vom Gemeinsamen Bundesausschuss wahrgenommen.[13] Den Rahmen, innerhalb dessen diese Entscheidungen getroffen werden, gibt dabei das Fünfte Sozialgesetzbuch vor.[14]

Da in letzter Konsequenz irgendeine Form von Rationierung unausweichlich ist, so muss sie in ihrer Umsetzung doch gerechtigkeitsethischen Maßstäben genügen.[15] Das heißt, nur wenn Kosten und Nutzen der Maßnahmen messbar gemacht werden und diese anschließend entsprechend ihres Verhältnisses zueinander evaluiert werden, kann es gelingen, die Entscheidungen über die Erstattungsfähigkeit und die Aufnahme in individuelle Leistungsspektren auf eine rationale Grundlage zu stellen.[16] Dieses mess- und vergleichbar machen unterschiedlichster Maßnahmen ist Aufgabe der Gesundheitsökonomie, eine anwendungsorientierte Wissenschaft, die als „die Analyse der wirtschaftlichen Aspekte des Gesundheitswesen unter Verwendung von Konzepten der ökonomischen Theorie“[17] definiert werden kann. Das Ziel der Gesundheitsökonomie ist dabei die Bereitstellung qualitativ hochwertiger und verlässlicher Informationen für Entscheidungsträger im Gesundheitswesen.[18]

Weil das Thema Rationierung im Gesundheitswesen immer auch von einer gewissen Brisanz begleitet wird, sind insbesondere bestehende Maßnahmen eher selten Gegenstand von Erstattungsentscheidungen. Vielmehr konzentriert sich das Geschehen auf Innovationen und dabei insbesondere auf Arzneimittel, da diese als Kostentreiber wahrgenommen werden und es politisch wesentlich einfacher ist, einer neuen Maßnahme den Zugang zur Erstattung

12 Vgl. Schulenburg, J.-M. Graf v. d. (2007), S. 21; Kersting, W. (2007), S. 37–39; Schöffski, O., Schumann, A. (2007a), S. 6.
13 Vgl. Gemeinsamer Bundesausschuss (Hrsg.) (2012).
14 Vgl. Fünftes Buch Sozialgesetzbuch - Gesetzliche Krankenversicherung (2011).
15 Vgl. Schöffski, O., Schumann, A. (2007a), S. 8–9.
16 Vgl. Kersting, W. (2007), S. 26; Schulenburg, J.-M. Graf v. d. (2007), S. 21; Greiner, W. (2007), S. 462, 464; John, J., Leidl, R. (2004), S. 221; Schöffski, O., Schumann, A. (2007a).
17 Schulenburg, J.-M. Graf v. d. (2007), S. 15.
18 Vgl. Orlewska, E., Mierzejewski, P. (2004), S. 2; Schulenburg, J.-M. Graf v. d. (2007), S. 13, 16–17.

in der GKV zu verwehren, als eine etablierte Maßnahme aus dem Katalog zu streichen.[19]

Die in der Praxis vorhandene Fokussierung auf Arzneimittel bei Erstattungsentscheidungen bringt einige Besonderheiten mit sich. Bei Arzneimitteln handelt es sich bereits um sehr streng kontrollierte Produkte, die erst nach aufwändigen Prüfungsverfahren in Verkehr gebracht werden dürfen. Man spricht in diesem Zusammenhang von den drei Hürden *Wirksamkeit, Unbedenklichkeit* und *Qualität*, die ein neues Medikament zunächst überwinden muss.[20] In Deutschland reichte es bis vor einiger Zeit noch aus, die Zulassung für ein Medikament zu erhalten, um automatisch in den Erstattungskatalog der GKV aufgenommen zu werden. Inzwischen existiert dieser Automatismus nicht mehr. Im Rahmen der Rationierung wurden vom Gesetzgeber weitere Hürden für die Erstattung eingeführt. Dabei gilt die Kosten-Nutzen-Bewertung als 4. Hürde und die Finanzierbarkeit stellt die 5. Hürde dar.[21] International betrachtet hat Deutschland zwar erst sehr spät Maßnahmen der 4. Hürde für Arzneimittel etabliert (s. Abbildung 1.2), war dafür allerdings in den letzten Jahren gesetzgeberisch sehr aktiv. Jüngstes Beispiel hierfür ist das Anfang 2011 in Kraft getretene Arzneimittelmarktneuordnungsgesetz (AMNOG). Eines der Ziele des AMNOG ist es, den Ausgabenanstieg im Arzneimittelbereich abzufangen.[22]

Abbildung 1.2: Übersicht zur Einführung der 4. Hürde

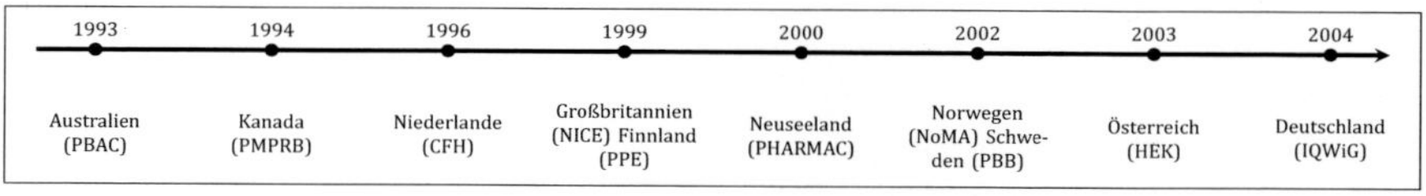

Quelle: Eigene Darstellung nach Zentner, A., Garrido, M. V., Busse, R. (2005).

[19] Vgl. Moharra, M., Kubesch, N., Estrada, M. u. a. (2008), S. 18; Wild, C. (2010), S. 1; Egly, H.-J., Fritzsche, S., Milz, T. (2012), S. 12; Schulenburg, J.-M. Graf v. d. (2007), S. 21–22; Trueman, P., Drummond, M., Hutton, J. (2001), S. 609; Orlewska, E., Mierzejewski, P. (2004), S. 2.

[20] Vgl. Gesetz über den Verkehr mit Arzneimitteln (2012), §1; Orlewska, E., Mierzejewski, P. (2004), S. 1.

[21] Vgl. Trueman, P., Drummond, M., Hutton, J. (2001), S. 609–610; Orlewska, E., Mierzejewski, P. (2004), S. 1; GKV Spitzenverband (Hrsg.) (2013a), S. 26; Marshall, D. A., Douglas, P. R., Drummond, M. F. u. a. (2008), S. 489.

[22] Vgl. Gesetz zur Neuordnung des Arzneimittelmarktes in der gesetzlichen Krankenversicherung (2010); John, J., Leidl, R. (2004), S. 220.

Das AMNOG sieht vor, dass jedes neue Arzneimittel einer schnellen Nutzenbewertung nach §35a SGB V unterzogen wird und anschließend auf Basis der Ergebnisse Preisverhandlungen zwischen Spitzenverband und pharmazeutischem Unternehmer (pU) stattfinden, sofern das Arzneimittel nicht schon auf Grund der Nutzenbewertung in eine Festbetragsgruppe einsortiert wurde. Dem pharmazeutischen Unternehmer steht dann die Möglichkeit offen, eine Kosten-Nutzen-Bewertung durchführen zu lassen, falls das Ergebnis der frühen Nutzenbewertung nicht seiner Sicht der Dinge entspricht.

Eigentlich sollte bei der Entscheidung für oder gegen Maßnahmen deren Effizienz, also der Nutzen, den man für das investierte Geld erhält, ausschlaggebend sein. Allen Lippenbekenntnissen zum Trotz zeigt sich in der Praxis aber oft, dass für viele Entscheider im Gesundheitswesen der reine Preis bzw. die Kosten einer Leistung die dominierende Rolle spielen, wenn es um die Bewertung von Gesundheitsleistungen geht.[23] Und so ist auch die typische Frage nicht *Ist das wirtschaftlich?* oder *Ist das kosten-effektiv?*, sondern *Was kostet das?* Selbst viele Gesetze tragen schon im Namen Begriffe wie *Kostendämpfung* oder *Ausgabenbegrenzung* und greifen vor allem in die Preisbildung ein. Ernsthafte Bestrebungen, die Effizienz zu steigern, sind dagegen selten. Auch die Preisverhandlungen im Anschluss an die schnelle Nutzenbewertung im AMNOG-Prozess werden auf Basis von Vergleichspreisen aus dem europäischen Ausland durchgeführt, obwohl die Preise im Ausland recht wenig mit dem Kosten-Nutzen-Verhältnis und dem Wert des Arzneimittel für die deutsche GKV zu tun haben.[24]

Da Preisen und Budgetwirkung ganz offensichtlich eine große Bedeutung zukommt, erscheint es umso wichtiger, dass hierbei valide Informationen als Diskussions- und Entscheidungsgrundlage zur Verfügung stehen. Anderenfalls läuft man Gefahr, dass Milchmädchen-Rechnungen, verzerrte Wahrnehmungen und Bauchgefühl die Basis von Erstattungsentscheidungen werden. Das gesundheitsökonomische Instrument, dass sich mit den finanziellen Konsequenzen der Diffusion neuer Technologien beschäftigt, sind so genannte Budget Impact Analysen (BIAs). Das Ziel von Budget Impact Analysen ist es, die finanziellen Konsequenzen der Einführung und Diffusion neuer Maßnah-

[23] Vgl. Flochel, P. (2012), S. 6, 8; Egly, H.-J., Fritzsche, S., Milz, T. (2012), S. 12; Nuijten, M. J. C., Rutten, F. (2002), S. 856.

[24] Vgl. Laschet, H. (2013).

men im Gesundheitswesen bei gegebenen Rahmenbedingungen abzuschätzen.[25]

Wie bei den Kosten-Nutzen-Bewertungen erstreckt sich die Bandbreite auch bei Budget Impact Analysen, deren wesentlicher Kern die Budget Impact Modelle sind, von einfachen Überschlagsrechnungen bis hin zu komplexen Modellierungen. Ein unrühmliches Beispiel für zu stark vereinfachte Budget Impact Analysen lieferte vor einiger Zeit das Medikament Lucentis. Hier wurden die Therapiekosten einfach mit allen potentiellen Patienten multipliziert und der Öffentlichkeit eine Milliardensumme präsentiert, die das Gesundheitsbudget gesprengt hätte.[26] So unrealistisch dieses Szenario auch war, es zeigte eindrucksvoll, wie schnell solche Milchmädchen-Rechnungen auch zum Problem für den pharmazeutischen Unternehmer werden können, wenn diese bereitwillig von den Medien aufgegriffen und verzerrt dargestellt werden. Die Modellierungen am entgegengesetzten Ende des Spektrums bringen andere Herausforderungen mit sich. Ihnen wird in der Regel mit einer gewissen Skepsis begegnet, obwohl die Verwendung von computergestützten mathematischen Modellen unterschiedlicher Komplexität in Wissenschaft und Wirtschaft gängige Praxis ist.[27] Für Budget Impact Analysen ist es daher nicht nur notwendig, die Methoden ständig zu verbessern, sondern auch zu überlegen, wie das Vertrauen in die Ergebnisse gestärkt werden kann.

1.2 Ziele der Arbeit

Budget Impact Analysen werden international schon seit langem eingesetzt und die Entwicklung der Methoden und Leitlinien hat in den letzten Jahren deutliche Fortschritte gemacht. Allerdings werden in der bestehenden Literatur überwiegend Aspekte der praktischen Umsetzung behandelt, obwohl an vielen Stellen Fragen zur Definition und Abgrenzung des Instruments unbeantwortet bleiben. In der vorliegenden Arbeit soll daher zunächst eine eigene Arbeitsdefinition zum Begriff der Budget Impact Analyse aus den verschiedenen bestehenden Definitionsversuchen abgeleitet werden. Davon ausgehend soll geklärt werden, welche Bedeutung Budget Impact Analysen beizumessen

[25] Vgl. Mauskopf, J. A., Sullivan, S. D., Annemans, L. u. a. (2007), S. 337.
[26] Vgl. bspw. Hackenbroch, V. (2006).
[27] Vgl. Ortlieb, C. P., Dresky, C. v., Gasser, I. u. a. (2009), S. V.

ist und wie diese im Prozess der Bewertung von Gesundheitstechnologien eingeordnet werden können. In Deutschland existieren, insbesondere für Arzneimittel, bisher noch keine speziellen Leitlinien. Daher wird der aktuelle Stand der Methoden und Leitlinien erhoben und um deutsche Besonderheiten ergänzt. Den Abschluss der Untersuchung bildet dann der Vergleich dieser speziellen Methoden mit bestehenden Budget Impact Analysen für Arzneimittel in Deutschland.

1.3 Gang der Arbeit

Zur Bearbeitung der Ziele müssen zunächst die in engem Verhältnis zu Budget Impact Analysen stehenden Themenbereiche Modellierungen, Health Technology Assessment und pharmazeutische Innovationen betrachtet werden.

Da Budget Impact Modelle den wesentlichen Kern einer Budget Impact Analyse darstellen, erfolgt zunächst die Behandlung der modelltheoretischen Grundlagen in Kapitel 2. Die Ausführungen bilden die Grundlage für die spätere Einordnung der Budget Impact Modelle, liefern aber auch wichtige Hinweise auf den Umgang mit Modellen und ihren Ergebnissen. Das Kapitel beginnt mit der Klärung des Modellbegriffs im allgemeinen Sprachgebrauch sowie im ökonomischen Kontext (Abschnitt 2.1). Es folgen die Grundlagen der Modellbildung (Abschnitt 2.2), auf welche sich die späteren Ausführungen zur Entwicklung von Budget Impact Modellen stützen. Die Abhandlungen zum Realitätsbezug (Abschnitt 2.2.1) und zum Beitrag mathematischer Modelle (Abschnitt 2.2.2) verdeutlichen den Werkzeugcharakter von Modellen. In den weiteren Unterkapiteln zum Prozess der Modellbildung (Abschnitt 2.2.3), der Bedeutung der Sprache (Abschnitt 2.2.4) und der Rolle des Modellierers (Abschnitt 2.2.5) werden verschiedene allgemeingültige Konzepte dargestellt, die sich später in den Leitlinien zu Budget Impact Analysen wiederfinden. Im Abschnitt 2.3 werden die Entwicklung der Modelle in den Wirtschaftswissenschaften beschrieben sowie Ansätze zur Kategorisierung vorgestellt. Konkretisiert werden die allgemeinen Überlegungen dann in der Analyse von Modellen in der gesundheitsökonomischen Evaluation (Abschnitt 2.4). Die hier erarbeiteten Zusammenhänge erlauben später die Einordnung der Budget Impact Analyse in die Methoden der gesundheitsökonomischen Evaluation. Darüber hinaus liefern sie den Rahmen, in dem die Ergebnisse und das Verständnis von Budget Impact Modellen interpretiert werden müssen. Ferner erklärt die Diskussion um die Vor- und Nachteile von Modellen im Vergleich zu Real-World-Studien auch einen Großteil der Probleme um die Anerkennung der Ergebnisse von Budget Impact Modellen.

In Kapitel 3 wird das Konzept des Health Technology Assessment (HTA) vorgestellt. Die Entwicklung von HTA steht in engem Zusammenhang mit der Entwicklung gesundheitsökonomischer Modellierungen und der Institutionalisierung der vierten Hürde. In dieser Rolle bildet HTA die Grundlage für den Prozess der Bewertung neuer Gesundheitstechnologien. Darüber hinaus stellt HTA den inhaltlichen Rahmen für die Evaluation dar, wenn es darum geht, objektive Entscheidungsgrundlagen nach standardisierten Methoden zu schaffen. Nach Begriffsbestimmung und Historie (Abschnitt 3.1) werden Untersuchungsgegenstand und Ziel (Abschnitt 3.2), beteiligte Institutionen (Abschnitt 3.3) sowie der Ablauf des HTA-Prozesses (Abschnitt 3.4) beschrieben. Im Anschluss wird untersucht, welche Auswirkungen HTA-Reports haben (Abschnitt 3.5) und welche Bedeutung die ökonomischen Aspekte, Modellierungen und Budget Impact Analysen im Health Technology Assessment einnehmen (Abschnitt 3.6). In Abschnitt 3.7 schließlich werden die grundsätzlichen Probleme der frühzeitigen Bewertung von Innovationen thematisiert, von denen vor allem Budget Impact Analysen betroffen sind.

Da sowohl im Health Technology Assessment als auch bei Budget Impact Analysen überwiegend neue Arzneimittel Untersuchungsgegenstand sind, werden in Kapitel 4 die Hintergründe der pharmazeutischen Industrie und Arzneimittelentwicklung vorgestellt. Dies ist notwendig, da sich aus der historischen Entwicklung (Abschnitt 4.1) und dem Verständnis des Geschäftsmodells der Pharmaindustrie (Abschnitt 4.2), die Ursachen für die Konzentration der Maßnahmen zur vierten und fünften Hürde auf Arzneimittel ableiten lassen. An dieser Stelle werden in Abschnitt 4.3 zudem die Bedeutung des deutschen Pharmamarktes und die rechtlichen Rahmenbedingungen in Deutschland erörtert.

Kapitel 5 bildet den Kern der Arbeit. Nach einer kurzen Begriffsklärung in Abschnitt 5.1 erfolgt in Abschnitt 5.2 die Beschreibung des methodischen Vorgehens zur Literaturrecherche zu den Methoden und Leitlinien von Budget Impact Analysen. Aufbauend auf den Definitionen aus der Literatur wird zunächst eine eigene Arbeitsdefinition abgeleitet (Abschnitt 5.3.1). Im Anschluss erfolgt die Verortung im Bezug zum HTA, der Modelltheorie und in den verschiedenen gesundheitsökonomischen Studienformen (Abschnitt 5.3.2). Besonderer Wert wird in Abschnitt 5.3.3 auf die Abgrenzung zu den Kosten-Nutzen-Analysen gelegt. Die folgenden Unterkapitel beschäftigen sich mit der Historie (Abschnitt 5.4), dem Untersuchungsgegenstand (Abschnitt 5.5) und der Bedeutung (Abschnitt 5.6) von Budget Impact Analysen. Den größten Umfang nimmt Abschnitt 5.7 ein. Hier werden die Methoden aus der gesichteten Literatur zusammengefasst und um deutsche Besonderheiten ergänzt. Der Aufbau des Kapitels orientiert sich dabei am tatsächlichen Entwicklungsprozess einer Budget Impact Analyse in der Praxis. Schließlich folgt in Abschnitt 5.8 die empirische Analyse bestehender Budget Impact Analysen im Vergleich zu den zuvor erarbeiteten Methoden.

Kapitel 6 bildet mit einer kurzen Zusammenfassung der gewonnenen Erkenntnisse den Abschluss der Arbeit. Dabei werden insbesondere noch einmal die Grundlagen in Bezug zu den Besonderheiten von Budget Impact Analysen in Deutschland gesetzt und Hinweise auf zukünftige Entwicklungsmöglichkeiten gegeben.

2 Modelltheoretische Grundlagen

Everything should be made as simple as possible, but not simpler.

(Albert Einstein)

2.1 Modellbegriff

2.1.1 Allgemein

Der Begriff *Modell* hat im allgemeinen Sprachgebrauch verschiedene Bedeutungen. So findet er unter anderem auch in der Mode bzw. den Künsten Verwendung oder dient der Beschreibung eines Gegenstandes wie bspw. eines Musters oder der konkreten Ausgestaltung eines Fabrikats. Für die vorliegende Arbeit ist allerdings nur die wissenschaftliche und in Grenzen die mathematisch, logische Bedeutung von Relevanz. Als erster Anhaltspunkt der weiteren Begriffsklärung sollen daher die zwei folgenden, eher allgemein gehaltenen Beschreibungen dienen. Der Duden beschreibt Modelle etwas abstrakt: „(Wissenschaft) innere Beziehungen und Funktionen von etwas abbildendes bzw. [schematisch] veranschaulichendes [und vereinfachendes, idealisierendes] Objekt, Gebilde“[28] bzw. „(mathematische Logik) Interpretation eines Axiomensystems, nach der alle Axiome des Systems wahre Aussagen sind“[29]. Etwas verständlicher formuliert der Brockhaus: „ein Abbild eines Objekts oder Objektbereichs, bei dem die für wesentlich erachteten Eigenschaften hervorgehoben und als nebensächlich angesehene Aspekte außer Acht gelassen werden. In diesem Sinn ist ein Modell also ein vereinfachtes Abbild der Wirklichkeit.“[30] Eine umfangreiche Übersicht zu weiteren Bedeutungen und Definitionen findet sich bei MÜLLER, der auch detailliert auf die historische Entwicklung der Begrifflichkeiten eingeht.[31] STACHOWIAKS *Allgemeine Modelltheorie* bietet darüber hinaus eine philosophische Hinführung zum Modellbegriff.[32] Er verdeutlicht auch die Weite des Modellbegriffs, indem er schreibt „Modell in jenem mehrfach zu relativierenden Sinne ist ebenso die ‚elementarste‘ Wahrnehmungs‚gegebenheit‘ wie die komplizierteste, um-

[28] Bibliographisches Institut GmbH (Hrsg.) (2012).
[29] Bibliographisches Institut GmbH (Hrsg.) (2012).
[30] Brockhaus Enzyklopädie (Hrsg.) (2012).
[31] Vgl. Müller, R. (2012).
[32] Vgl. Stachowiak, H. (1973).

fassendste Theorie. Modell ist das vermeintlich objektive Erkenntnisgebilde ebenso wie die Gedankenkonstruktion, die ihre Subjektivität und Perspektivität betont."[33] Abbildung 2.1 gibt einen Überblick über die verschiedenen Arten von Modellen.

Nach STACHOWIAK ist der allgemeine Modellbegriff durch drei wesentliche Merkmale gekennzeichnet:[34]

Abbildungsmerkmal „*Modelle sind stets Modelle von etwas, nämlich Abbildungen, Repräsentationen natürlicher oder künstlicher Originale, die selbst wieder Modelle sein können.*"[35] Das Original eines Modells ist im Prinzip beliebig und kann materiellen oder immateriellen Ursprungs sein.[36] Original und Modell werden hier abstrakt als so genannte Attributklassen erfasst. Als Grundlage dient der mathematische Abbildungsbegriff und beschreibt die Zuordnung von Original- zu Modell-Attributen.

Verkürzungsmerkmal „*Modelle erfassen im allgemeinen nicht alle Attribute des durch sie repräsentierten Originals, sondern nur solche, die den jeweiligen Modellerschaffern und/oder Modellbenutzern relevant scheinen.*"[37] Um eine Auswahl von Attributen treffen zu können, müssen alle Attribute von Original und Modell bekannt sein. Dieser Fall liegt immer dann vor, wenn der Modellierende Original und Modell in Personalunion erschaffen hat. Nur dann ist auch ein Original-Modell-Vergleich eindeutig ausführbar. Inwieweit Kenntnis über alle Attribute eines Originals vorliegen kann, herrscht weder in der Philosophie noch den Wirtschaftswissenschaften Einigkeit.[38]

Pragmatisches Merkmal „*Modelle sind ihren Originalen nicht per se eindeutig zugeordnet. Sie erfüllen ihre Ersetzungsfunktion a) für bestimmte – erkennende und/oder handelnde, modellbenutzende – Subjekte, b) innerhalb bestimmter Zeitintervalle und c) unter Einschränkung auf bestimmte ge-*

[33] Stachowiak, H. (1973), S. 56.
[34] Vgl. Stachowiak, H. (1973), S. 131–133.
[35] Stachowiak, H. (1973), S. 131.
[36] Vgl. Buddensiek, W., Kaiser, F.-J., Kaminski, H. (1980), S. 97.
[37] Stachowiak, H. (1973), S. 132.
[38] Vgl. Watzlawick, P. (1976); Stachowiak, H. (1973), S. 285–303; Reihlen, M. (1997); Zschocke, D. (1995), S. 273–280; Müller, R. (1983).

Abbildung 2.1: Übersicht der Modell-Arten nach Stachowiak mit Beispielen

A **Graphische Modelle**
- I. Bildmodelle
  - a. Abbildungen, Abbilder, Bilder
    - i. photographisch (Einzelbilder, Bildfolgen)
    - ii. nicht-photographisch (Zeichnungen, Gemälde)
  - b. Teilschematische Abbildungen (medizinische Atlanten)
  - c. Vollschematische Abbildungen (chem. Strukturformeln)
- II. Darstellungsmodelle
  - a. Diagramme, Schaubilder
  - b. Darstellungsgraphen
  - c. Gerichtete Graphen - Fluidogramme
    - i. Flussdiagramme (Organogramme, Soziogramme)
    - ii. Schaltbilder (Blockschaltbilder)

B **Technische Modelle**
- I. Physikotechnische Modelle
  - a. mechanisch
    - i. statisch (Globus, Relief, Schallplatte)
    - ii. dynamisch (Planetarien, Flugsimulator)
  - b. elektrotechnisch
    - i. elektro-mechanisch
    - ii. elektronisch (Prothesen, Computermodelle)
    - iii. elektro-chemisch
- II. Bio-, psycho- und soziotechnische Modelle
  - a. biotechnisch (Tierversuche, Generationsexperimente)
  - b. psychotechnisch (experimentelle Tierpsychologie, Repräsentativbefragungen)
  - c. soziotechnisch (Gruppendynamik)

C **Semantische Modelle**
- I. Interne Modelle
  - a. Perzeptionsmodelle
    - i. Perzeptionsform (internes Partialmodell)
    - ii. internes Außenweltmodell
  - b. Kogitatives Modell
    - i. internes Kombinationsmodell
    - ii. internes Derivationsmodell
- II. Externe Modelle (konventionalisierte Zeichenmodelle)
  - a. Kommunikationssysteme 1. Ordnung (Umgangssprache)
  - b. Kommunikationssysteme 2. Ordnung (Schrift)
- III. Hauptklassen semantischer Modelle
  - a. Emotional-Klasse
  - b. Kognitiv-Klasse
    - i. nicht-szientifisch
      - vorwissenschaftlich-deklarativ
      - poetisch
      - metaphysisch
    - ii. szientifisch
      - formal-wissenschaftlich (Axiomensysteme, mengentheoretisch Belegungsmodelle)
      - empirisch-theoretisch (empirische Belegungsmodelle)
      - empirisch-operativ, prospektiv (Entscheidungs-/Prognosemodelle)

Quelle: Vgl. Stachowiak, H. (1973), S. 168, 190–196, 213–284.

dankliche oder tatsächliche Operationen.“[39] Das Pragmatische bestimmt sich also dadurch, dass Modelle nicht nur für etwas, sondern auch zu einem bestimmten Zweck innerhalb einen definierten Zeitbezugs für jemanden erschaffen werden.

„Eine pragmatisch vollständige Bestimmung des Modellbegriffs hat nicht nur die Frage zu berücksichtigen, wovon etwas Modell ist, sondern auch, für wen, wann und wozu bezüglich seiner je spezifischen Funktionen es Modell ist.“[40] Die Zwecke, denen Modelle in der Wissenschaft dienen, können zugleich ihrer Kategorisierung dienen und sind in Tabelle 2.1 aufgeführt. Darüber hinaus ermöglichen Modelle die Untersuchung von Originalen, die entweder nur unter großen Gefahren, mit enormen Ressourcenverbrauch oder in langen Zeiträumen zu erfassen wären, oder in ihrer natürlichen Komplexität nicht sinnvoll erfassbar sind und daher einer Vereinfachung auf das Wesentliche bedürfen.[41] Das Grundprinzip der Modellierung ist dabei immer gleich. Es erfolgt durch Abbildung des Originals in das Modell. Dabei werden in der Regel Elemente des Originals weggelassen und dafür neue Elemente dem Modell hinzugefügt. Anschließend kann das Modell noch in verschiedenen Schritten verändert werden. So lange die durchgeführten Schritte eindeutig und nachvollziehbar sind, können die am Modell gewonnenen Erkenntnisse anschließend wieder auf das Original übertragen werden.[42]

Tabelle 2.1: Kategorien wissenschaftlicher Modelle

Demonstrationsmodelle	Veranschaulichung von Zusammenhängen
Experimentalmodelle	Ermittlung oder Überprüfung von Hypothesen
Theoretische Modelle	Erkenntnisvermittlung in logisch bündiger Form
Operative Modelle	Bereitstellung von Entscheidungs- und Planungshilfen

Quelle: Vgl. Stachowiak, H. (1973), S. 139.

[39] Stachowiak, H. (1973), S. 131–132.
[40] Stachowiak, H. (1973), S. 133.
[41] Vgl. Stachowiak, H. (1973), S. 139; Wöhe, G., Döring, U. (2005), S. 15–16; Buxton, M. J., Drummond, M. F., Hout, B. A. van u. a. (1997), S. 1; Neugebauer, W. (1980), S. 51.
[42] Vgl. Stachowiak, H. (1973), S. 140.

2.1.2 Ökonomisch

In der Ökonomie und anderen Bereichen wird der Modellbegriff häufig wenig präzise verwendet, mit der Folge, dass hinsichtlich Geltungsbereich und Aussagegehalt oft Unklarheit herrscht. Zwar finden sich die Merkmale des allgemeinen Modellbegriffs auch in den meisten wirtschaftswissenschaftlichen Definitionen wieder, allerdings zeigen sich bei genauer Betrachtung auch große Unterschiede und teilweise sogar Widersprüche zwischen den verschiedenen Definitionen.[43] Der Ökonom DIETRICH ZSCHOCKE hat sich dieser Problematik angenommen und hat dabei einen der umfassendsten Ansätze zur Begriffsklärung für die Ökonomie durchgeführt. Er hat eine Stichprobe von 65 verschiedenen Definitionen von Modell aus Formal-, Real- und Metawissenschaften zusammengetragen und diese anhand von acht Merkmalen[44] systematisch analysiert. Darauf aufbauend hat er anschließend ein Modellkonzept der Realwissenschaften abgeleitet, sowie eine Explikation des Modellbegriffs für die Ökonomie vorgenommen.[45]

Neben der Explikation eines Modellbegriffs kam ZSCHOCKE bei seinen Untersuchungen zu dem Ergebnis, dass in den Formal- und Realwissenschaften ein unterschiedlicher Modellbegriff Verwendung findet.[46] Der Modellgedanke der Formalwissenschaften wie Logik und Mathematik beschreibt einen Abbildungsprozess vom Allgemeinen (Axiomensystem) hin zum Speziellen (Interpretation des Axiomensystems), während in den Realwissenschaften wie der Ökonomie vom Speziellen (Ausschnitt der Realität) hin zum Allgemeinen (Modell) abstrahiert wird. Anders ausgedrückt ist den Formalwissenschaften das Modell der Interpretationsrahmen eines allgemeinen Originals und in den Realwissenschaften ist das Modell das Ergebnis eines Abbildungsvorgangs.

---

[43] Vgl. Ruchti, H. (1956), S. 37; Angermann, A. (1963), S. 14; Zschocke, D. (1995), S. 249; Mankiw, N. G., Taylor, M. P. (2006), S. 1, 21–22; Wöhe, G., Döring, U. (2005), S. 16–18; Homburg, C. (1998), S. 31, 265; Müller-Bohn, T., Ulrich, V. (2000), S. 177, 178; Jung, H. (2006), S. 40.

[44] Die acht Merkmale sind (1) Bezeichnung dessen, was modelliert werden soll, (2) Bezeichnung des Ergebnisses der Modellierung, (3) Terminus Abbildung, (4) Bezug zur Realität oder Wirklichkeit, (5) explizite Forderung nach Isomorphie oder Ähnlichem, (6) sonstige Forderungen an das zu Modellierende, (7) sonstige Forderungen an das Ergebnis des Modellierens, (8) Standort des Autors der Definition.

[45] Vgl. Zschocke, D. (1995), S. 215–235.

[46] Vgl. Zschocke, D. (1995), S. 236–248.

Abbildung 2.2: Modellkonzept der Realwissenschaften

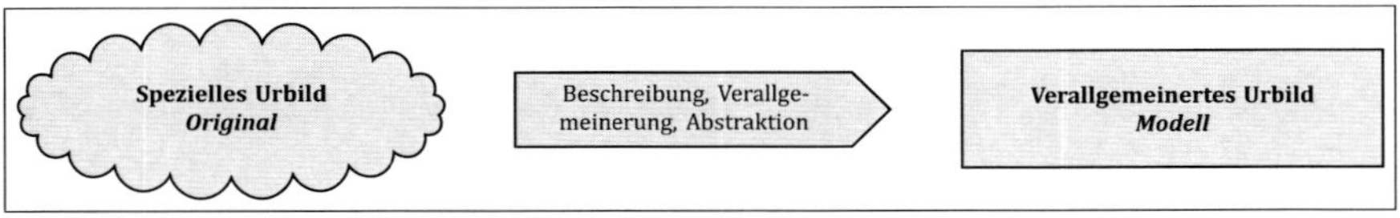

Quelle: Eigene Darstellung adaptiert nach Zschocke, D. (1995), S. 249.

Für das Modellkonzept der Realwissenschaften (s. Abbildung 2.2) werden sodann folgende Festsetzungen getroffen:[47]

a) Das Beschreiben eines Untersuchungsobjekts soll Abbildung heißen. Ein Untersuchungsobjekt, das abgebildet wird, heißt Original und das Ergebnis des Abbildungsvorgangs heißt Modell.
b) Ein Teil des Originals soll ein Urelement und ein Teil des Modells soll ein Bildelement heißen.
c) Derjenige, der eine Abbildung vornimmt, wird Modellierer genannt.
d) Die Abfolge <Original – Abbildung – Modell> wird Modell-Konzept genannt.

Das Explikat Modell ergibt sich folglich aus der Verknüpfung der Merkmalsmenge {Original, Abbildung, Modell} mit der Zeichenträgermenge {M,o,d,e,l,l}. Auch wenn die Formulierung dieser Explikation des Modellbegriffs zunächst sehr allgemein erscheint, so ist dies doch gewollt, um vorab keine unnötige Einschränkung hinsichtlich ihrer Anwendbarkeit vorzunehmen. Diese erfolgen später durch die Bildung von Kategorien (s. Abschnitt 2.3.2). Wichtig am Explikat von Zschocke ist die Verknüpfung von Elementen des Originals und des Modells im Abbildungsprozess, da sie den Informationstransfer als Wesensmerkmal der Modellbildung darstellt. Der Kreis der Definition schließt sich sodann, wenn Zschocke als Kurzform seines Explikats angibt – „Ein Modell soll ein Bild von etwas für jemanden sein."[48] – und somit die bereits von Stachowiak festgestellte Subjektivität der Modellbildung wiederkehrt.[49]

[47] Vgl. Zschocke, D. (1995), S. 249.
[48] Zschocke, D. (1995), S. 251.
[49] Vgl. Stachowiak, H. (1973), S. 132, 285–303; Zschocke, D. (1995), S. 249–253.

2.2 Modellbildung

2.2.1 Realitätsbezug

2.2.1.1 Passivistische Abbildungsthese

Eine grundlegende Diskussion im Zusammenhang mit Modellen ist die Frage nach dem Realitätsbezug. In den Wirtschaftswissenschaften war lange Zeit die passivistische Abbildungsthese die dominierende Sichtweise. Sie hat ihre Wurzeln im OR-Bereich und der Entscheidungstheorie. Grundlage ist die Forderung von Isomorphie zwischen Original und Modell, die sich auch in einigen der von ZSCHOCKE untersuchten Definitionen wiederfindet.[50] Isomorph ist ein Modell dann, wenn die Abbildung ins Modell strukturgleich bzw. eineindeutig erfolgt. Finden sich jedoch nicht alle Strukturen des Originals im Modell wieder, so ist das Modell nur homomorph.[51] KOSIOL als typischer Vertreter dieser Denkrichtung formulierte es wie folgt: „Ein Modell ist nur dann ein adäquates Abbild des betrachteten Problems und damit wissenschaftlich fruchtbar, wenn trotz aller vorgenommenen Vereinfachungen Strukturgleichheit zwischen der realen Sphäre des Problems und der gedanklichen Sphäre des Modells vorliegt."[52] Nach der passivistischen Sicht sind Modelle also nur strukturerhaltende Abbilder der Realität mit entsprechenden Implikationen für die Modellbildung (Abbildung 2.3). Der Ansatz der passivistischen Abbildungsthese fußt im Wesentlichen auf der Annahme, dass ein Modellierer alle Elemente und Beziehungen des Originals erfassen kann, sowie dass die Fragen oder Problemstellungen in der Realität bereits vorliegen und nur noch entdeckt werden müssen. Die Rolle des Modellierers beschränkt sich dann darauf, die Realität präzise und objektiv zu beschreiben und die Verwendbarkeit des Modells hängt von der Qualität der Abbildung ab.[53]

Unter der Annahme, dass Isomorphie die Übereinstimmung aller Beziehungen in Original und Modell ist, wird jedoch erkennbar, dass diese Forderung dem Ziel der Vereinfachung entgegensteht. Wenn das Modell die Komplexität des Originals reduzieren soll, kann die Isomorphie-Forderung nicht sinn-

[50] Vgl. Zschocke, D. (1995), S. 215–235.
[51] Vgl. Homburg, C. (1998), S. 265–266.
[52] Kosiol, E. (1968), S. 258.
[53] Vgl. Reihlen, M. (1997), S. 3–5.

Abbildung 2.3: Modellbildung nach der passivistischen Abbildungsthese

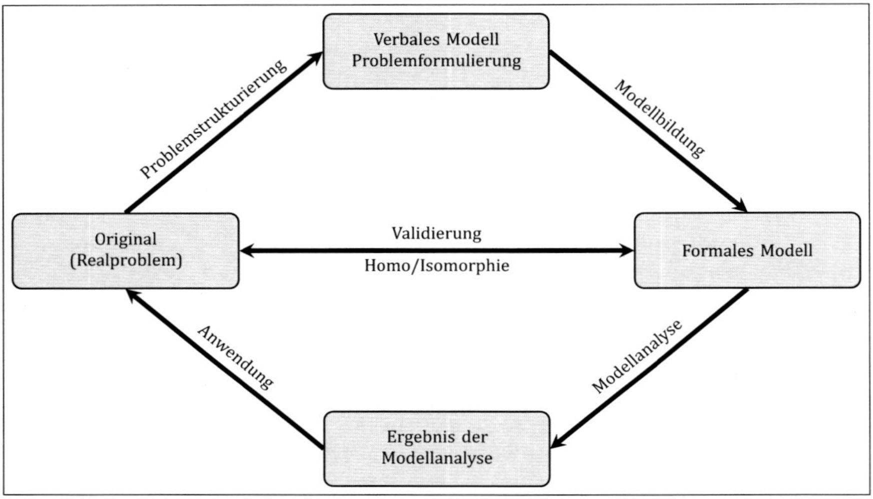

Quelle: Eigene Darstellung adaptiert nach Pfohl, H.-C. (1977), S. 27; Reihlen, M. (1997), S. 4.

voll sein.[54] Der „Nutzen des ‚Denkens am Modell' [beruht] ja gerade darauf, daß die einfache Gestalt des Abbildes zu Entdeckungen (Schlussfolgerungen, Entscheidungen) verhilft, die wohl kaum gefunden werden, wenn man sie im Rahmen der komplexen Gestalt des Vorbildes sucht."[55]

Eine weitere Kritik, vor allem in Bezug auf Entscheidungsmodelle im Kontext der passivistischen Abbildungsthese, kommt vom BRETZKE. Demnach haben wahrgenommene Realprobleme nicht die Struktur eines Entscheidungsproblems, sodass die Probleme nicht einfach erkannt werden können, sondern definiert werden müssen. Bevor also ein Entscheidungsmodell konstruiert werden kann, muss zunächst das Realproblem in ein Entscheidungsproblem umgeformt werden. Wenn aber das Realproblem definiert und strukturiert wird, ist folglich das zugehörige Entscheidungsmodell ein Abbild dieser Pro-

[54] Vgl. Homburg, C. (1998), S. 265; Wöhe, G., Döring, U. (2005), S. 17–18; Mankiw, N. G., Taylor, M. P. (2006), S. 21–22; Angermann, A. (1963), S. 14; Müller-Bohn, T., Ulrich, V. (2000), S. 177–178.

[55] Eichhorn, W. (1972), S. 283.

blemkonstruktion und nicht mehr der wahrgenommenen Realität. Darüber hinaus werden in Entscheidungsmodellen Entscheidungsprobleme nicht abgebildet, sondern gelöst. Ein fertiges Entscheidungsmodell beschreibt also kein Problem mehr, sondern ist nur noch eine Rechenaufgabe. Im Umkehrschluss wird so die Bedeutung der Modellkonstruktion hervorgehoben, denn die Lösung des Modells ist nur noch triviale Berechnung. Die Erschaffung eines Entscheidungsmodells transformiert somit ein komplexes, unscharfes und konturloses Ursprungsproblem in ein triviales Problemsurrogat, dessen berechnete Optima dann die zu wählenden Handlungsalternativen ergeben. Der entscheidende Beitrag zur Problemlösung liegt also ganz klar in der eigentlichen Konstruktion des Modells mit der Problemdefinition als zentralem Gegenstand.[56]

Das stärkste Argument gegen die passivistische Abbildungsthese stammt aus der Philosophie. Von einem philosophischen Standpunkt aus gesehen ist es gar nicht möglich, dass Modelle die Wirklichkeit an sich darstellen, weil das, was wir als Wirklichkeit wahrnehmen, nur das ist, was uns in der gegebenen Situation als wahrnehmbar erscheint. Der passivistische Ansatz findet seine Grenzen also in der Tatsache, dass ein Modellierer als Mensch zur objektiven Beobachtung nicht in der Lage ist, sondern vorhandene Kenntnisse und Erfahrungen immer mit einfließen und auch der beste Modellierer nicht frei von Fehlern ist. Wird ein und dieselbe Situation von verschiedenen Personen unterschiedlich wahrgenommen, entstehen je nach Perspektive auch unterschiedliche Wirklichkeitsauffassungen. Wenn diese Personen sich dann untereinander austauschen und sich auf ein gemeinsames Verständnis der subjektiv unterschiedlich wahrgenommenen Wirklichkeit verständigen, geschieht dies in der Regel unter Verwendung von Sprache und so ist diese Wirklichkeit dann auch eher „das Ergebnis von Kommunikation und nicht der Widerschein ewiger, objektiver Wahrheiten."[57] Wenn nun aber keine objektiv wahre Wirklichkeit wahrgenommen werden kann, stellt sich die Frage, was dann Grundlage des Modells sein soll. In der allgemeinen Modelltheorie wird das Problem dadurch gelöst, dass der Originalbegriff immer in Bezug zum Modell gesetzt wird. Das Original ist Grundlage der Modellkonstruktion und jedes Modell ist das Abbild eines Originals, der Originalbegriff zeigt somit nur an, dass das Modell Abbild von *etwas* ist. Das Original wiederum kann alles Mögliche sein,

[56] Vgl. Bretzke, W.-R. (1980), S. 35–38.
[57] Watzlawick, P. (1976), S. 7.

also selbst ein Modell, eine Idee oder eben auch eine wahrgenommene Wirklichkeit (s. Abschnitt 2.1.1).[58]

Darüber hinaus lässt sich die Forderung nach Isomorphie in den Realwissenschaften und insbesondere in der Ökonomie nur schwerlich erfüllen. Die Tatsache, dass man schon im Original, der Wirtschaft selbst, nicht in der Lage ist, alle Beziehungen zwischen den Wirtschaftssubjekten aufzudecken und zu beschreiben, führt die Isomorphie-Forderung letztlich ad absurdum.[59] Etwas überspitzt bringt es BRETZKE wie folgt auf den Punkt: „Vor dem Hintergrund eines konsequent zu Ende gedachten abbildungstheoretischen Modellbegriffes erscheint die Welt letztlich problemfrei: sie enthält keine Probleme, sondern nur vorläufig unentdeckte Problemlösungen, wobei die Entdeckung selbst sich in einer passiv-rezeptiven Wirklichkeitsrekonstruktion erschöpft und keine konstruktiven Eigenleistungen des jeweiligen ‚problem solver' voraussetzt."[60]

2.2.1.2 Aktivistische Konstruktionsthese

Im Gegensatz zur passivistischen Abbildungsthese sieht die konstruktionstheoretische Interpretation des Modellbegriffs die Modellbildung als schöpferischen Prozess und baut auf dem Grundgedanken einer konstruktivistischen Erkenntnislehre auf. Die Vorstellung, dass Realprobleme in einem Modell durch einen reinen Abbildungsvorgang repräsentiert werden, weicht in Anlehnung an die konstruktivistische Erkenntnislehre einer Auffassung von Modellen als Konstruktionen der Wirklichkeit. Mit dem Verständnis von Modellbildung als kreativer Akt, in den Erfindungsgeist, Erfahrungen und Kompetenzen des Modellierers einfließen, ist die Konstruktion eines Modells mehr als die bloße Transformation eines wahrgenommenen Problems in ein formales Gleichungssystem.[61] Aus konstruktionstheoretischer Sicht können (mathematische) Modelle dann auch als „problematisierte Konstruktionen von Ausschnitten der Realität [definiert werden], wobei das alltagssprachliche

[58] Vgl. Buddensiek, W., Kaiser, F.-J., Kaminski, H. (1980), S. 96, 97; Müller, R. (1983), S. 57–67; Watzlawick, P. (1976); Stachowiak, H. (1973), S. 52–54; Reihlen, M. (1997), S. 3–5.

[59] Vgl. Zschocke, D. (1995), S. 257–261.

[60] Bretzke, W.-R. (1980), S. 32–33.

[61] Vgl. Neugebauer, W. (1980), S. 69; Buddensiek, W., Kaiser, F.-J., Kaminski, H. (1980), S. 96–97; Reihlen, M. (1997), S. 8; Müller, R. (1983), S. 57–67.

Aussagensystem sukzessiv in ein formales Aussagensystem überführt, ein Modellergebnis generiert und interpretiert wird."[62]

Abbildung 2.4: Modellbildung nach der aktivistischen Konstruktionsthese

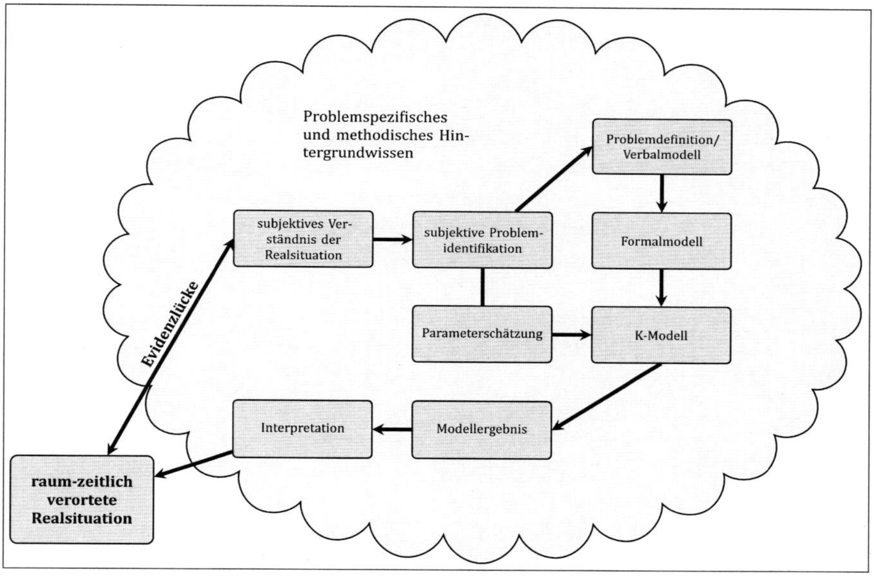

Quelle: Eigene Darstellung adaptiert nach Reihlen, M. (1997), S. 9; Raiffa, H. (1968), S. 297.

Die konstruktivistische Interpretation hat weitreichende Implikationen für den Prozess der Modellbildung. Wie in Abbildung 2.4 dargestellt, werden die wesentlichen Kritikpunkte des passivistischen Abbildungsansatzes dabei berücksichtigt. So erfolgt der gesamte Prozess vor dem Hintergrund des problemspezifischen und methodischen Hintergrundwissen des Modellierers. Die mangelnde Fähigkeit, die Realität wirklich objektiv zu erfassen, kommt in der Evidenzlücke zwischen raum-zeitlich verorteter Realsituation und dem subjektiven Verständnis des Modellierers zum Ausdruck.[63]

62 Reihlen, M. (1997), S. 8–9.

63 Vgl. Raiffa, H. (1968), S. 295–297; Reihlen, M. (1997), S. 7–9.

Das Ziel der Modellbildung, einen problemrelevanten Ausschnitt der Realität in ein formales Modell zu übertragen, um es der mathematischen Berechnung zugänglich zu machen, bleibt weiterhin bestehen. Der wesentliche Unterschied besteht in der Verwendung der Ergebnisse, die bei Modellen nach der konstruktivistischen Interpretation als Lösung des ökonomischen Problems interpretiert werden müssen, um die Verbindung zwischen der syntaktischen Struktur des Modells und dem empirischen Original herzustellen. Der Prozess der Modellentwicklung kann dabei als ein Wechselspiel von Hypothesenbildung und Hypothesenprüfung verstanden werden, mit der Konstruktion als subjektiv, schöpferischem Akt und der Überprüfung als rationalem Akt, in dem die objektiven Wissenschaftsbereiche und die Logik der Forschung zur Anwendung kommen. Das Ganze geschieht dabei natürlich nicht frei und beliebig, sondern ist immer im Rahmen der konkreten Modellsituation verankert, mit dem Modellierer als urteilende Instanz, der den Kontext des Modells in Bezug auf das Original, die Rahmenbedingungen und die späteren Anwender überprüft. Der Modellierer muss dabei klären, welche Wirklichkeitsauffassung modelliert und wie das Original im Modell abgebildet werden soll. Darüber hinaus muss er seine subjektive Sicht der Realität rechtfertigen, um zu gewährleisten, dass seine Arbeit durch andere nachvollziehbar wird.[64]

Für die Anwender und Adressaten bedeutet die konstruktivistische Perspektive, dass Modelle nicht als realitätsgerechte Abbildungen verstanden werden dürfen. Da im Modell nur ein für die Beobachtung relevanter Ausschnitt der Realität dargestellt wird, kann es nicht das tatsächliche Wesen des Originals wiedergeben. Ebenso ist eine beliebige Verwendung nicht sinnvoll, da sich die Gültigkeit nur auf den bestimmten Zeitraum, den Zweck für den es erschaffen wurde und den Anwender für den es erschaffen wurde, erstreckt. Will man die gewonnen Erkenntnisse wieder auf die Realität anwenden, so muss deren Bezug auf die Realität in jedem Fall geprüft werden. Das bedeutet auch, dass die Aussagen und Ergebnisse eines Modells hinsichtlich ihrer Gültigkeit in Bezug auf die Annahmen kritisch überprüft werden müssen.[65]

Am Ende hängt der Nutzen eines Modells davon ab, wie zweckorientiert der problemrelevante Ausschnitt der Realität erfasst und modelliert wird und wie gut es dem Modellierer gelingt, die realitätsgerechte Interpretationsfähigkeit

[64] Vgl. Reihlen, M. (1997), S. 7–9; Neugebauer, W. (1980), S. 69; Buddensiek, W., Kaiser, F.-J., Kaminski, H. (1980), S. 97.

[65] Vgl. Angermann, A. (1963), S. 14; Buddensiek, W., Kaiser, F.-J., Kaminski, H. (1980), S. 93; Müller-Bohn, T., Ulrich, V. (2000), S. 178; Jung, H. (2006), S. 41.

der Ergebnisse zu gewährleisten. Entscheidend ist die Reduktion auf das Wesentliche, um so die untersuchte Fragestellung genau betrachten zu können. Ziel muss es also sein, im Modell die Realität so zu beschreiben, dass eine isolierte, wirklichkeitsnahe Betrachtung der interessierenden Fragestellung möglich wird. Dabei geht es natürlich nicht darum, wahllos Details auszublenden. Vielmehr verlangen diese Möglichkeiten vom Modellierenden die zentrale Fragestellung nicht aus dem Blick zu verlieren und nur dort Annahmen und Vereinfachungen zu treffen, wo es für die Beantwortung der Frage nicht von Relevanz ist. Das Treffen von Annahmen führt zu einer Komplexitätsreduktion und erleichtert so das Verständnis des Modells und seiner Ergebnisse. Darüber hinaus eröffnet das Weglassen von Details die Möglichkeit, sich auf die wirklich wichtigen Elemente zu konzentrieren. Dabei sind Annahmen vor allem dann sinnvoll, wenn sie vereinfachen und ihr Effekt auf das Ergebnis sehr klein ist. Am Beispiel von Landkarten lässt sich dieser Vorgang anschaulich darstellen. Hier entscheidet, wie bei den Modellen, der Einsatzzweck über den auszuwählenden Detailgrad, da es gar nicht möglich ist alle möglichen Details in einer einzelnen Karte unterzubringen. Wichtig ist, dass die Abstraktion das Modell nicht zu stark von der Wirklichkeit entfremdet, da dies die Akzeptanz des Modells mindert. Gerade für Modelle, die praktische Anwendung erfahren sollen, muss daher mit Blick auf die Adressaten und Anwender beachtet werden, dass das Modell nicht zu theoretisch-abstrakt gerät und die Annahmen auf validen empirischen Erfahrungen beruhen, um ihre Akzeptanz zu sichern. Letztendlich ist die subjektive Abstraktion von der Realität als solche hinzunehmen, da Erfahrungen und empirische Erkenntnisse des Modellierers die Voraussetzung für sinnvolle Annahmen und damit den Nutzen eines Modells sind.[66]

2.2.2 Beitrag mathematischer Modelle

Inwieweit Modelle die rationale Entscheidungsfindung unterstützen können, hängt nicht zuletzt davon ab, wie ähnlich sich Modell und Realproblem sind. In der konstruktivistischen Interpretation ist die Ähnlichkeit dadurch bedingt, inwieweit es dem Modellierer gelingt, die Annahmen des Modells durch Erfahrung und empirische Analysen zu veri- bzw. falsifizieren. In Abhängigkeit vom

[66] Vgl. Mankiw, N. G., Taylor, M. P. (2006), S. 21–22; Buddensiek, W., Kaiser, F.-J., Kaminski, H. (1980), S. 93; Wöhe, G., Döring, U. (2005), S. 16, 17–18; Müller-Bohn, T., Ulrich, V. (2000), S. 177–178.

erwarteten Erkenntniswert kann zwischen exakter, empirischer und heuristischer Deutung des Modells unterschieden werden.[67]

Exakte Deutung Diese Deutung ist möglich, wenn ein exaktes Realproblem vorliegt, d.h. es kann eindeutig interpretiert und vollständig beschrieben werden. Wenn das exakte Problem dann vollständig in die syntaktische Struktur des Modells überführt wird und durch ein effizientes Verfahren lösbar ist, kann die Modelllösung direkt auf das Realproblem übertragen werden. In diesem Idealfall kann das Modell als Entscheidungsmodell verwendet werden.

Empirische Deutung Hier ist das vorliegende Realproblem inexakt, d.h. es liegen nicht alle Informationen vor. Sollen mathematische Modelle zum Einsatz kommen, muss das Problem exaktifiziert werden, bspw. durch die Zerlegung in Teilprobleme. Der Erkenntnisgewinn durch das Modell hängt dann davon ab, ob die Annahmen des Modells empirisch wahr sind. Die Deutung des Modells ist dann möglich, „wenn es mit seinen Hypothesen empirisch überprüfbar ist, und die Interpretation der Kalküle und Zahlen des mathematischen Modells sowie seiner Ergebnisse empirisch validiert wurden."[68] Die Validierung muss dabei einer gewissen Reihenfolge von Anforderungen genügen.

1. Validierung des Modells – die Parameter, Handlungsalternativen und Wirkzusammenhänge des Modells müssen vorab hinreichend empirisch fundiert sein, müssen also den realen Möglichkeiten entsprechen.
2. Validierung der Daten – die Gültigkeit der Datenbasis muss überprüft werden, bevor damit Modellparameter geschätzt werden können.
3. Stabilität der Rahmenbedingungen – die zu Grunde liegenden Elemente (Wirkzusammenhänge, Parameter) im Original müssen im Zeitverlauf stabil bleiben, damit die Modellergebnisse Gültigkeit haben können. Dies gilt vor allem für Prognosemodelle die historisches Datenmaterial verarbeiten.
4. Eindeutigkeit der semantischen Annahmen – die zugewiesenen Bedeutungen müssen ebenfalls im Zeitverlauf eindeutig bleiben.

[67] Vgl. Reihlen, M. (1997), S. 15–18; Buddensiek, W., Kaiser, F.-J., Kaminski, H. (1980), S. 96–98.
[68] Reihlen, M. (1997), S. 16.

Wenn die genannten Bedingungen erfüllt sind, können die Modellergebnisse auf die Realität angewendet werden. Je nach Sicherheit der Bedingungen kann das Modell dann als Entscheidungsmodell verwendet werden. Ist die notwendige Sicherheit nicht gegeben, so kann das Modell zumindest die Informationsbasis des Entscheiders verbessern.

Heuristische Deutung Sie kommt zur Anwendung, wenn die empirische Validierung nicht möglich ist. Trotzdem kann das Modell unterstützend eingesetzt werden. Ein typisches Beispiel dafür sind Szenarioanalysen. Mit ihnen lässt sich ein Verständnis dafür entwickeln, wie sich Parameterveränderungen auswirken oder welcher Input für ein gewünschtes Ergebnis geleistet werden muss. „Scenarios must help decision makers develop their own feel for the nature of the system, the forces at work within it, the uncertainties that underlie the alternative scenarios, and the concepts useful for interpreting key data."[69]

Wenn das Modell nur zur Orientierung verwendet werden kann, es also nur heuristisch oder empirisch mit fehlender Sicherheit interpretiert werden kann, bedeutet dies nicht gleichzeitig, dass das Modell von schlechter Qualität ist. In der Regel liegt die Ursache in den Rahmenbedingungen, insbesondere unvollständiger Informationslage bezüglich des Realproblems, wodurch die Validierung verhindert wird. Gerade in solchen Entscheidungssituationen, wo eine vollständige Formalisierung des Problems nicht möglich ist, die Lösung also auf argumentativ-dialektischem Weg gefunden werden muss, können Modelle dennoch wertvolle Einsichten liefern. Es kann folglich festgehalten werden, dass der Einsatz mathematischer Modelle in jedem Fall zum Erkenntnisgewinn und Verständnis eines Entscheidungsproblem beitragen kann und ihr Einsatz aus theoretischer Sicht somit zu befürworten ist.[70]

Ungeachtet der Möglichkeiten, die sich durch mathematische Modelle ergeben, soll an dieser Stelle noch angemerkt werden, dass die Formalisierung und Mathematisierung eines Realproblems nicht zwingend zu einer besseren oder der besten Problemlösung führen muss. Dies lässt sich am einfachsten am Beispiel des Entscheidungsmodells verdeutlichen, das innerhalb eines gewählten Ausschnitts der Realität optimiert. Durch Berechnung erhält man zwar die optimale Lösung innerhalb des Alternativenraumes, jedoch kön-

[69] Wack, P. (1985), S. 140.
[70] Vgl. Reihlen, M. (1997), S. 18–20.

nen außerhalb dieses künstlich geschaffenen Rahmens noch bessere Alternativen existieren. Man stelle sich als Ausgangsproblem einen Produktionsprozess vor, in dem auf Grund eines stark differenzierten Produktportfolios hohe Anpassungsverluste in der Fertigungsablaufplanung entstehen. Zwei Problemlöser, der Adaptierer und der Optimierer werden mit dieser Situation konfrontiert. Der Optimierer definiert das Problem sogleich als Reihenfolgeproblem der Fertigung und optimiert innerhalb dieses geschlossenen Lösungsraumes. Aus der Sicht der Adaptierers wurde damit aber das falsche Problem gelöst. Aus seiner Systemsicht liegt die Lösung darin, den Vertrieb durch sinnvolle Anreize dazu zu bringen, die Produkte in einer möglichst sinnvollen Zusammensetzung zu verkaufen, sodass kleine Losgrößen und damit häufige Produktionsumstellungen gar nicht erst auftreten. Letztlich bedurfte es zur Lösung des Realproblems gar keines Entscheidungsmodells. Dieses Beispiel zeigt, dass die isolierte Betrachtung eines Problems nicht immer zu globalen Optima führen muss und die Konstruktion eines Modells immer in einem größeren Kontext interpretiert und hinterfragt werden muss. Denn (Entscheidungs-)Modelle können nur zu besseren Entscheidungen beitragen, wenn das zu Grunde liegende Problem vernünftig analysiert und definiert wurde.[71]

2.2.3 Prozess der Modellbildung

Während sich die Anwendung von Modellen großer Beliebtheit erfreut, werden die Aspekte der Modellbildung mit wesentlich geringerem Interesse bedacht. Gerade deswegen erscheint es notwendig, diesen fundamental wichtigen Bereich im Umgang mit Modellen näher zu beleuchten. Aufbauend auf den bisherigen Ausführungen, ist das Folgende im Sinne der konstruktivistischen Modellinterpretation sowie einem anwendungsorientierten ökonomischen Kontext zu verstehen.

Für den Gesamtprozess der Modellbildung kann die naturwissenschaftliche Systematik zur Problemlösung als Vorbild dienen (s. Abbildung 2.5), da das prinzipielle Vorgehen ganz ähnlich ist. Es basiert auf der Methode des *Versuch und Irrtum* und lässt sich daher nur bedingt als formaler Algorithmus darstel-

[71] Vgl. Bretzke, W.-R. (1980), S. 38–39.

Abbildung 2.5: Naturwissenschaftliche Systematik der Problemlösung

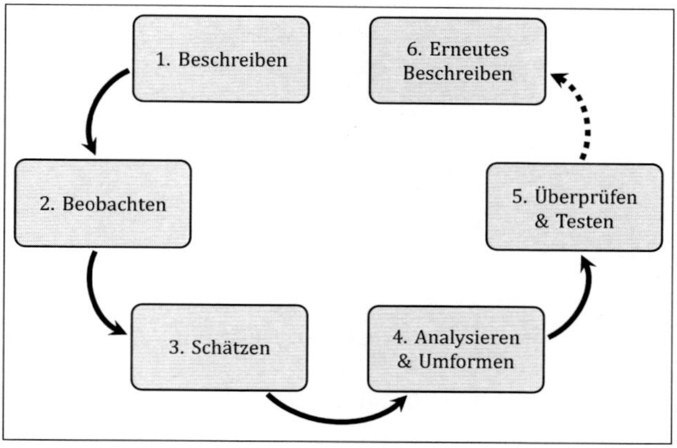

Quelle: Eigene Darstellung nach Zschocke, D. (1995), S. 25.

len. Neben systematischem Vorgehen sind auch immer Einfallsreichtum und Kreativität gefordert.[72]

Die Arbeit mit Modellen gliedert sich in zwei Phasen, die eigentliche Modellbildung sowie die Modellanalyse und -umformung (s. Abbildung 2.6). Dabei ist die Phase der Modellbildung, die bis zu 95% des gesamten Prozesses in Anspruch nehmen kann, der wesentlich schwierigere und aufwendigere Teil. Der Grund liegt darin, dass die Optimierung oder Adaption eines bestehenden Modells in der Regel nach logischen und mathematischen Regeln erfolgen kann und somit, wenn auch nicht immer einfach, so doch zumindest klar strukturiert ist. Für den Transferprozess vom Original zum Modell existieren solche Regeln nicht, der Modellierende ist somit auf sich allein gestellt. Im Fall des Operations Research führte dieser Umstand zu einer Fokussierung auf die formalen Methoden der zweiten Phase. Das ursprüngliche Ziel, nämlich das Lösen praktischer Probleme, wurde darüber vernachlässigt.[73]

[72] Vgl. Zschocke, D. (1995), S. 2.
[73] Vgl. Zschocke, D. (1995), S. 2, 49–50.

Übertragen auf den Bereich der Modellbildung lässt sich die naturwissenschaftliche Systematik zur Problemlösung in folgende sechs Schritte aufteilen:[74]

1. Beschreiben des Untersuchungsgegenstandes mittels eines quantitativen Bildes oder Modells.
2. Verwendung von a priori Kenntnissen und gesammelten Daten zur Modellierung.
3. Auffassen des Modells als Hypothese.
4. Begründung und Überprüfung der Hypothese.
5. Begründung und Überprüfung von Modellergebnissen.
6. Iteration des Prozesses wenn die Überprüfung negativ ausfällt.

Ausgangspunkt ist die Festlegung und Eingrenzung der zu untersuchenden Fragestellung.[75] Im ökonomischen Zusammenhang handelt es sich dabei in der Regel um die Identifikation und Eingrenzung eines als Problem wahrgenommenen Sachverhalts. Dieser Problemdefinition und -strukturierung kommt, wie auch in Abschnitt 2.2.2 angedeutet, eine besondere Bedeutung zu, da in der Praxis für gewöhnlich nur Symptome wahrnehmbar sind und die eigentliche Ursache (=Problem) erst gefunden werden muss.[76] Besonders deutlich wird dies am Sonderfall der Entscheidungsmodelle, die erst konstruiert werden können, nachdem das Realproblem in ein Entscheidungsproblem umgeformt wurde. Danach ist die Lösung des Modells nur noch eine triviale Rechenaufgabe.[77] Nicht ohne Grund wird die eigentliche Problemformulierung daher auch als größte Herausforderung in der Modellbildung beschrieben.[78] Dennoch bringt der Wandel von der Lösungs- zur Problemorientierung den Vorteil mit sich, dass das Problem besser strukturiert wird, wodurch die Interpretation der späteren Ergebnisse vereinfacht und verbessert wird.[79]

Nachdem die Problemdefinition abgeschlossen ist, kann der eigentliche Prozess der Modellbildung, wie er in Abbildung 2.6 dargestellt ist, beginnen. Dafür stehen zwei grundsätzliche Quellen zur Verfügung, *a priori Kenntnisse* sowie durch Messung und Beobachtung erhobene *Daten* über den Untersu-

[74] Vgl. Zschocke, D. (1995), S. 25, 48.
[75] Vgl. Homburg, C. (1998), S. 270.
[76] Vgl. Bretzke, W.-R. (1980), S. 35, 37, 195; Homburg, C. (1998), S. 270.
[77] Vgl. Bretzke, W.-R. (1980), S. 36–38.
[78] Vgl. Wöhe, G., Döring, U. (2005), S. 18; Bretzke, W.-R. (1980), S. 36.
[79] Vgl. Reihlen, M. (1997), S. 10; Berens, W., Delfmann, W. (1995), S. 14.

chungsgegenstand. Dabei spiegelt die zielgerichtete Beschaffung des gesammelten Wissens nochmals den subjektiv-konstruktiven Charakter eines Modells wieder und verdeutlicht die Abgrenzung vom rein mechanischem Abbildungsverständnis. Die a priori Kenntnisse stellen den Teil des Wissens dar, der bereits vor Beginn der Untersuchung bekannt war. Durch die, während des Modellbildungsprozesses, neu gewonnenen Erkenntnisse erweitert sich die Basis der a priori Kenntnisse stetig. Mittels der vorhandenen Kenntnisse und ersten Beobachtungen entsteht zunächst ein allgemeines, grobes Modell des Untersuchungsgegenstandes. Dieses Verbalmodell enthält die Elemente und Verknüpfungen, die der Modellierer als relevant identifiziert hat. Es bildet mit den gesammelten Daten die Informationsgrundlage für die weitere Analyse.[80] Schon in diesem Bearbeitungsschritt sollte der Modellierer die spätere mathematische Analysemethodik stets im Blick haben.[81]

Im nächsten Schritt erfolgt die Integration der Daten in das allgemeine Modell. Der Vorgang wird auch als *schätzen* bezeichnet und bedeutet, dass für die Parameter des allgemeinen Modells numerische Werte errechnet werden. In der Folge erhält man ein formales, spezielles Modell[82], das einer mathematischen Lösung zugänglich ist. Die Berechenbarkeit ermöglicht nun, die Güte des Modells bspw. mittels statistischer Tests und Gütemaße zu testen. Bei der internen Testung wird die mathematisch-statistische Angemessenheit des Schätz-Vorgangs überprüft. Die externe Testung hingegen prüft die Validität der Modellannahmen und Datenbasis mittels Soll-Ist-Vergleich zwischen Modellergebnissen und Beobachtungen am realen Untersuchungsobjekt. Kommt es bei den Tests zu nicht akzeptablen Abweichungen, muss nach den Ursachen gesucht werden und der gesamte Prozess solange wiederholt werden, bis eine akzeptable Güte erreicht ist. Damit ist die eigentliche Modellbildung abgeschlossen.[83]

Unter bestimmten Bedingungen ist das spezielle Modell aus der ersten Phase jedoch zur Beantwortung der ursprünglichen Fragestellung nicht ausreichend, weil zum Beispiel die optimale Lösung nicht direkt ablesbar ist. In solchen Fällen wird noch eine zweite Phase durchlaufen, in der durch Analysieren und Umformen das spezielle Modell so angepasst wird, dass auch die kon-

[80] Vgl. Zschocke, D. (1995), S. 27, 57; Reihlen, M. (1997), S. 10; Homburg, C. (1998), S. 271.
[81] Vgl. Reihlen, M. (1997), S. 13.
[82] Dieses spezielle Modell wird in der Literatur gelegentlich auch als *K-Modell* bezeichnet.
[83] Vgl. Zschocke, D. (1995), S. 28–29; Reihlen, M. (1997), S. 11–12; Homburg, C. (1998), S. 270–271.

Abbildung 2.6: Grundschema der Modellbildung

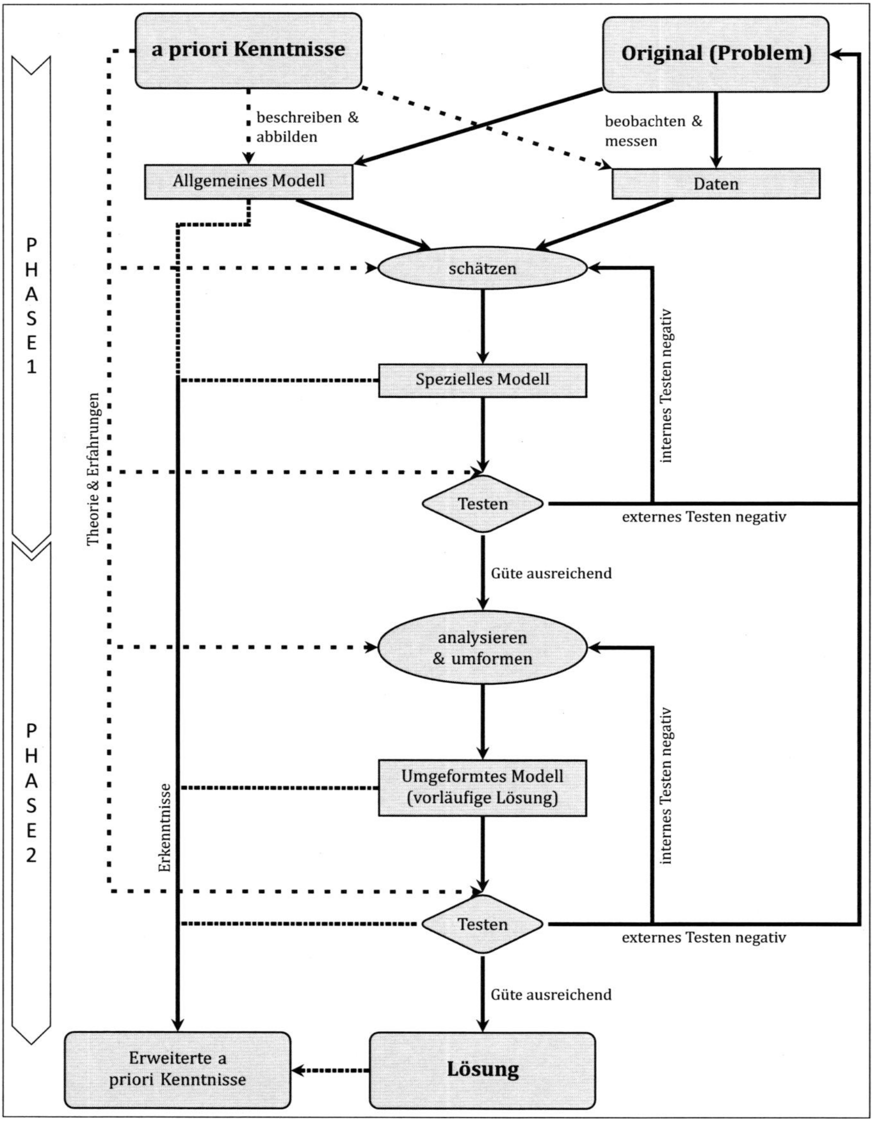

Quelle: Eigene Darstellung nach Zschocke, D. (1995), S. 26.

krete Fragestellung direkt beantwortet werden kann. Nach erfolgreicher Testung erhält man dann die endgültige Lösung.[84]

2.2.4 Bedeutung der Sprache

Der Prozess der Modellbildung kann auch als *Informationstransfer* verstanden werden, bei dem unter Verwendung von Sprachen Informationen über den Untersuchungsgegenstand gesendet, transportiert und empfangen werden. Soll die Modellbildung effizient erfolgen und das Ergebnis intersubjektiv überprüfbar sein, so bedarf es folglich einer exakten und präzisen Verwendung von Sprache. Stellt man sich den recht abstrakten Vorgang der systematischen Modellbildung nun einmal in der Praxis vor, wird schnell ersichtlich, dass in der Umsetzung eine Vielzahl potentieller Fehlerquellen vorhanden ist. Zunächst beginnt der Modellierer damit, in Gesprächen oder in der Literatur Informationen über den Untersuchungsgegenstand einzuholen und hält diese zunächst umgangssprachlich in Schriftform fest. Aus den Aufzeichnungen fertigt er anschließend ein graphisches Abbild und überträgt dieses dann in der Regel in ein Computerprogramm, um nach Abschluss der Umformung und Berechnungen die Ergebnisse in Schriftform, am Bildschirm oder in Form einer Präsentation vorzustellen. Bei genauer Betrachtung stellt man fest, dass die Informationen dabei mittels verschiedener Sprachen[85] und Kommunikationskanäle[86] übertragen und transformiert werden (s. Abbildung 2.7). Jede dieser Umwandlungen birgt die Gefahr von Fehlern in sich und schon die geringe Anzahl an Transformationen in diesem Minimalbeispiel lässt erahnen, wie wichtig die korrekte Verwendung von Sprache und Sprachregelungen für die Qualität von Modellen ist.[87]

Neben der Informationsübertragung kommt der Sprache noch eine weitere Bedeutung zu, nämlich die Verständigung von Gesprächspartnern. Dies gilt insbesondere in den Realwissenschaften wie der Ökonomie, da im Gegensatz zu den Idealwissenschaften wie Logik und Mathematik hier nicht immer eine Beweisführung im strengen Sinne möglich ist. Vor allem die konstrukti-

[84] Vgl. Zschocke, D. (1995), S. 29; Homburg, C. (1998), S. 271.

[85] Laut- und Schriftsprache als Umgangssprache, mathematische Sprache, Computersprache und Fachsprache.

[86] Luft, Papier, Computerspeicher, elektromagnetische Wellen und Licht.

[87] Vgl. Zschocke, D. (1995), S. 3, 29, 57, 102–103, 108.

Abbildung 2.7: Informationsübertragung in der Modellbildung

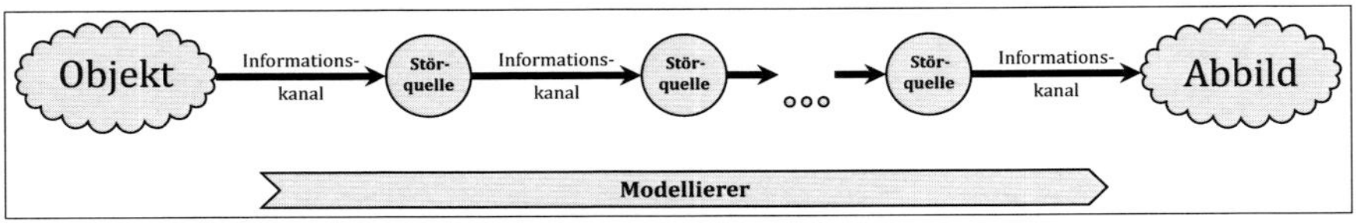

Quelle: Eigene Darstellung adaptiert nach Zschocke, D. (1995), S. 101.

vistische Modellinterpretation führt ja dazu, dass das Lösungsergebnis des Formalmodells nicht zwingend die Lösung des Realproblems sein muss, sodass die Ergebnisse im Kontext der raum-zeitlich verorteten Realsituation interpretiert werden müssen. Auch dabei ist der präzise Gebrauch der Sprache von besonderer Relevanz, wenn dem mathematischen Formalmodell semantische Annahmen zugewiesen werden. In der Folge muss durch Verständigung per Sprache erreicht werden, dass möglichst viele Teilnehmer die Erkenntnisse für *wahr* halten. Notwendige Bedingung hierfür ist, dass eine Aussage intersubjektiv überprüfbar ist, wofür wiederum Bedingung ist, dass alle die Sprache verstehen, in der die Aussage beschrieben wird.[88]

Sprachliche Fehlleistungen, also der nicht regelkonforme Umfang mit Sprache, führen letzten Endes zur Verletzung des ökonomischen Prinzips.[89] Die Ressourcen zur Vermeidung und Behebung solcher Fehlleistungen fehlen bei gegebenem Budget dann entweder in der Modellbildung, mindern also die Qualität des Modells, oder verursachen unnötige Mehrkosten. Da Modelle jedoch eben nicht um ihrer selbst willen, sondern mit einem Zweck erstellt werden, ist die Einhaltung des ökonomischen Prinzips in der Modellbildung als Grundforderung anzustreben. Daher „kann der ‚Wert' einer Sprache für die Modellbildung nicht hoch genug veranschlagt werden."[90]

2.2.5 Rolle des Modellierers

„Modellbilden ist immer auch ein Stück Kunst, das nicht zu automatisieren

[88] Vgl. Reihlen, M. (1997), S. 13; Zschocke, D. (1995), S. 107.
[89] Vgl. Zschocke, D. (1995), S. 106.
[90] Zschocke, D. (1995), S. 103.

ist."[91] In diesem Zitat von ZSCHOCKE kommt zum Ausdruck, dass sich bei der konstruktiven Modellbildung einerseits die ganze kreative Problemlösungskompetenz eines Menschen entfalten kann, zu der Maschinen eben nicht fähig sind. Andererseits verhindert die Unmöglichkeit der Automation ein Regelwerk, anhand dessen sich die Arbeit des Modellierers überprüfen ließe. Diese Macht zur Einflussnahme erhebt den Modellierer zur urteilenden Instanz, die darüber entscheidet, welche Sicht der Realität in welchem Umfang abgebildet wird, welche Annahmen getroffen werden und wo zur Vereinfachung von der Wirklichkeit abstrahiert wird.[92] Neben dieser bewussten Gestaltung wird das Modell noch durch das Wissen und die Erfahrungen des Modellierers sowie den raumzeitlichen Kontext der Modellsituation gefärbt. Die subjektive Prägung führt gegenüber Dritten jedoch auch immer zu einer verminderten Akzeptanz des Modells und seiner Ergebnisse.[93] Mangelnde Akzeptanz wiederum würde dazu führen, dass das Modell bzw. seine Ergebnisse nicht zur Anwendung kämen, wodurch es keinen Zweck mehr hätte und damit obsolet wäre. Folglich ist der Modellierer in der Verantwortung, durch geeignete Maßnahmen wie Sorgfalt, Transparenz und Rechtfertigung die Akzeptanz gegenüber Dritten aufrecht zu erhalten bzw. wiederherzustellen. Darüber hinaus muss er einen Ausgleich zwischen den Forderungen schaffen, die die Modellsituation sowie die Anwender und Auftraggeber an ihn stellen.

Damit Dritte das Modell oder seine Ergebnisse akzeptieren können, muss zunächst gewährleistet sein, dass sie den Prozess der Modellbildung nachvollziehen können. Daraus lässt sich die Pflicht zur Dokumentation durch den Modellierer ableiten, denn nur wenn alle Schritte sorgfältig aufgezeichnet und beschrieben wurden, können diese zu einem späteren Zeitpunkt noch nachvollzogen werden. Im Rahmen der Dokumentation sollten zudem der Modellzweck und soweit wie möglich die Wirklichkeitsauffassung des Originals offengelegt werden. Daneben müssen die getroffenen Annahmen und Vereinfachungen sowie die Auswahl der Datenquellen begründet werden. Neben der Nachvollziehbarkeit kann der Modellierer mit diesen Maßnahmen auch die Gefahr einer Verselbständigung seines Modells mindern und sich vor Fehlinterpretationen der Modellergebnisse schützen.[94]

Im Rahmen der Modellbildung kann der Modellierer verschiedenen Forderun-

[91] Zschocke, D. (1995), S. 2.
[92] Vgl. Neugebauer, W. (1980), S. 53–57.
[93] Vgl. Buddensiek, W., Kaiser, F.-J., Kaminski, H. (1980), S. 98.
[94] Vgl. Buddensiek, W., Kaiser, F.-J., Kaminski, H. (1980), S. 97–98; Jung, H. (2006), S. 41.

gen ausgesetzt sein. Da wäre zum einen die nach Vollständigkeit, also die Forderung, dass das Modell möglichst alle Informationen über das Original enthalten soll. Eine Forderung, die in Praxis des Öfteren anzutreffen ist, vor allem wenn die Auftraggeber nicht bedenken, dass das Modell ja eigentlich vereinfachen und den zu untersuchenden Gegenstand in den Vordergrund stellen soll. Diese Forderung entsteht oft auch im Zusammenhang mit einer unpräzise formulierten Fragestellung, mit der Folge, dass das Modell durch immer mehr Forderungen im Verlauf des Entstehungsprozesses an Übersichtlichkeit und Aussagekraft verliert. Die entgegengesetzte Forderung ist die nach Handhabbarkeit, also der Wunsch ein Modell zu erhalten, mit dem gut gearbeitet werden kann.[95] Beide Forderungen stehen in einem Spannungsverhältnis zueinander, denn die Berücksichtigung nur einer von beiden ist unmöglich. In einem wesentlichen Merkmal müssen Original und Modell immer übereinstimmen, damit die im Modell getroffenen Aussagen noch auf das Original übertragbar sind. Diese Übereinstimmung wird auch als Analogie bezeichnet. Gleichzeitig muss hinsichtlich eines anderen wesentlichen Merkmals eine Abweichung bestehen, die als Diaphorie bezeichnet wird. Ohne diese wäre das Modell überflüssig und die Untersuchung könnte auch gleich am Original vorgenommen werden. Wird die Analogie vernachlässigt, erhöht sich zwar die Handhabbarkeit des Modells, jedoch immer zu Lasten der Interpretationsfähigkeit der Ergebnisse in die Realität. Entsprechendes gilt für den umgekehrten Fall. Damit ein Modell aber nützlich sein kann, muss das Verhältnis zwischen Analogie und Diaphorie stimmen. Hier obliegt es dem Modellierer, für einen dem Modellzweck entsprechenden Ausgleich zu sorgen.[96]

Neben dieser fundamentalen, modelltheoretischen Forderungen ist der Modellierer in der Praxis aber noch wesentlich banaleren Forderungen ausgesetzt. Eine typische kann die nach der Minimierung des Aufwandes für die Modellierung sein. Denkbar sind beispielsweise aber auch die Berücksichtigung bestimmter Stakeholder-Interessen, die Einhaltung limitierender Zeitvorgaben, die Verwendung von Methoden oder Anwendungen die den Erfolg einer Publikation erhöhen. Da eine endgültige Auflösung aller Zielkonflikte unmöglich gelingen kann, muss der Modellierer letztlich selbst über die Gewichtung der einzelnen Ziele entscheiden. Als Orientierungspunkt kann gel-

---

95 Vgl. Zschocke, D. (1995), S. 254–256.

96 Vgl. Neugebauer, W. (1980), S. 53–57; Buddensiek, W., Kaiser, F.-J., Kaminski, H. (1980), S. 93.

ten, die Gewichtung der Ziele am Zweck des Modells auszurichten sowie dem pragmatischen Element und ökonomischen Prinzip zu folgen.[97]

2.3 Modelle in der Ökonomie

2.3.1 Historie und Bedeutung

In vielen wissenschaftlichen Disziplinen wie Logik, Mathematik, Naturwissenschaften aber auch den Sozialwissenschaften sind Modelle schon lange allgemein anerkannte Vehikel der Forschung und Bedingung für erfolgreiches wissenschaftliches Arbeiten. Auch in der Ökonomie ist die Verwendung von Modellen und quantitativen Verfahren zur Lösung wirtschaftswissenschaftlicher Fragestellungen keine Neuheit, jedoch fand ihre Anwendung lange Zeit mehr oder weniger unbewusst statt. Die explizite Anwendung und methodologische Professionalisierung fand erst vergleichsweise spät statt. Ihren Siegeszug in den Wirtschaftswissenschaften hatten Modelle mit dem Aufstieg des Operations Research (OR). Der Begriff OR steht in engem Zusammenhang mit quantitativen Entscheidungsmodellen und kann wie folgt definiert werden: „Operational Research is a scientific method of providing executive departments with a quantitative basis for decisions regarding the operations under their control."[98] Ursprünglich für militärische Zwecke entwickelt, fanden die Konzepte nach dem Zweiten Weltkrieg Einzug in die Wirtschaft. Hier diente die mathematische Modellierung vor allem dem Versuch, eine reale Fragestellung mit mathematischen Mitteln zu bearbeiten bzw. zu beantworten. Typische Fragestellungen zur damaligen Zeit waren vor allem Optimierungen von Produktionsabläufen unter Nebenbedingungen, wie bspw. die Minimierung von Verschnittabfällen oder die Verteilung von Werbeetats auf verschiedene Werbeträger mit maximaler Werbewirkung. Seitdem haben sich die Methoden und Anwendungsfelder deutlich weiterentwickelt, der gemeinsame

[97] Vgl. Zschocke, D. (1995), S. 254–256.
[98] Gass, S. I. (2011), S. 389.

Grundgedanke – ökonomische Vorgänge und Sachverhalte mathematischen Modellen zugänglich zu machen – ist jedoch geblieben.[99]

Die Gründe für den OR-Aufschwung waren insbesondere Interdisziplinarität und Teamwork, Anwendung naturwissenschaftlicher Methoden (Modelle), Datenverarbeitung durch Rechner (EDV), Unterstützung durch Mathematik und Statistik sowie die Nachfrage nach wissenschaftlich fundierter Beratung.[100]

In den Wirtschaftswissenschaften kommt Modellen darüber hinaus eine besondere Bedeutung zu, da die Durchführung von wiederholbaren Experimenten in der Regel nicht möglich ist. Daher bedient man sich Beobachtungen aus der Vergangenheit, um daraus Annahmen für die Durchführung des Experiments im Modell zu generieren. Obwohl dieses Vorgehen in anderen Wissenschaftszweigen üblicher Standard ist (auch Astronomen oder Evolutionsbiologen müssen mit dem arbeiten, was die Natur ihnen gegeben hat) wird ökonomischen Modellen bzw. ihren Ergebnissen häufig mit Skepsis und Misstrauen begegnet.[101]

Eine Ursache für diesen Umstand findet sich schon in der historischen Entwicklung des OR. Neben der enormen Entwicklung der Methodik, wie bspw. der Simplex-Methode zur Lösung linearer Optimierungsprobleme durch Dantzig, entstand gleichzeitig eine Diskussion um die Mathematisierung der Betriebswirtschaft mit sehr gegensätzlichen Positionen innerhalb der Wirtschaftswissenschaften. KOSIOL als typischer Vertreter dieser Zeit versuchte die Wogen zu glätten, indem er betonte, dass man die Möglichkeiten mathematischer Modelle nicht überschätzen sollte, da es nicht das Ziel sein könne das verbal-logische Analysieren der Wirtschaft durch Kurven und algebraische Formeln zu ersetzen. Andererseits dürfe der Fortschritt durch

---

99 Vgl. Ortlieb, C. P., Dresky, C. v., Gasser, I. u. a. (2009), S. V, 1; Zschocke, D. (1995), S. 1, 22, 49; Müller-Bohn, T., Ulrich, V. (2000), S. 178; Gass, S. I. (2011); Buddensiek, W., Kaiser, F.-J., Kaminski, H. (1980), S. 99; Homburg, C. (1998), S. 274, 277; Müller, R. (1983); Buxton, M. J., Drummond, M. F., Hout, B. A. van u. a. (1997), S. 217; Brennan, A., Akehurst, R. (2000), S. 446; Raiffa, H. (1968), S. 295–297.

100 Vgl. Kittel, C. (1947), S. 143; Williams, E. C. (1954), S. 442–443; Albach, H. (1965), S. 114–115; Dantzig, G. B. (1966), S. 15; Stahlknecht, P. (1970), S. 5-7; Meyer, M. (1979), S. 461–462; Müller-Merbach, H. (1984); Hanssmann, F. (1987), S. 11–12, zitiert nach Zschocke (1995), 22.

101 Vgl. Mankiw, N. G., Taylor, M. P. (2006), S. 20, 21; Wöhe, G., Döring, U. (2005), S. 15, 16; Spitznagel, M. (2012), S. 6.

quantitative Methoden nicht verkannt werden, sodass es nicht rational wäre, bei wichtigen Entscheidungen darauf zu verzichten.[102] Die damalige Abkopplung von realen betriebswirtschaftlichen Problemen, die Fokussierung auf mathematische Formalisierung sowie Kommunikationsprobleme zwischen Theorie und Praxis waren jedenfalls mit Sicherheit nicht förderlich für die breite Akzeptanz des OR im Besonderen und in der Folge auch nicht für Modelle im Allgemeinen.[103]

Eine weitere Erklärung mag darin liegen, dass es sich bei ökonomischen Modellen oft um das Ergebnis eines Denkprozesses handelt, deren Ergebnisse unter Anwendung der ceteris-paribus-Methode deduktiv abgeleitet werden. Die so gewonnenen Erkenntnisse sind dann auf Grund der Prämissen zwar logisch korrekt, müssen aber nicht zwingend der beobachtbaren Realität entsprechen. Die so entstehende Diskrepanz ist für Aussenstehende ohne Anleitung zur korrekten Interpretation der Modellergebnisse nicht ohne Weiteres aufzulösen und führt in der Folge zur Ablehnung von Modellen bzw. deren Ergebnissen.[104] Auch wenn es sich um eine typische Vorgehensweise zur Erkenntnisgewinnung handelt, wird das Vorgehen, ökonomische Modelle mit Hilfe von ceteris-paribus-Klauseln gegen widersprüchliche empirische Erfahrungen zu *immunisieren* auch innerhalb der Wirtschaftswissenschaften nicht ganz unkritisch gesehen.[105] Die Kritik zielt dabei vor allem auf Modelle, die um ihrer selbst willen erstellt werden und auf das *Denken in Modellen* in der neoklassischen Richtung der Ökonomie. Diese Modelle sind zwar logisch richtig und wahr, auch der Realitätsbezug ist gegeben, allerdings fehlt solchen Modellen jeglicher Informationsgehalt.[106]

Ein Lösungsansatz kommt von EICHHORN, der vorschlägt, Modelle als ein *System von Annahmen* zu definieren, das folgende Bedingungen erfüllen muss,

[102] Vgl. Kosiol, E. (1961); Kosiol, E. (1964).

[103] Vgl. Homburg, C. (1998), S. 274–275, 278–279, 283.

[104] Vgl. Mankiw, N. G., Taylor, M. P. (2006), S. 20, 21; Wöhe, G., Döring, U. (2005), S. 15, 16; Buddensiek, W., Kaiser, F.-J., Kaminski, H. (1980), S. 98; Albert, H. (1980).

[105] Vgl. Buddensiek, W., Kaiser, F.-J., Kaminski, H. (1980), S. 98; Durden, T. (2012); Taleb, N. N. (2008); Spitznagel, M. (2012).

[106] Der Sachverhalt wird an folgendem Zitat von Hans Albert sehr gut deutlich: „Wenn man im alltäglichen Leben auf die Frage nach den Wetteraussichten die Auskunft erhält, daß sich das Wetter, falls keine Änderung eintrete, durchaus in der bisherigen Weise verhalten werde, dann wird man normalerweise nicht mit dem Eindruck davongehen, in besonderem Maße informiert worden zu sein, obwohl nicht geleugnet werden kann, daß die erhaltene Auskunft sich auf den in diesem Falle interessierenden Aspekt der Wirklichkeit bezieht und überdies unzweifelhaft wahr ist." – Albert, H. (1980), S. 353.

damit es ein ökonomisches Modell wird: Realitätsbezug, Informationsgehalt, wahr oder empirisch bestätigt sowie widerspruchsfrei sein. Realitätsbezug und Informationsgehalt bedeuten dabei, dass abhängig vom Modellzweck neben wirtschaftlichen Daten auch rechtliche, technische, soziale und gesellschaftliche Aspekte berücksichtigt werden. Folglich würden Modelle, die vom homo oeconomicus oder vollständigem Wettbewerb ausgehen, nicht mehr unter diese Definition fallen.[107] Bei genauer Betrachtung erscheint dieser Ansatz jedoch nicht zielführend, denn Modelle, die auf Annahmen wie dem homo oeconomicus basieren, sind ja ohne Weiteres mit der allgemeinen Modelltheorie vereinbar, da das Original ja auch eine Idee oder Vorstellung von der Realität sein kann. Ebenso ist kein Widerspruch zur Definition ökonomische Modelle nach ZSCHOCKE zu erkennen (s. Abschnitt 2.1.2). Ursächlich ist vielmehr die fehlerhafte Interpretation der Modelle und Anwendung ihrer Ergebnisse, insbesondere solcher Modelle, die auf den genannten Annahmen basieren. Denn nicht jedes ökonomische Modell ist auch ein vereinfachtes Abbild der Realität und auch nicht alle Erkenntnisse, die auf Modellen beruhen, dürfen auf die Realität angewendet werden. Vielmehr muss darauf hin gearbeitet werden, dass die Erkenntnisse aus solchen Modellen nicht das Ende, sondern den Anfang theoretischer Untersuchungen darstellen, denn auch die Diskrepanz zwischen Modellergebnissen und empirischer Erfahrung kann zum Erkenntnisgewinn beitragen, solange die Ursachen der Unterschiede erforscht werden.[108] Die jüngste Entwicklung der Wirtschaftswissenschaften bestätigt diese Sichtweise. So findet inzwischen, insbesondere in Teildisziplinen wie den behavioral economics, eine Abkehr vom Konzept des homo oeconomicus statt. Anstelle dessen wird nach Lösungen gesucht, wie durch die Integration menschlichen Verhaltens eine Annäherung der Modelle an die Realität erfolgen kann.

2.3.2 Kategorien

Zur Kategorisierung ökonomischer Modelle existieren verschiedenste Ansätze, von denen zur Veranschaulichung im Folgenden zwei dargestellt werden sollen bevor mit dem Ansatz von ZSCHOCKE eine allgemeine Systematik zur Kategorisierung vorgestellt wird. WÖHE unterscheidet betriebswirtschaftliche Modelle einmal nach der Art der Modellaussage und einmal nach der

[107] Vgl. Eichhorn, W. (1972), S. 286; Buddensiek, W., Kaiser, F.-J., Kaminski, H. (1980), S. 100.
[108] Vgl. Buddensiek, W., Kaiser, F.-J., Kaminski, H. (1980), S. 99.

Art der Annahmen über das Eintreten der Ereignisse. JUNG unterscheidet ebenfalls nach der Modellaussage, nur nennt er es Untersuchungszweck, und darüber hinaus noch nach der voraussichtlichen Ergebnisstruktur des Modells.[109] Tabelle 2.2 gibt einen Überblick über die Beispiele verschiedener Kategorisierungsmöglichkeiten.

Tabelle 2.2: Kategorien ökonomischer Modelle

Unterscheidungsmerkmal	**Modellarten**
Art der Modellaussage	Beschreibungsmodelle
	Erklärungsmodelle
	Entscheidungsmodelle
Art der Annahmen	Deterministische Modelle
	Stochastische Modelle
	Spieltheoretische Modelle
Art der Ergebnisstruktur	Deterministische und stochastische Modelle
	Statische und dynamische Modelle
	Analytische und simulative Modelle

Quelle: Vgl. Wöhe, G., Döring, U. (2005), S. 18; Jung, H. (2006), S. 41, 44; Homburg, C. (1998), S. 266–269.

...nach Modellaussage *Beschreibungsmodelle* (auch deskriptive Modelle oder Zustandsmodelle) stellen empirische Erscheinungen wie bspw. Güter- oder Geldströme dar und beinhalten keine Hypothesen. Sie haben reinen Darstellungscharakter, ohne dabei zu erklären oder zu analysieren. Nichtsdestotrotz können Sie hilfreiche Informationen für Prognosen oder Entscheidungsprobleme liefern. *Erklärungsmodelle* (auch explikative Modelle) dienen der Erklärung der Zusammenhänge und Ursachen von Prozessabläufen, indem sie zur Generierung von Hypothesen genutzt werden, die dann wiederum empirisch überprüft werden können. Unterbleibt die empirische Überprüfung, so erstreckt sich der Erklärungswert lediglich auf den Rahmen der vorher

[109] Vgl. Wöhe, G., Döring, U. (2005), S. 18, 19; Jung, H. (2006), S. 41, 44.

festgelegten Prämissen. Waren Erklärungsmodelle früher häufig nur in Worten oder Schaubildern dargestellt, überwiegt inzwischen die mathematische Darstellung in Form von Erklärungsgleichungen. Auch Prognosemodelle werden den erklärenden Modellen zugeordnet, da hier lediglich die Erklärung in eine Prognose umgedeutet wird.[110]

Entscheidungsmodelle dienen der Strukturierung von Entscheidungsproblemen und bringen diese in die Form eines programmierbaren Informationsverarbeitunsprozesses. Dabei können offene und geschlossene Entscheidungsprobleme unterschieden werden. Bei geschlossenen Entscheidungsmodellen liegt ein wohlstrukturiertes Entscheidungsproblem zugrunde, das heißt alle Parameter sind bekannt und die optimale Lösung ist mathematisch eindeutig berechenbar. Die Anwendbarkeit findet ihre Grenzen darin, dass solche Idealbedingungen in der praktischen Anwendung nur selten vorliegen. Dem gegenüber stehen offene Entscheidungsmodelle zur Lösung schlecht strukturierter Entscheidungsprobleme. Hierbei wird versucht, menschliches Verhalten in systematisierter Form nachzustellen. Zur Lösung dieser Modelle kommen Heuristiken zum Einsatz. Offene Entscheidungsmodelle unterstützen somit vor allem durch Informationsaufbereitung. Geschlossene Modelle können dabei Teile von offenen Modellen sein. Die offenen Entscheidungsmodelle können zwar auf jegliche Entscheidungsprobleme angewendet werden, garantieren aber keine optimale Lösung. Nachteilig bei offenen Entscheidungsmodellen ist, bedingt durch die schlecht strukturierte Problemstellung, dass Kenntnisse und Erfahrungen der Modellierer starken Einfluss ausüben und schlecht erfassbare Zusammenhänge wie soziale Bindungen oder irrationale Motive der Akteure nur unzureichend abgebildet werden können.[111]

...nach Modellannahmen In *deterministischen Modellen* wird angenommen, dass ein Ergebnis mit völliger Sicherheit eintritt. Ergebnisse der Handlungsalternativen werden als bekannt voraus gesetzt, jeder Variablen wird ein eindeutiger Wert zugeordnet. Ein Beispiel für ein solches Modell sind Investitionsentscheidungen unter Sicherheit. Hier wird angenommen, dass alle zukünftigen Ein- und Auszahlungen der Alternativen bekannt sind und da-

110 Vgl. Zschocke, D. (1995), S. 289–306; Homburg, C. (1998), S. 267–268; Wöhe, G., Döring, U. (2005), S. 18, 19; Jung, H. (2006), S. 41, 42.

111 Vgl. Jung, H. (2006), S. 43, 44; Wöhe, G., Döring, U. (2005), S. 19; Zschocke, D. (1995), S. 289–306; Reihlen, M. (1997), S. 11; Berens, W., Delfmann, W. (1995); Homburg, C. (1998), S. 267, 269; Bretzke, W.-R. (1980), S. 34–35.

her die optimale Investitionsentscheidung getroffen werden kann. *Stochastische Modelle* stellen eine Entscheidung unter Risiko dar. Die Modellvariablen können zwar verschiedene Werte annehmen, allerdings sind deren Eintrittswahrscheinlichkeiten bekannt. *Spieltheoretische Modelle* bilden Entscheidungen bei Unsicherheit ab. Hierbei sind die Eintrittswahrscheinlichkeiten der Variablenwerte nicht bekannt. Für solche Modelle wird angenommen, dass der Gegenspieler rational handelt.[112]

...nach Ergebnisstruktur *Deterministische Modelle* wurden bereits im vorherigen Absatz beschrieben. Ergänzend kann noch angemerkt werden, dass die Modellergebnisse in der Realität nicht zwingend eintreten müssen. Man denke beispielsweise an die Insolvenz eines Schuldners, welche die Berechnungen einer Investitionsentscheidung hinfällig werden lässt. Der Gegenpart zu den deterministischen Modellen sind *stochastische Modelle*. Hier sind die Variablen des Modells nicht mit Sicherheit bekannt und werden mittels wahrscheinlichkeitsbasierter Verfahren generiert. Die Ergebnisse des Modells sind dann mit sog. Eintrittswahrscheinlichkeiten verknüpft. In einem *statischen Modell* spielt die Zeit keine Rolle, die Ergebnisse beziehen sich auf einen festen Zeitpunkt bzw. Zeitraum. In *dynamischen Modellen* hingegen wird der Zeitverlauf berücksichtigt.[113] Ein Modell kann als *analytisches Modell* verstanden werden, wenn es möglich ist, das Modell in ein mathematisch lösbares Gleichungssystem wie zum Beispiel ein LP-Modell zu transformieren. *Simulationsmodelle* hingegen führen zu keiner eindeutig optimalen Lösung, vielmehr unterstützen und strukturieren sie einen trial & error - Prozess zur a) Ermittlung von Optimalwerten, b) Analyse von Transformationsprozessen, c) Schätzung von Modellparametern oder d) der Analyse von mehrwertigen Reaktionsmöglichkeiten (sog. operational gaming).[114] Tabelle 2.3 zeigt einige Beispiele zur Anwendung von Simulationsmodellen.

Allgemeine Systematik zur Kategorienbildung Aufbauend auf seiner Modelldefinition aus {Original, Abbildung, Modell} schlägt ZSCHOCKE folgenden Ansatz zur Kategorisierung ökonomischer Modelle vor: Modellarten oder -klassen werden dadurch gebildet, dass mindestens einem der drei Elemen-

[112] Vgl. Wöhe, G., Döring, U. (2005), S. 19, 20; Homburg, C. (1998), S. 267.
[113] Vgl. Homburg, C. (1998), S. 267.
[114] Vgl. Jung, H. (2006), S. 44–46.

Tabelle 2.3: Anwendungsbeispiele von Simulationsverfahren

Monte-Carlo-Simulation	Generierung von Zufallszahlen für stochastische Modelle
Taktische Simulation	Analyse klar definierter Probleme wie bspw. Warteschlangen
Strategische Simulation	Analyse unvollständig definierter, offener Probleme
Unternehmensplanspiele	Durchführung von Schulungsmaßnahmen
Experimentalmodelle	Forschung
Heuristisches Programmieren	Hilfsmittel zur Entwicklung von Erfahrungsregeln die mit analytischen Methoden nicht zugänglich sind

Quelle: Vgl. Jung, H. (2006), S. 46.

te des Modellbegriffs eine zusätzliche Konkretisierung mitgegeben wird. Je mehr solche Zusätze angebracht werden, desto kleiner wird die definierte Modellklasse.[115] In diese allgemeine, grundlegende Systematik lassen sich so auch die Kategorien von WÖHE und JUNG einordnen. Bei der Unterscheidung nach Art der Modellaussage wird dem Modellergebnis der Zusatz *Ziel* angeheftet und je nachdem ob das Modell beschreiben, erklären oder unterstützen soll, definieren sich die unterschiedlichen Modellarten. Genauso verhält es sich bei den übrigen Unterscheidungsmerkmalen. Heftet man den Zusatz *Zufallsabhängigkeit* an das Modellergebnis, erhält man deterministische und stochastische Modelle, mit dem Zusatz *Bedeutung der Zeit* statische und dynamische Modelle, usw. ZSCHOCKE selbst bietet folgende Unterscheidungsmerkmale zur Kategorisierung an:[116]

- Bezug zur Realität (reale und ideale Modelle);
- Verwendete Sprache (formale, semantische und mathematische Modelle);
- Existenz einer Zielsetzung (Zustands- und Entscheidungsmodelle);
- Berücksichtigung der Zeit (statische und dynamische Modelle);
- Existenz einer Zufallsvariablen (deterministische und stochastische Modelle).

[115] Vgl. Zschocke, D. (1995), S. 269–271.
[116] Vgl. Zschocke, D. (1995), S. 272.

In seinen Ausführungen geht er allerdings nur auf die ersten Drei näher ein. Zur Berücksichtigung der Zeit als Unterscheidungsmerkmal zwischen statischen und dynamischen Modelle erkennt er zwar deren Bedeutung an, schließt diese jedoch von der weiteren Betrachtung aus. Als Erklärung mag hier die Entstehungszeit seines Werkes dienen. 1995 war die Rechenleistung und Softwareentwicklung noch nicht so weit fortgeschritten, um dynamische Zeitverläufe als Modellkomponente sinnvoll zu implementieren, sodass eine tiefergehende Betrachtung nicht der pragmatischen Ausrichtung seines Buches entsprochen hätte. Da die Modelle nach Art ihrer Zielsetzung bzw. der Existenz einer Zufallsvariable schon erläutert wurden, sollen im Folgenden nur noch die ersten beiden Modellkategorien kurz vorgestellt werden.

...nach dem Bezug zur Realität Unterscheidungsmerkmal ist in diesem Fall, ob Original und/oder Modell einen Bezug zur Realität besitzen. ZSCHOCKE verzichtete bewusst auf den Realitätsbezug als Teil der allgemeinen Modell-Definition. Denn durch die Computerisierung in der Ökonomie kommen auch vermehrt formale Modelle ohne Realitätsbezug zum Einsatz. Der Begriff *ideal* ist in diesem Zusammenhang im Sinne von denken zu verstehen, also das Original oder Modell reine Gedankenkonstrukte sind. Tabelle 2.4 gibt einen Überblick über die vier sich ergebenen Kombinationsmöglichkeiten samt passender Beispiele.

Tabelle 2.4: Beispiele zum Realitätsbezug von Original und Modell

Original	Modell	Beispiele
real	real	Stadtpläne, Schaltpläne, Cobb-Douglas-Produktionsfunktion
real	ideal	Massepunkt eines Körpers in der Physik, idealer Würfel in der Statistik, homo oeconomicus
ideal	real	mathematische Ökonomie
ideal	ideal	reine Theorie in den Formalwissenschaften wie Logik und Mathematik

Quelle: Vgl. Zschocke, D. (1995), S. 273–280; Homburg, C. (1998), S. 266.

...nach der Art der verwendeten Sprache Die Unterscheidung findet hierbei anhand der im Beschreibungsvorgang verwendeten Sprache – also formal oder semantisch – statt. Darüber hinaus kann in mathematische und nichtmathematische Modelle unterschieden werden und die mathematischen Modelle wiederum in numerische, parametrische und nicht-numerische Modelle. Dabei hat vor allem die Gruppe der formal-mathematischen Modelle diverse Vor- und Nachteile, die es näher zu beleuchten gilt, da diese auch für die spätere Untersuchung noch von Relevanz sind. Die Vorteile liegen zum einen in der Klarheit, die durch die präzise Formulierung entsteht, sowie in der Effizienz, die mit der einfachen Darstell- und Umformbarkeit einher geht. Zum anderen sind die Folgen von Annahmen leicht nachvollziehbar und formal-mathematische Modelle lassen sich untereinander gut vergleichen. Diese beiden Eigenschaften führen zu einer hohen inneren und äußeren Transparenz. Auf der anderen Seite lassen sich mit Hilfe der formal-mathematischen Darstellungen Eigenschaften des Originals im Modell beschönigen. Darüber hinaus kann ein Informationsgehalt und eine Präzision vorgetäuscht werden, die so in der Realität gar nicht vorhanden sind. So kann das Modell möglicherweise Zustände erreichen, die in der Realität in der gleichen Form nur selten oder gar nicht erreicht werden können. Oder auch die Verwendung von mehreren Nachkommastellen in der Darstellung von Modellergebnissen kann Anwendern eine Genauigkeit suggerieren, die als Güte oder Qualität des Modells fehlinterpretiert wird, obwohl diese Genauigkeit für die Realität ohne Belang ist. Dies ist eine Problematik, von der auch gesundheitsökonomische Modelle und vor allem Budget Impact Modellen betroffen sind.

2.4 Modelle in der gesundheitsökonomischen Evaluation

2.4.1 Einführung

Die Bedeutung der ökonomischen Evaluation von Gesundheitsgütern hat in den letzten Jahren deutlich zugenommen und auch gegenwärtig ist kein Ende dieser Entwicklung zu erkennen. Dabei stehen vor allem therapeutische Verfahren und hier insbesondere Arzneimittel im Fokus solcher Untersuchungen, weswegen die weiteren Ausführungen vor allem auf diesen Bereich ausgerichtet werden.[117] Ihren Anfang hatte die Bedeutungszunahme mit der gesetzlichen Verankerung solcher Evaluationen im Rahmen von Erstattungsentscheidungen für die öffentlichen Gesundheitssysteme in Australien im Jahre 1992 und der kanadischen Provinz Ontario im Jahr 1994. Seitdem wurde dieses Vorgehen von vielen Ländern adaptiert. Dabei hat das britische National Institute for Health and Clinical Excellence (NICE), dessen Untersuchungshorizont neben Arzneimitteln auch Medizinprodukte, Diagnostika und Behandlungstechniken umfasst, eine Vorreiterrolle eingenommen. Darüber hinaus kommen die Methoden zur Bewertung von Interventionen auch zunehmend auf nachgelagerten Ebenen wie beispielsweise Praxisnetzen und Managed Care Verbünden oder Krankenhäusern zum Einsatz, vorwiegend dort, wo durch pauschalierte Vergütungssysteme starke Anreize zum wirtschaftlichen Ressourceneinsatz bestehen.[118]

Da zu den Methoden der gesundheitsökonomischen Evaluationen inzwischen schon einige Grundlagenwerke existieren, erfolgen die weiteren Ausführungen nur soweit, wie es als Grundlage zur Einordnung der Budget Impact Analysen in den folgenden Kapiteln nötig ist. Zur weiteren Vertiefung der Thematik sei daher an dieser Stelle auf die Werke von DRUMMOND ET AL. und SCHÖFFSKI ET AL. verwiesen.[119]

Im Grunde geht es bei jeder gesundheitsökonomischen Evaluation darum, Nutzen[120] und Kosten von Maßnahmen ins Verhältnis zu setzen. Die Kosten beziehen sich dabei auf die Ressourcen, die für die Maßnahme aufgewendet werden. Der Nutzen bezieht sich in erster Linie auf Veränderungen im Gesund-

---

[117] Vgl. Brennan, A., Akehurst, R. (2000), S. 446, 448; Weinstein, M. C., O'Brian, B., Hornberger, J. u. a. (2003), S. 9; Schulenburg, J.-M. Graf v. d. (2007), S.13–22.

[118] Vgl. Briggs, A., Claxton, K., Sculpher, M. (2006), S. 1; IQWiG (2009b), S. 3; Brennan, A., Akehurst, R. (2000), S. 446; Brennan, A., Chick, S. E., Davies, R. (2006a), S. 1295.

[119] Vgl. Drummond, M. F., Sculpher, M. J., Torrance, G. W. u. a. (2005); Schöffski, O., Schulenburg, J.-M. Graf v. d. (Hrsg.) (2012).

[120] Da die Abgrenzung, Übersetzung und Verwendung der zentralen Termini, insbesondere bei der Übertragung aus dem Englischen, in der Literatur nicht einheitlich erfolgt, soll folgende Festlegung getroffen werden: für alle positiven Folgen (Auswirkungen, Ergebnisse, Konsequenzen) einer Maßnahme wird einheitlich der Begriff *Nutzen* verwendet, da dies in der vorliegenden Arbeit wegen der Fokussierung auf die budgetären Folgen einer Maßnahme zu keinen Problemen hinsichtlich Verständnis oder Argumentation führt. Zur Begriffsdefinition im deutschen Gesundheitswesen in Bezug auf Erstattungsfragen vgl. IQWiG (2011), S. 30–58.

heitszustand, aber auch in anderen Nutzenkomponenten, denen die Betroffenen einen Wert beimessen.[121]

Die Notwendigkeit zur ökonomischen Evaluation von Gesundheitsgütern ergibt sich aus der Tatsache knapper Ressourcen, die die Entscheidungsträger dazu zwingt, aus den verfügbaren Alternativen auszuwählen. Bauchgefühl oder Würfeln sind dabei nicht zielführend. Ohne systematische Analyse ist es bspw. schon nicht möglich, überhaupt alle relevanten Alternativen zu identifizieren. Außerdem ist die Perspektive, von der aus die Bewertung erfolgt, von großer Bedeutung. Darüber hinaus kann ohne den Versuch der Quantifizierung, die Unsicherheit hinsichtlich der Effekte einer Maßnahme nicht erfasst werden. Die Ausgaben für eine Maßnahme sind ohnehin nur eine Seite der Medaille. Für die vollständige Bewertung müssen auch die Opportunitätskosten betrachtet werden, also der Nutzen den man erhalten hätte, wenn die Ressourcen für die nächstbeste Alternative eingesetzt worden wären.[122]

Tabelle 2.5: Kategorien gesundheitsökonomischer Evaluationen

		Werden Kosten und Nutzen untersucht?		
		Nein		Ja
Werden mehrere Alternativen untersucht?	Nein	Nutzen-Beschreibung	Kosten-Beschreibung	Kosten-Nutzen-Beschreibung
	Ja	Wirksamkeits-Vergleich	Kosten-Vergleich	Kosten-Kosten-Analyse Kosten-Wirksamkeits-Analyse Kosten-Nutzwert-Analyse Kosten-Nutzen-Analyse

Quelle: Vgl. Drummond, M. F., O'Brien, B., Stoddart, G. L. u. a. (1997), S. 10.

121 Vgl. Drummond, M. F., O'Brien, B., Stoddart, G. L. u. a. (1997), S. 2–26; Schöffski, O. (2012), S. 52–70; Briggs, A., Claxton, K., Sculpher, M. (2006), S. 2.

122 Vgl. Raiffa, H. (1968), S. 27–33; Drummond, M. F., O'Brien, B., Stoddart, G. L. u. a. (1997), S. 8; Nuijten, M. J. C., Mittendorf, T., Persson, U. (2011), S. 232; Cleemput, I., Neyt, M., Sande, S. V. de u. a. (2012), S. 26; IQWiG (2009a), S. 7.

Tabelle 2.5 gibt einen Überblick über die Kategorien gesundheitsökonomischer Evaluationen. DRUMMOND unterscheidet hier zwischen partiellen Untersuchungen (grau hinterlegt) und vollständigen Untersuchungen (weiß hinterlegt). Grundlage der Differenzierung ist einerseits die Forderung, dass sowohl Kosten als auch Nutzen betrachtet werden. Andererseits wird verlangt, dass verschiedene Alternativen verglichen werden, weil die Durchführung der Analysen nur sinnvoll und zweckdienlich ist, wenn sie zur optimalen Verwendung knapper Ressourcen beitragen. DRUMMOND definiert die ökonomischen Evaluationen daher als „the comparative analysis of alternative courses of action in terms of both their costs and consequences."[123] Im engeren Sinne sind ökonomische Evaluationen also immer vergleichend, weil zur Bestimmung des Wertes einer Alternative immer der Vergleich mit einer anderen Alternative notwendig ist und nur vergleichende Analysen die Frage nach der Effizienz beantworten können. Nichtsdestotrotz haben die partiellen Untersuchungen ebenso ihre Daseinsberechtigung.[124]

Tabelle 2.6 gibt einen Überblick über die vier Grundformen vollständiger gesundheitsökonomischer Evaluationen, wobei anzumerken ist, dass in der Praxis die Grenzen fließend sind und es durchaus sein kann, dass sich die endgültige Studienform einer Evaluationen erst im Verlauf herauskristallisiert.[125] Allen Studienformen gemein ist die Betrachtung der Kosten, die Unterschiede bestehen in der Erfassung und Bewertung des Nutzens.

Die Kosten-Kosten-Analyse untersucht und vergleicht nur die Kosten zweier oder mehrerer Alternativen unter der Annahme der Nutzengleichheit. Ihre Anwendbarkeit beschränkt sich in der Regel auf seltene Konstellationen, in denen diese Annahme statthaft ist. Bei der Kosten-Wirksamkeits-Analyse (KWA) wird der Nutzen in natürlichen Einheiten gemessen, also zum Beispiel gewonnene Lebensjahre oder um wie viele Einheiten der Blutdruck oder Cholesterinspiegel gesenkt wird. Der Vorteil dieser Studienform liegt vor allem darin, dass keine weitergehende Bewertung der gewählten Nutzenparameter erfolgen muss, sondern diese häufig direkt aus den klinischen Studiendaten übernommen werden können. Die Kosten-Nutzwert-Analyse stellt eine Sonderform der Kosten-Wirksamkeits-Analyse dar, die im Wesentlichen zwei Limitationen der Kosten-Wirksamkeits-Analyse adressiert. Zum einen

123 Drummond, M. F., O'Brien, B., Stoddart, G. L. u. a. (1997), S. 8–9.
124 Vgl. Briggs, A., Claxton, K., Sculpher, M. (2006), S. 2; Drummond, M. F., O'Brien, B., Stoddart, G. L. u. a. (1997), S. 8–11; Schöffski, O. (2012), S. 43.
125 Vgl. Drummond, M. F., O'Brien, B., Stoddart, G. L. u. a. (1997), S. 4.

Tabelle 2.6: Überblick gesundheitsökonomischer Studienformen

Studienform	Kosten-bewertung	Nutzenmessung	Nutzenbewertung
cost-minimization (Kosten-Kosten)	monetär	Nutzengleichheit	ohne
cost-effectiveness (Kosten-Wirksamkeit)	monetär	gleicher Nutzenparameter	natürliche Einheiten
cost-utility (Kosten-Nutzwert)	monetär	unterschiedl. Nutzenparameter	i. d. R. QALYs
cost-benefit (Kosten-Nutzen)	monetär	unterschiedl. Nutzenparameter	monetär

Quelle: Vgl. Drummond, M. F., O'Brien, B., Stoddart, G. L. u. a. (1997), S. 2; Schöffski, O. (2012), S. 52–70.

werden die Nutzenkomponenten aus Patientensicht bewertet, indem Auswirkungen auf die Lebensqualität und Lebenserwartung berücksichtigt werden. Zum anderen erfolgt eine Normierung des Nutzenmaßes, sodass indikationsübergreifende Vergleiche möglich werden. Dabei hat sich das Quality Adjusted Life Year (QALY) de facto als gegenwärtiger Standard etabliert, in welchem Lebensqualität und Lebensdauer als eindimensionales Nutzenmaß abgebildet werden.[126] Die weitreichendste Studienform stellt letztlich die Kosten-Nutzen-Analyse dar. Hier werden nun auch die Nutzenkomponenten in monetären Einheiten abgebildet, mit dem Vorteil, dass Vergleiche mit Alternativen durchgeführt werden können, deren Nutzen sich nicht in medizinischen Ergebnissen oder verlängertem Leben bzw. höherer Lebensqualität bemessen. Die größte Herausforderung bei der Verwendung dieser Studienform liegt in der monetären Bewertung der intangiblen Effekte. Hier gab es in den letzten Jahren deutliche Fortschritte in der Methodik, mit der Folge, dass diese Studienform zunehmend gegenüber der Kosten-Wirksamkeits-Analyse bevorzugt wird. Der Vergleich bzw. die Bewertung der Alternativen erfolgt dann in der Regel auf Basis inkrementeller Kosten-Nutzen-Verhältnisse (Incremental Cost-Effectiveness Ratios (ICERs)), also den zusätzlichen Kosten für eine weitere Nutzeneinheit. Durch den Vergleich der ICERs zweier Alternativen oder mit einem Schwellenwert bis zu dem ein Kostenträger Maßnahmen als

[126] Vgl. Schöffski, O., Greiner, W. (2012).

kosten-effektiv erachtet, kann dann entschieden werden, ob eine Maßnahme überhaupt bzw. welche Maßnahme durchgeführt wird.[127]

Die Nachfrage nach gesundheitsökonomischen Evaluationen zur Entscheidungsunterstützung hat auch dazu geführt, dass sich die Wissenschaft verstärkt damit beschäftigt hat, geeignete Methoden bereit zu stellen. Diese mussten zum einen die gesamte verfügbare Evidenz berücksichtigen, einen Vergleich zwischen der zu untersuchenden Intervention und allen verfügbaren Alternativen ermöglichen, sowie eine Betrachtung der Ergebnisse unter Unsicherheit erlauben. Dieses Anforderungsprofil führte zur Anwendung entscheidungsanalytischer Methoden. Die Verwendung entscheidungsanalytischer Methoden selbst ist dabei nichts Neues und in vielen anderen Bereichen schon lange Standard. Auch im Gesundheitswesens sind sie bei Entscheidungen unter Unsicherheit schon länger in Gebrauch, allerdings überwiegend im Rahmen klinischer Entscheidungen und weniger bei ökonomischen Bewertungen. So finden sich schon bei RAIFFA im Jahr 1968 Beispiele für Entscheidungsprobleme im Gesundheitswesen, wie zum Beispiel die Frage, ob eine klinische Studie durchgeführt werden soll oder nicht, oder welche Behandlungsstrategie bei gegebenen Symptomen verfolgt werden sollte. Die Herausforderungen lagen also vielmehr darin, die vorhandenen Methoden für die Anwendung bei gesundheitsökonomischen Evaluationen nutzbar zu machen und an die Bedürfnisse von Entscheidern im Gesundheitswesen anzupassen.[128]

Ganz allgemein kann die Entscheidungsanalyse (decision analysis) als systematischer Ansatz zur Entscheidungsfindung unter Unsicherheit verstanden werden.[129] In der gesundheitsökonomischen Literatur wird der Begriff der Entscheidungsanalyse allerdings fast immer mit Entscheidungsmodellen gleichgesetzt, da sich bis jetzt noch keine einheitliche Begriffsverwendung herauskristallisiert hat. Dieser Umstand ist sicherlich auch der Tatsache geschuldet, dass heutzutage Computer und leistungsfähige Modellierungssoftware überall verfügbar sind, mit der Folge, dass die praktische An-

---

[127] Vgl. Briggs, A., Claxton, K., Sculpher, M. (2006), S. 3–4, 5; Brennan, A., Chick, S. E., Davies, R. (2006a), S. 1296; Drummond, M. F., Sculpher, M. J., Torrance, G. W. u. a. (2005), S. 38–39, 126–132; Weinstein, M. C., O'Brian, B., Hornberger, J. u. a. (2003), S. 9; Drummond, M. F., O'Brien, B., Stoddart, G. L. u. a. (1997), S. 2–17; Schöffski, O. (2012), S. 52–70.

[128] Vgl. Raiffa, H. (1968), S. xx–xxii; Briggs, A., Claxton, K., Sculpher, M. (2006), S. 1, 5; Brennan, A., Akehurst, R. (2000), S. 446.

[129] Vgl. Raiffa, H. (1968), S. 1–6.

wendung und Umsetzung in den Vordergrund gerückt ist. Es lässt sich aber feststellen, dass fast immer, wenn von *decision analysis, Entscheidungsmodellen, mathematischen Modellen, Modellierungen, modeling, decision analytic modeling, entscheidungsanalytischen Modellen, model-based evaluation* oder *health-care evaluation model* die Rede ist, die Abbildung entscheidungsanalytischer Methoden auf gesundheitsökonomische Fragestellungen in mathematischen Computermodellen gemeint ist. Dass die Begriffsverwendung nicht präzise und einheitlich erfolgt, hat allerdings keine gravierenden Folgen, da der grundsätzliche Anspruch immer die Bereitstellung von Informationen für Entscheidungsträger ist und ein einheitlicher Konsens in der wissenschaftlichen Gemeinschaft über das Gemeinte zu bestehen scheint. Nichtsdestotrotz könnte eine einheitliche und präzise Begriffsverwendung für die Weiterentwicklung der Methoden durchaus hilfreich sein, da es die Literatursuche und den wissenschaftlichen Austausch vereinfachen würde.

Für den Kontext des Gesundheitswesens liegen verschiedene Definitionen für Modelle vor. Prinzipiell kann jede Untersuchung, die über den empirischen Datenbestand hinaus geht als Modellierung aufgefasst werden, sodass selbst Meta-Analysen streng genommen Modelle sind. Unbestritten ist, dass auch im Gesundheitswesen die Realität nicht eins zu eins abgebildet werden kann und Vereinfachungen vorgenommen werden müssen. Das Institut für Qualität und Wirtschaftlichkeit im Gesundheitswesen (IQWiG) legt hierbei vor allem Wert auf die Validität und verlangt, dass das repräsentierte System hinreichend widergespiegelt sein muss.[130] SIEBERT sieht Modelle als analytische Werkzeuge, mit denen verschiedene Nutzenparameter bei gegebenem Satz an Eingangsparametern geschätzt werden können und deren Einfluss auf das Ergebnis bei Veränderung von Eingangsparametern untersucht werden kann.[131]

BRENNAN ET AL. definieren „a model-based evaluation as a formal quantified comparison of health technologies, synthesizing sources of evidence on costs and benefits, in order to identify the best option for decision makers to adopt."[132] WEINSTEIN ET AL. formulieren zunächst allgemein „A model is a logical mathematical framework that permits the integration of facts and values and that links these data to outcomes that are of interest to health-care decision makers"[133] und spezifizieren dann „We define a health-care evaluation model

[130] Vgl. IQWiG (2009b), S. 2.
[131] Vgl. Siebert, U. (2005), S. 9–16.
[132] Brennan, A., Chick, S. E., Davies, R. (2006a), S. 1296.
[133] Weinstein, M. C., O'Brian, B., Hornberger, J. u. a. (2003), S. 9.

as an analytic methodology that accounts for events over time and across populations, that is based on data drawn from primary and/or secondary sources, and whose purpose is to estimate the effects of an intervention on valued health consequences and costs."[134] Insgesamt kann festgehalten werden, dass die beispielhaft vorgestellten Definitionen somit im Einklang mit den allgemeinen Modellmerkmalen und der ökonomischen Modelldefinition stehen (s. Abschnitt 2.1).

2.4.2 Ziele und Anwendungsgebiete

„The purpose of modeling is to structure evidence on clinical and economic outcomes in a form that can help to inform decisions about clinical practices and health-care resource allocations."[135]

Dieses Zitat von WEINSTEIN ET AL. bringt das Ziel, das mit der Anwendung von Modellen in der gesundheitsökonomischen Evaluation verfolgt wird, auf den Punkt. Der Prozess der Modellbildung (s. Abschnitt 2.2.3) verlangt vom Anwender eine systematische Analyse der Problemsituation und der vorhanden Daten sowie die Identifikation wichtiger Parameter und deren Beziehungen untereinander. Gleichfalls wird nochmals die Zweckbindung, nämlich die Unterstützung von Entscheidungsprozessen betont. WEINSTEIN ET AL. halten daher auch explizit fest, dass Modelle in erster Linie die Zusammenhänge zwischen Annahmen und Ergebnissen offenlegen sollen, anstatt absolute Ergebnisse zu produzieren.[136]

Das für Deutschland maßgebliche IQWiG stößt in die gleiche Richtung, wenn es als Ziele der gesundheitsökonomische Modellierung die „Ermittlung von Erwartungswerten für die klinischen und ökonomischen Effekte der verglichenen Interventionen"[137] und die Informationsbereitstellung für Erstattungsentscheidungen identifiziert. So ist auch der zeitnahe Bedarf an Informationen zu Kosten und Nutzen einer neuen Intervention der Hauptgrund, warum überhaupt Modelle zum Einsatz kommen, da die Erstattungsfrage in

134 Weinstein, M. C., O'Brian, B., Hornberger, J. u. a. (2003), S. 10.
135 Weinstein, M. C., O'Brian, B., Hornberger, J. u. a. (2003), S. 9.
136 Vgl. Weinstein, M. C., O'Brian, B., Hornberger, J. u. a. (2003), S. 10; Brennan, A., Akehurst, R. (2000), S. 455.
137 IQWiG (2009b), S. 3.

engem zeitlichem Bezug zur Markteinführung geklärt werden muss. Die Entscheidungsmodelle beantworten dann Fragestellungen hinsichtlich der optimalen Ressourcenallokation bei Fragen wie: *Soll das neue Krebsmedikament durch die GKV erstattet werden? Was ist der effizienteste Test zur Diagnose von Prostatakrebs? Lohnt es sich in klinische Studien zu investieren um die Unsicherheit für eine bestimmte Entscheidung zu reduzieren?*[138]

In Tabelle 2.7 sind die wichtigen Anwendungsfelder für Modelle in der gesundheitsökonomischen Evaluation aufgeführt. Diese sollen im Folgenden kurz dargestellt werden.

Tabelle 2.7: Anwendungsfelder gesundheitsökonomischer Modellierungen

Extrapolation klinischer Studienergebnisse
Synthese verschiedener Evidenzquellen
Übertragung von Ergebnissen auf andere Rahmenbedingungen
Vorbereitung von Forschungsstrategien und Studiendesigns
Darstellung von Unsicherheit
Informationsgewinnung wenn Studien aus ethischen oder politischen Gründen nicht durchführbar sind

Quelle: Vgl. Brennan, A., Akehurst, R. (2000), S. 449; Sackett, D. L., Rosenberg, W. M. C., Gray, J. A. M. u. a. (1996); Buxton, M. J., Drummond, M. F., Hout, B. A. van u. a. (1997); Briggs, A., Claxton, K., Sculpher, M. (2006), S. 6–8.

Der erste Anwendungsfall zur Extrapolation liegt vor, wenn Ergebnisse aus klinischen Studien über den Studienzeitraum hinaus betrachtet werden müssen. Grundsätzlich können klinische Studien als erste Anlaufstelle für die Datengewinnung gelten, denn sie bieten eine hohe interne Validität. Allerdings sind sie in ihrer Konzeption hinsichtlich der Menge und Dauer der erhobenen Daten limitiert. Bei akuten Krankheiten oder Intervention, deren Nutzen nur aus kurzfristigen Effekten besteht, ist dies kein Problem. Bei chronischen Erkrankungen oder Interventionen mit langfristigen Effekten bspw. auf die Mortalität ist der kurze Zeithorizont von klinischen Studien jedoch problematisch. Dies gilt selbst dann, wenn bereits längere follow-up-Zeiten eingeplant werden, da auch diese selten Zeiträume von mehreren Jahren erfassen.

[138] Vgl. IQWiG (2009b), S. 3; Buxton, M. J., Drummond, M. F., Hout, B. A. van u. a. (1997), S. 223; Briggs, A., Claxton, K., Sculpher, M. (2006), S. 6.

Für die gesundheitsökonomische Evaluation sind i. d. R. längere Betrachtungszeiträume notwendig, da der gesamte Zeitraum, in dem Kosten und Nutzen einer Maßnahme anfallen können, betrachtet werden muss. Maße wie das QALY oder Life Years Saved (LYS) sind daher für die ökonomische Betrachtung auch wesentlich relevanter als Überlebensraten von wenigen Tagen nach der Intervention. Die Ratio dahinter ist, dass bei Interpretation von Gesundheitsausgaben als Investition in zukünftige Gesundheit, auch die Überlebensdauer nach einer akuten Episode relevant ist. Wenn also zum Beispiel Patienten kurz nach einer Intervention mit teurem Aufenthalt auf einer Intensivstation versterben, dann ist diese Maßnahme relativ weniger wert, als wenn die Patienten noch lange Zeit leben würden. Mit einer zusätzlichen Verlängerung der follow-up-Zeiten kann dieser Problematik nicht begegnet werden, da für bestimmte Fragestellungen Zeiträume von 10, 20, 30 oder mehr Jahren interessant sind. In diesen Fällen kommen Modelle zur Anwendung, um von den vorhanden Daten auf die gewünschten Betrachtungszeiträume zu extrapolieren.[139]

Der zweite Anwendungsfall zur Extrapolation betrifft die Übertragung von Surrogat-Parametern auf patientenrelevante Endpunkte. In klinischen Studien können aus praktischen Gründen oft nicht alle Daten erhoben werden, die aus ökonomischer Sicht wünschenswert wären. Ein typisches Beispiel hierfür ist die Erhebung von Daten zur Lebensqualität. Wenn hier nur Teile erhoben wurden, kann versucht werden, die erhobenen Daten durch Modellierungen in andere Lebensqualitätsmaße zu transformieren. Bei solch einem Vorgehen muss die Übertragbarkeit allerdings in jedem Fall kritisch hinterfragt werden. Aber auch bei Indikationen, in denen sich die Folgen der Krankheit erst nach vielen Jahren zeigen, wird in klinischen Studien auf Surrogat-Parameter zurück gegriffen. Dieser Fall liegt zum Beispiel bei Cholesterinsenkern vor. Über einen längeren Zeitraum erhöhte Cholesterinwerte, so die Hypothese, verstopfen die Gefäße und führen damit langfristig zu einem erhöhten Risiko kardiovaskulärer Ereignisse. Für die klinischen Studien wird auf Grund dieser langen Zeiträume zur Messung der Wirksamkeit daher nicht auf die Anzahl kardiovaskulärer Ereignisse abgestellt, sondern auf die Fähigkeit des Medikaments den Cholesterinspiegel im Blut zu senken. Ein weiteres Beispiel ist die Osteoporose, hier wird die Knochendichte als Surrogat statt der Anzahl an Brüchen verwendet. Zwar könnte der ökonomische Vergleich auch auf Ba-

[139] Vgl. Buxton, M. J., Drummond, M. F., Hout, B. A. van u. a. (1997), S. 217–219; Weinstein, M. C., O'Brian, B., Hornberger, J. u. a. (2003), S. 9; Briggs, A., Claxton, K., Sculpher, M. (2006), S. 7–8.

sis der Surrogat-Parameter erfolgen, also den Kosten pro gesenkter Einheit Cholesterin im Blut, jedoch ist dies aus verschiedenen Gründen nicht immer besonders sinnvoll. Zum einen will man Vergleichsgrößen haben, die einen allgemeineren Vergleich von Interventionen über einzelne Indikationen hinaus ermöglichen. Zum anderen kann nicht davon ausgegangen werden, dass zwischen dem Surrogat-Parameter und dem patientenrelevanten Endpunkt ein linearer Zusammenhang besteht, also eine doppelt so hohe Senkung des Cholesterinspiegels auch zu einer doppelt so hohen Verminderung kardiovaskulärer Ereignisse führt. Darüber hinaus müssen bei einem Vergleich nicht nur die direkten Kosten der Intervention berücksichtigt werden, sondern auch die der Folgekosten oder Einsparungen. Beim Beispiel der Osteoporose müsste also auch berücksichtigt werden, wie die Behandlungskosten der Frakturen beeinflusst werden, wenn sich im Zeitverlauf andere Frakturraten durch die Medikation ergeben. Auch in diesen Fällen kann mittels Modell von den kurzfristigen Effekten auf die langfristigen Ergebnisse extrapoliert und die Verbindung von Surrogat-Parametern und patientenrelevanten Endpunkten hergestellt werden.[140]

Für die Durchführung der Evaluationen ist es wichtig, dass die gesamte verfügbare Evidenz auch berücksichtigt wird. Da diese aber in der Regel aus vielen verschiedenen Quellen kommt, braucht man Modelle, um diese zusammen zu führen. Dieser Syntheseprozess ist dabei prinzipiell an die Konzepte der evidenzbasierten Medizin angelehnt. Genauso muss für die vollständige Evaluation der Vergleich mit allen praxisrelevanten Alternativen erfolgen. In klinischen Studien sind aber normalerweise genau diese so nicht vorhanden, sodass mit Modellen die unterschiedlichen Studienergebnisse zusammengeführt werden müssen.[141]

Ein weiterer wichtiger Anwendungsfall liegt in der Verallgemeinerung vorliegender Studienergebnisse, da die Ergebnisse der gesundheitsökonomischen Evaluationen natürlich nur von Relevanz sind, wenn die Ergebnisse im Kontext des Entscheidungsträgers stehen. Dabei müssen sich Innovationen üblicherweise am gegenwärtigen Therapiestandard messen, da dieser Vergleich für den Entscheidungsträger die größte Bedeutung hat. Oft liegen aber genau zu diesem Fall keine klinischen Head-to-Head-Studien vor, weil gegen Place-

---

140 Vgl. Buxton, M. J., Drummond, M. F., Hout, B. A. van u. a. (1997), S. 217–219; Weinstein, M. C., O'Brian, B., Hornberger, J. u. a. (2003), S. 10; IQWiG (2009a), S. 9–10.

141 Vgl. Briggs, A., Claxton, K., Sculpher, M. (2006), S. 7; Brennan, A., Akehurst, R. (2000), S. 447; Sackett, D. L., Rosenberg, W. M. C., Gray, J. A. M. u. a. (1996).

bo oder eine andere Therapiealternative getestet wurde. Und selbst wenn passende klinische Studien vorhanden sind, kann es sein, dass sich der Therapiestandard regional unterscheidet. Daher muss i. d. R. von der Situation, in der die Daten erhoben wurden, auf die Situation des Entscheidungsträgers abstrahiert werden. Typisch ist hierbei auch die Übertragung von klinischen Ergebnissen auf das reale Behandlungsgeschehen, wobei insbesondere Effekte der Compliance eine wichtige Rolle spielen. Modelle kommen auch zur Anwendung, wenn es um die Übertragung zwischen verschiedenen geographischen Regionen bzw. verschiedenen Gesundheitssystemen geht. Darüber hinaus können mittels Modellen sogar ganze Behandlungsstrategien in verschiedenen Szenarien verglichen werden.[142]

Modelle können auch helfen, wenn die Bandbreite verschiedener Variablen nicht bekannt ist oder nicht beobachtet werden kann. Hier können die vorhandenen Informationen und Daten als Entscheidungsproblem aufbereitet und strukturiert werden. Ein gutes Beispiel für diesen Einsatzzweck sind Impfungen. Im Rahmen der Schweinegrippe musste entschieden werden, ob ein Impfprogramm durchgeführt werden soll oder nicht und die Entscheidung musste unter Zeitdruck getroffen werden, da die Produktion der Impfstoffe eine gewisse Vorlaufzeit benötigt. Allerdings war nicht bekannt, wie wirksam der Impfstoff sein würde und wie schnell sich die Krankheit ausbreiten würde. Mit einem Modell wurden verschiedene Szenarien mit verschiedenen Annahmen untersucht und auf Basis dieser Erkenntnisse entschieden, kein Impfprogramm durchzuführen. Ähnlich wird auch bei der Entscheidungsunterstützung zur Durchführung von Screening-Maßnahmen vorgegangen.[143]

Ein weiteres Einsatzgebiet von Entscheidungsmodellen ist die Berücksichtigung der Unsicherheit und Variabilität der Modellparameter, um die Konsequenzen unterschiedlicher Handlungsoptionen abzubilden. Dabei werden die verschiedenen Eintrittswahrscheinlichkeiten basierend auf den Eingangsparametern berücksichtigt und so allen möglichen Ergebnissen Kosten und Nutzen zugewiesen. Anschließend können die erwarteten Kosten und der erwartete Nutzen gewichtet nach ihrer Eintrittswahrscheinlichkeit verglichen und bewertet werden.[144]

---

[142] Vgl. Buxton, M. J., Drummond, M. F., Hout, B. A. van u. a. (1997), S. 220–221.
[143] Vgl. Brennan, A., Akehurst, R. (2000), S. 455; Buxton, M. J., Drummond, M. F., Hout, B. A. van u. a. (1997), S. 221.
[144] Vgl. Briggs, A., Claxton, K., Sculpher, M. (2006), S. 6, 8.

Grundsätzlich kommen Modelle also immer dann zur Anwendung, wenn keine empirische Evidenz vorliegt oder deren Erhebung schlichtweg nicht möglich ist. Letzteres ist zum Beispiel immer dann der Fall, wenn klinische Studien aus ethischen oder politischen Gründen nicht durchgeführt werden können. Aber auch bei Erstattungsentscheidungen zu neuen Arzneimitteln liegen naturgemäß nicht alle Informationen vor und trotzdem müssen die Entscheidungen getroffen werden. Gerade hier können Modellierungen sinnvoll unterstützen. Darüber hinaus können Modelle zu einem effizienten Ressourceneinsatz beitragen, indem sie Entscheidern Handlungsempfehlungen geben, an welcher Stelle in zusätzliche Studien investiert werden sollte, um Daten für zukünftige Entscheidungen zu generieren oder Unsicherheit abzubauen.[145]

Daneben sprechen jedoch auch ganz pragmatische Überlegungen für den Einsatz von gesundheitsökonomischen Modellen. Zum einen wäre hier der Zeitvorteil gegenüber naturalistischen Studien zu nennen. Mehrere Jahre aufwändiger Studienprotokolle stehen hier wenigen Wochen oder Monaten für die Modellentwicklung und -analyse gegenüber. Zum anderen sind Modellierungen zu wesentlich geringeren Kosten möglich. Zu guter Letzt soll nicht unerwähnt bleiben, dass sich Modelle auch sehr gut als Kommunikations-Werkzeuge eignen. Durch Veröffentlichung sind die Annahmen und Schätzungen für alle einsehbar und einer kritischen Auseinandersetzung zugänglich. Außerdem können sie als Grundlage zur Konsensfindung dienen, da verschiedene Parteien ihre Sicht auf unsichere Eingangsparameter einbringen, und mit anderen Parteien über die Ergebnisse diskutieren können. Darüber hinaus werden Modelle zur Verbreitung der Ergebnisse verwendet, indem man sie an verschiedene Stellen verteilt und an deren Rahmenbedingungen anpasst, sodass diese sich die Ergebnisse für ihre konkrete Situation modellieren.[146]

---

145 Vgl. Buxton, M. J., Drummond, M. F., Hout, B. A. van u. a. (1997), S. 222; Brennan, A., Akehurst, R. (2000), S. 455.

146 Vgl. Brennan, A., Akehurst, R. (2000), S. 455.

2.4.3 Real-World-Studien als Modellersatz

2.4.3.1 Unterschiede im Modellverständnis

Modellierung wird von verschiedenen Anspruchsgruppen immer wieder mit einer gewissen Skepsis und Mistrauen betrachtet. So verlangten manche staatliche Institutionen, dass zunächst klinische Studien als Evidenz beigebracht werden. Modelle wurden nur als zusätzliche Informationsquellen akzeptiert. Für die Food and Drug Administration (FDA) bspw. sollten Modelle nur verwendet werden, wenn die Gewinnung der Daten auf regulärem Wege unmöglich oder unverhältnismäßig aufwändig ist. Hintergrund dieser Vorbehalte sind unterschiedliche Auffassungen zur Erkenntnisgewinnung wenn Naturwissenschaftler (in diesem Kontext vor allem Mediziner) und Wirtschaftswissenschaftler (hier Gesundheitsökonomen) aufeinander treffen. Erstere sind in ihrer Ausbildung von wiederholbaren, exakten Laborversuchen und -modellen sowie experimenteller Datenerhebung und Hypothesentestung geprägt. Letztere verfolgen andere Ansätze bei der Bewertung von Kosten und Nutzen zur Entscheidungsunterstützung und kennen meist nichts anderes als abstrakte theoretische Modelle mit Annahmen und Unsicherheiten. In der Praxis ist es dann häufig so, dass auf Seiten der Zulassungsbehörden und Kostenträger historisch bedingt überwiegend Entscheider mit medizinisch-naturwissenschaftlichem Hintergrund anzutreffen sind, hingegen auf Seiten der Industrie die Wirtschaftswissenschaftler einen immer größeren Anteil ausmachen. Diese ungleiche Verteilung führt dann zu Problemen in der Kommunikation und mangelndem Verständnis der jeweiligen Position der Gegenseite in Bezug auf das Verständnis von Modellen und der Interpretation ihrer Ergebnisse. Während das experimentelle Vorgehen der Naturwissenschaftlicher zu hoher interner Validität führt, erzielen die Sozial- und Wirtschaftswissenschaftler Ergebnisse mit hoher externer Validität. Die Abwägung zwischen diesen beiden Extremen ist daher schon lange Gegenstand verschiedener Diskussionen und so wundert es kaum, dass sich in der Literatur vor allem Positionen finden, welche die Frage nach Modell oder Studie als entweder-oder-Diskussion führen.[147]

[147] Vgl. Buxton, M. J., Drummond, M. F., Hout, B. A. van u. a. (1997), S. 218; Brennan, A., Akehurst, R. (2000), S. 447.

2.4.3.2 Limitationen und Probleme ökonomischer Evaluationen auf Basis klinischer Studiendaten

Die Vorteile klinischer Studien sind unbestritten, da sich so die Wirksamkeit einer Intervention eindeutig be- oder widerlegen lässt und verzerrende Einflussfaktoren durch das Studiendesign ausgeschlossen werden können. Allerdings sind diese Ergebnisse für die Entscheidungsfindung, die den Behandlungsalltag betrifft, oftmals ungeeignet, weil diese Studien in erster Linie den Anforderungen für die Zulassung genügen müssen. Wenn nicht schon bei der Konzeption einer klinische Studie die Erhebung ökonomischer Daten und deren Relevanz für den Behandlungsalltag berücksichtigt wird, können die Daten ein völlig falsches Bild vermitteln.[148] Oftmals werden im Rahmen der klinischen Studien auch gar keine ökonomischen Daten erhoben und wenn doch, dann nur als eher beiläufiges Anhängsel, auch *piggy back* genannt. Neben der Priorisierung der Qualität und Aussagekraft für den Marktzutritt hat dieser Umstand auch historische Gründe. Bis vor einigen Jahren folgte in Deutschland und anderen Ländern die Erstattungsfähigkeit automatisch mit der Zulassung. Daher bestand keine Notwendigkeit, den ökonomischen Fragen große Aufmerksamkeit beizumessen. Allerdings müssen gegenwärtig viele Pharmaunternehmen feststellen, dass die stiefmütterliche Behandlung der ökonomischen Aspekte sich rächt, da immer mehr Staaten höhere Hürden für die Erstattung festlegen und entsprechende Nachweise verlangen. Für Deutschland hat hier vor allem das AMNOG mit der Einführung der frühen Nutzenbewertung für zusätzliche Brisanz gesorgt. Die Hersteller sind jetzt gezwungen, für ihre Arzneimittel einen Zusatznutzen nachzuweisen, auf dessen Basis dann die Erstattungshöhe verhandelt wird. In diesem Prozess wird vor allem auf patientenrelevante Endpunkte abgestellt, sodass Hersteller ohne die nötige Evidenz unter Umständen erhebliche Preisabschläge in Kauf nehmen müssen.

Die folgenden Punkte stellen die wesentlichen Ursachen für die eingeschränkte Verwendbarkeit klinischer Studiendaten für gesundheitspolitische Entscheidungen dar:[149]

---

[148] Vgl. Halpern, M. T., McKenna, M., Hutton, J. (1998), S. 741–742; Brennan, A., Akehurst, R. (2000), S. 447; Briggs, A., Claxton, K., Sculpher, M. (2006), S. 8; IQWiG (2009b), S. 1.

[149] Vgl. Rittenhouse, B. (1996), S. 20–24; Briggs, A., Claxton, K., Sculpher, M. (2006), S. 8; Brennan, A., Akehurst, R. (2000), S. 447; Simoens, S. (2009), S. 2958.

- Wahl der Vergleichstherapie;
- Studienprotokoll beeinflusst Kosten und Ergebnisse;
- künstliche Untersuchungsumgebung;
- Surrogat-Parameter vs. patientenrelevante Endpunkte;
- realitätsferne Follow-Up-Zeiträume;
- stark selektierte Patienten und Behandler.

In klinischen Studien wird normalerweise gegen Placebo oder den aktuellen Goldstandard getestet, mit der Folge, dass dann keine head-to-head Studien für die praxisrelevanten Entscheidungsprobleme vorliegen. Für die statistische Aussagekraft der Studienergebnisse werden die Abläufe strikt vorgeschrieben und eine Vielzahl diagnostischer Maßnahmen durchgeführt, die in der Realität so nicht stattfinden würden. Es entstehen also durch das Studienprotokoll zusätzliche Kosten, die die Ergebnisse einer ökonomischen Evaluation stark verzerren. Manche Behörden empfehlen daher sogar, Kosten, die durch die Studienprotokolle verursacht werden, in der Realität aber nicht auftreten, explizit von der Betrachtung auszuschließen. Darüber hinaus werden RCTs meist international durchgeführt, was die Relevanz der Kostendaten für Deutschland zusätzlich mindert.[150]

Die künstliche Studiensituation mit ihren streng selektierten Patienten und Ärzten entspricht ebenso wenig dem regulären Behandlungsalltag einer Haus- oder Facharztpraxis. Insbesondere wird in Studien sichergestellt, dass die Probanden ihre Medikamente auch wirklich einnehmen, was in der Praxis häufig nicht im selben Umfang gewährleistet werden kann. Von welch substanzieller Bedeutung aber gerade die Patienten-Compliance ist, zeigt Abbildung 2.8, wo selbst bei schweren Krankheiten wie Krebs, Diabetes oder chronischem Schmerz die Non-Compliance bei über 30% liegt. Gerade dieser Aspekt führt dazu, dass mehr klinische Studien die Grundsatzproblematik efficacy vs. effectiveness nicht lösen können. Denn auch ein Mehr an klinischen Studien bringt gerade zur Compliance der Patienten unter Alltagsbedingungen keine Informationen zutage, sodass die Frage nach der effectiveness unbeantwortet bleibt.[151]

Wegen der kurzen Zeiträume in denen die klinischen Studien stattfinden, wird

[150] Vgl. Brennan, A., Akehurst, R. (2000), S. 447; Briggs, A., Claxton, K., Sculpher, M. (2006), S. 8; IQWiG (2009b), S. 1.

[151] Vgl. Halpern, M. T., McKenna, M., Hutton, J. (1998), S. 742; Brennan, A., Akehurst, R. (2000), S. 447; IQWiG (2009b), S. 1; Glaeske, G. (2012), S. 115–116.

Abbildung 2.8: Non-Compliance-Raten bei ausgewählten Indikationen

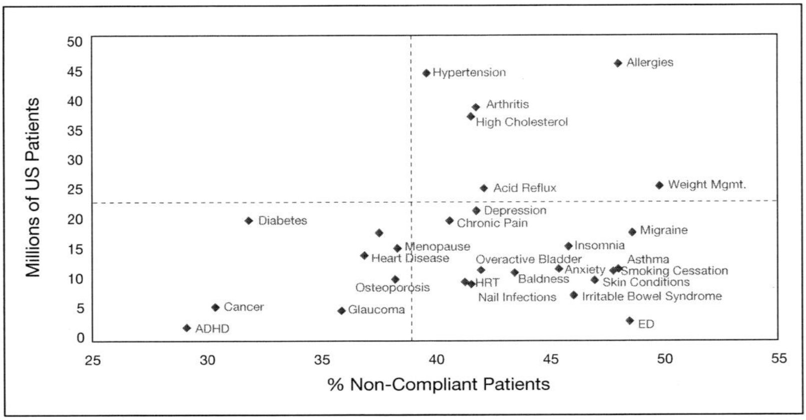

Quelle: PricewaterhouseCoopers (2007), S. 21.

zudem oft auf sogenannte Surrogat-Parameter als Erfolgsmesser abgestellt, also beispielsweise die Senkung des Blutdrucks durch ein Medikament. In der Realität interessiert sich der Patient allerdings nur bedingt für seinen Blutdruck, da auch ein zu hoher Blutdruck keine Schmerzen verursacht. Für den Patienten ist vielmehr interessant, wie lange er noch lebt und bei welcher Lebensqualität er diese Zeit verbringen wird. Genau diese Fragen werden aber in der Regel nicht in Zulassungsstudien beantwortet, sind aber für die ökonomische Bewertung von Arzneimitteln essentiell. Ähnlich verhält es sich mit den follow-up Zeiträumen bei klinischen Studien, die nur selten den relevanten Zeithorizont der realen Krankheitsdauern widerspiegeln. Dies gilt ganz besonders für chronische Krankheiten, bei denen die zu betrachtenden Zeiträume mehrere Jahrzehnte umfassen können.[152]

Auf Grund der Limitationen von klinischen Studien kann daher nicht davon ausgegangen werden, dass die Erhebung zusätzlicher ökonomischer Parameter im Rahmen von klinischen Studien der Gold-Standard zur Gewinnung gesundheitsökonomischer Daten ist.[153]

152 Vgl. Brennan, A., Akehurst, R. (2000), S. 447; IQWiG (2009b), S. 1; Briggs, A., Claxton, K., Sculpher, M. (2006), S. 8.

153 Vgl. Halpern, M. T., McKenna, M., Hutton, J. (1998), S. 741.

2.4.3.3 Forderung nach realistischen Studiendesigns für gesundheitsökonomische Fragestellungen

Aus den genannten Gründen kommt daher immer wieder die Forderung auf, pragmatische Studien bzw. *real world*-Studien durchzuführen, die vor allem auf die Ergebnisse unter alltäglichen Bedingungen abzielen. Vor allem die Gegner von Modellen propagieren pragmatischere Studien durchzuführen, die näher am alltäglichen Behandlungsgeschehen sind. Diese hätten dann die hohe interne Validität von klinischen Studien und die höhere externe Validität bzw. Allgemeingültigkeit für die normalerweise die Modelle sorgen würden. Das Ziel solcher Studien wäre die Untersuchung der effectiveness oder auch cost-effectiveness unter alltäglichen Behandlungsbedingungen.[154]

Diese Studien müssten dann vor allem folgenden Anforderungen genügen:[155]

- Einschreibung von Patienten wie sie für die Indikation typisch sind;
- Vergleich mit dem aktuellen Therapiestandard;
- Behandlungssituation und Ärzte entsprechen der normalen Verteilung;
- keine Verblindung;
- Beobachtung unter Routinebehandlung;
- hohe Bandbreite an erhobenen Endpunkten.

Da pharmako-ökonomische Untersuchungen prinzipiell sowohl als empirische Untersuchung oder als Modellierung durchgeführt werden können, sollte in Situationen, in denen solche Studien machbar und die notwendigen Ressourcen vorhanden sind, den pragmatischen Studien auch der Vorzug gegeben werden. Dennoch scheitern diese in der Praxis häufig am damit verbundenen Aufwand.[156]

[154] Vgl. Buxton, M. J., Drummond, M. F., Hout, B. A. van u. a. (1997), S. 223; Brennan, A., Akehurst, R. (2000), S. 447; Briggs, A., Claxton, K., Sculpher, M. (2006), S. 8.

[155] Vgl. Buxton, M. J., Drummond, M. F., Hout, B. A. van u. a. (1997), S. 223.

[156] Vgl. Müller-Bohn, T., Ulrich, V. (2000), S. 175; Buxton, M. J., Drummond, M. F., Hout, B. A. van u. a. (1997), S. 224; Simoens, S. (2009), S. 2957–2959.

2.4.3.4 Limitationen von Real-World-Studien

Trotz ihrer theoretischen Vorteilhaftigkeit können auch pragmatische Studien nicht alle Probleme lösen. Grundsätzlich stellen die pragmatischen Studien letztlich genauso wie die klinischen Studien nur ein Modell des Behandlungsalltags dar, weswegen die Kritik an Modellen prinzipiell auch für sie gilt. Somit stellt sich die Frage, ob einzelne pragmatische Studien einer Modellierung wirklich überlegen sind.[157]

Zu bedenken ist, dass die Aussagekraft solcher Studien auf die Situation beschränkt ist, in der sie durchgeführt wurden. Darüber hinaus wären die Ergebnisse dieser Studien auf Grund ihres Bias für Modellierungen ungeeignet. Eine Verallgemeinerung durch Modelle ist dann nicht mehr möglich. Der hohe Zeit- und Ressourcenverbrauch für solche pragmatischen Studien erschwert zudem die Auswahl der Alternativen und Settings bzw. müssten diese extrem sorgfältig ausgewählt werden. Denn wenn sich die Behandlungsrealität ändert, sind die Ergebnisse im ungünstigsten Fall plötzlich wertlos. Darüber hinaus fallen die Kosten für die pragmatischen Studien zusätzlich an, da die klinischen Studien für die Zulassung weiterhin durchgeführt werden müssen.[158]

Das schwerwiegendste Problem bleibt allerdings die Zeitfrage. In der Regel sollen Entscheidungen über die Zulassung bzw. Erstattung von neuen Arzneimitteln oder Innovationen zum Zeitpunkt ihrer Einführung getroffen werden. Theoretisch wäre es zwar denkbar, den Marktzugang nur unter Vorbehalt zu gewähren und begleitende Studien durchzuführen. Nach einem gewissen Zeitraum von fünf oder zehn Jahren könnten diese dann ausgewertet und auf dieser Grundlage entschieden werden, ob Einsatz und Erstattung unter medizinischen und ökonomischen Gesichtspunkten sinnvoll waren oder nicht. Im Falle eines negativen Bescheids würden die Zahlungen dann zu einem bestimmten Anteil vom Anbieter zurück gefordert. Unter den gegenwärtigen Rahmenbedingungen ist dieser Lösungsansatz allerdings reine Utopie. Bei chronischen Krankheiten müsste man die Studien über viele Jahre durchführen, bevor man die relevanten Endpunkte erreicht. In der Zeit, in der die Studien geplant, durchgeführt und ausgewertet werden, kann das Ergebnis für die Praxis aber schon längst wieder irrelevant sein. Gleichzeitig müssten solche

[157] Vgl. Halpern, M. T., McKenna, M., Hutton, J. (1998), S. 741; Buxton, M. J., Drummond, M. F., Hout, B. A. van u. a. (1997), S. 224; Briggs, A., Claxton, K., Sculpher, M. (2006), S. 9.

[158] Vgl. Buxton, M. J., Drummond, M. F., Hout, B. A. van u. a. (1997), S. 224.

Studien aber auch über einen beschränkten Zeitraum durchgeführt werden, um Effekte durch veränderte Rahmenbedingungen ausschließen zu können. Ein Zielkonflikt, der sich nur schwerlich auflösen lässt.[159]

In Ermangelung einer Möglichkeit in die Zukunft zu blicken, bleibt also nur die Modellierung, um mit dem verfügbaren Wissen eine möglichst valide Vorstellung von zukünftigen Entwicklungen zu generieren und so eine fundierte Entscheidungs- oder Verhandlungsgrundlage zu erhalten.

2.4.3.5 Modellierungen als dominante Alternative

Der große Vorteil von Modellen ist, dass Informationen bereit gestellt werden können, lange bevor Studien abgeschlossen sind. In der Ökonomie existieren zudem viele theoretische Grundlagen zur Entscheidung unter Unsicherheit, was die Verwendung von Modellen auf eine fundierte Basis stellt und ihnen eine große Bedeutung für die Betrachtung der ökonomischen Aspekte verleiht. Eine Auswertung von BRENNAN ET AL. hat gezeigt, dass die Ergebnisse verschiedener klinischer Studien allein nie ausreichen, um die Fragestellungen eines Entscheidungsträgers zu beantworten.[160] Für nahezu jede gesundheitspolitische Entscheidung muss also die Evidenz verschiedener Quellen kombiniert werden. Der Prozess der Modellierung zwingt zur Sortierung und Strukturierung der vorhandenen Daten und führt schon allein dadurch zur Reduktion von Unsicherheit. Wenn genügend klinische Daten zur Verfügung stehen, sind Modelle ohne Zweifel das Mittel der Wahl, die benötigten Informationen zu synthetisieren, weil das Verhältnis von Genauigkeit zu Kosten viel besser ausfällt, als wenn man erst Studien durchführen würde. In diesem Zusammenhang gebietet auch das ökonomische Prinzip, das Erkenntnisziel (Entscheidungsgrundlage) mit möglichst geringem Ressourcenverbrauch (Zeit und Geld) zu erreichen. Nur so kann auch der Forderung nach verantwortungsvollem Umgang mit den Ressourcen im Gesundheitswesen Glaubwürdigkeit verliehen werden. Darüber hinaus erlauben sie die Modellierung von Prognosen (bei gegebenen Annahmen) zur Entscheidungsunterstützung. Und selbst wenn man Modellierungen grundsätzlich ablehnen

[159] Vgl. Halpern, M. T., McKenna, M., Hutton, J. (1998), S. 742; Buxton, M. J., Drummond, M. F., Hout, B. A. van u. a. (1997), S. 224.
[160] Vgl. Brennan, A., Akehurst, R. (2000).

wollte, führt am Ende doch kein Weg an Modellen vorbei, da für die Entscheidung, wo man am besten weitere experimentelle Studien zur Beseitigung von Unsicherheit durchführt, in jedem Fall Entscheidungsmodelle benötigt werden.[161]

Letztlich ermöglichen Modellergebnisse die Auswahl zwischen den Alternativen auf Basis der besten, verfügbaren Evidenz. Statt also klinische Studien auszuweiten, sollte vielmehr die Verwendung von Modellen gefördert werden, da in vielen Situationen Modelle die bessere Alternative zur Untersuchung ökonomischer Aspekte darstellen.[162] „It's an imperfect world, we can never know all the answers, and we can certainly never know all the answers ahead of time."[163]

2.4.3.6 Modellkritik

Natürlich ist auch die Verwendung von Modellen nicht immer unproblematisch. Zwar können auch RCTs manipuliert oder durch Bias verfälscht werden, jedoch sind bei Modellen die Möglichkeiten zur Einflussnahme deutlich größer. Ohne weiteres lässt sich ein Modell so auslegen, dass eine bestimmte Alternative im Vorteil ist oder es werden Annahmen ohne ausreichende Begründung getroffen. Zudem sind Modelle für Außenstehende oft schwer nachvollziehbar und haben den Charakter einer *black box*. Um ein Modell oder dessen Ergebnisse zu validieren, müsste man eigentlich die Ergebnisse anderer Modelle zum Vergleich vorliegen haben oder die Ergebnisse später konsequent mit der Realität vergleichen, was bisher aber nur sehr selten gemacht wird.[164]

Ein grundsätzliches Problem besteht auch im Zusammenhang mit Extrapolationen durch Modelle, denn Prognosen sind schwierig, besonders wenn sie die Zukunft betreffen. Wenn also über den Zeitraum von Studien hinaus modelliert werden soll, muss grundsätzlich mit Annahmen gearbeitet werden

161 Vgl. Weinstein, M. C., O'Brian, B., Hornberger, J. u. a. (2003), S. 9; Halpern, M. T., McKenna, M., Hutton, J. (1998), S. 741–742; IQWiG (2009b), S. 1; Brennan, A., Akehurst, R. (2000), S. 448.

162 Vgl. Halpern, M. T., McKenna, M., Hutton, J. (1998), S. 741–742; Nuijten, M. J. C., Rutten, F. (2002), S. 866.

163 Halpern, M. T., McKenna, M., Hutton, J. (1998), S. 742.

164 Vgl. Buxton, M. J., Drummond, M. F., Hout, B. A. van u. a. (1997), S. 223.

und im Nachhinein kann es passieren, dass sich selbst konservative Annahmen als nicht konservativ genug herausstellen, mit der Folge dass die untersuchte Intervention zu positiv bewertet wurde.[165] Da für dieses Problem keine Lösung existiert, liegt es im konkreten Fall immer in der Verantwortung der Beteiligten, die Annahmen nach bestem Wissen und Gewissen zu treffen und kritisch zu hinterfragen.

Darüber hinaus erweitern Modelle erstens nicht die Datenbasis. Wenn also die Eingangsdaten schon schlecht sind, führt das Garbage In - Garbage Out Prinzip auch zu schlechten Ergebnissen. Zweitens können Modelle ganz einfach schlecht gemacht sein, indem bei ihrer Erstellung alle guten Praktiken und etablierten Methoden der Qualitätssicherung ignoriert werden. Drittens kann es durch eine zu starke Vereinfachung zur Vernachlässigung wichtiger Variablen oder Parameter kommen. Viertens können auch sehr gute Modelle durch Fehlinterpretationen seitens der Entscheidungsträger, basierend auf mangelnden Kenntnissen im Umgang mit wahrscheinlichkeitsbasierten Ergebnissen, ihren Zweck verfehlen.[166]

Die häufigste Kritik an pharmako-ökonomischen Modellierungen ist folglich auch, dass sie durch die Wahl der Annahmen und Intransparenz hinsichtlich ihrer Ergebnisse manipulierbar sind.[167] Bei genauer Betrachtung kann dies jedoch nicht den Modellen selbst angelastet werden, sondern vielmehr dem Ersteller oder auch Auftraggeber des Modells. Auch klinische Studien basieren auf vielen Annahmen, wie bspw. der, dass die Ergebnisse auf die gesamte Bevölkerung übertragen werden können oder dass die Wirksamkeit in der Studie mit der Wirksamkeit im Alltag zusammenhängt. Genauso stellen Modelle auch keine Phantasiewelten dar. Die notwendigen Annahmen und Detailverdichtungen basieren immer auch auf realen Erfahrungen, sodass Modelle erfahrungsbasiert sind und keine Erfindungen darstellen. Am Ende sind viele Kritikpunkte gegen Modelle und Studien, die auf Modellierungen basieren häufig nur Verständigungsprobleme bzw. keine Probleme der Modelle an sich, sondern Folgen deren unsachgemäßen Verwendung oder mangelnder Datenqualität. Die Befürworter von Modellen haben diese ohnehin nie als Ersatz für klinische bzw. experimentelle Studien gesehen, sondern vielmehr als sinnvolle Ergänzung. Insofern sollte es das Ziel sein, für gute Modelle zu sorgen und

[165] Vgl. Buxton, M. J., Drummond, M. F., Hout, B. A. van u. a. (1997), S. 222–223.
[166] Vgl. Brennan, A., Akehurst, R. (2000), S. 456; Brennan, A., Chick, S. E., Davies, R. (2006a), S. 1295; Gigerenzer, G., Gaissmaier, W., Kurz-Milcke, E. u. a. (2007).
[167] Vgl. Wang, Z., Salmon, J. W., Walton, S. M. (2004).

dafür, dass die betroffenen Stellen in die Lage versetzt werden, schlechte von guten Modellen zu unterscheiden.[168]

2.4.4 Diskussion

War die Verwendung entscheidungsanalytischer Methoden und Modelle in der gesundheitsökonomischen Evaluation auch lange Zeit umstritten, führt auf Grund der starken Nachfrage seitens der Entscheidungsträger im Gesundheitswesen faktisch kein Weg mehr daran vorbei. Auch internationale Behörden wie das NICE oder IQWiG erkennen die Bedeutung und Notwendigkeit von Modellierungen inzwischen an.[169]

Ganz gleich wie man zu Modellen eingestellt sein mag, wenn gesundheitsökonomische Evaluationen einen Mehrwert für Entscheidungsträger bieten sollen, ist ihr Einsatz unumgänglich. Gerade bei der Zulassung oder bei Erstattungsfragen von Arzneimitteln liegen häufig Studienergebnisse aus verschiedenen Ländern vor, deren Ergebnisse nicht ohne weiteres international übertragbar sind. Zu unterschiedlich sind Preisstrukturen, Erstattungssysteme, Versorgungssysteme oder auch Demographie und Epidemiologie. Gleiches gilt für die Ergebnisse von Evaluationsstudien. Hier drängen sich Modelle als Lösungsmöglichkeit förmlich auf, da so die verschiedenen Eingangsparameter doch in Einklang gebracht werden können und die Ergebnisse unterschiedlicher Herkunft zu landesspezifischen Modellierungen verdichtet werden können.[170]

Entscheider und Adressaten müssen jedoch akzeptieren, dass zu Innovationen per Definition keine Erfahrungswerte vorliegen können und zum Beispiel Parameter wie Diffusionsraten geschätzt werden müssen. Mit Prognose- und Entscheidungsmodellen wird man nie zu absoluten Wahrheiten finden, sondern immer Ergebnisse erhalten, die der Diskussion und Interpretation be-

[168] Vgl. Brennan, A., Akehurst, R. (2000), S. 448; Buxton, M. J., Drummond, M. F., Hout, B. A. van u. a. (1997), S. 218; Müller-Bohn, T., Ulrich, V. (2000), S. 177, 179; Halpern, M. T., McKenna, M., Hutton, J. (1998), S. 741; Wang, Z., Salmon, J. W., Walton, S. M. (2004).

[169] Vgl. Briggs, A., Claxton, K., Sculpher, M. (2006), S. 6–7; Brennan, A., Akehurst, R. (2000), S. 448, 455.

[170] Vgl. Greiner, W. (2007), S. 463; Halpern, M. T., McKenna, M., Hutton, J. (1998), S. 741; Brennan, A., Akehurst, R. (2000), S. 455.

dürfen. Durch die Variabilität der Modelle und den Einsatz von Sensitivitätsanalysen lassen sich jene Parameter identifizieren, die für die Vorteilhaftigkeit einer Alternative entscheidend sind. Hier sind Modelle empirischen Beobachtungen sogar überlegen und ermöglichen Erkenntnisse aus vorhandenen Daten, die über reine Zusammenfassungen wie bspw. Meta-Analysen hinaus gehen.[171]

Viele Probleme für die Modelle immer wieder kritisiert werden, könnten durch umfangreiche Peer-Reviews und Weiterentwicklung der Methoden beseitigt werden. Um das Vertrauen zu erhöhen, müssen Forscher, Entscheidungsträger und Herausgeber von Fachzeitschriften einheitliche Standards für die Überprüfung und den Veröffentlichungsprozesse sicherstellen, damit schlechte Modellierung erkannt und aussortiert werden kann. Auf Seiten der Modellierenden sollte die kritische Auseinandersetzung zudem willkommen sein, fördert sie doch die Weiterentwicklung der Modelle und Techniken und bereichert so langfristig den Erkenntnisgewinn.[172]

[171] Vgl. Trueman, P., Drummond, M., Hutton, J. (2001), S. 614; Orlewska, E., Mierzejewski, P. (2004), S. 4; Müller-Bohn, T., Ulrich, V. (2000), S. 177–179.

[172] Vgl. Halpern, M. T., McKenna, M., Hutton, J. (1998), S. 741; Müller-Bohn, T., Ulrich, V. (2000), S. 179; Brennan, A., Akehurst, R. (2000), S. 456; Nuijten, M. J. C., Rutten, F. (2002), S. 866.

It is always too early to assess a technology until suddenly it is too late.

(Buxtons's Law)

3 Health Technology Assessment

3.1 Begriffsbestimmung und Historie

Der Begriff des Health Technology Assessment geht auf die Bezeichnung Technology Assessment (TA) zurück. Diese wurde im Jahr 1965 vom Unterausschuss für Wissenschaft, Forschung und Entwicklung des zum US Kongress gehörenden Ausschuss für Wissenschaft und Raumfahrt geprägt und beschreibt „a comprehensive form of policy research that examines the short- and long-term social consequences [...] of the application or use of technology."[173] Während das Technology Assessment sich also mit allen möglichen technologischen Innovationen befasst, erfolgte die spezialisierte Ausprägung auf das Gesundheitswesen (Health-TA) erst ca. 10 Jahre später.[174] Schon aus der Beschreibung lassen sich Adressat und Ziel von Technology Assessment bzw. Health Technology Assessment ableiten. *Policy research* deutet auf politische Entscheidungsträger als Auftraggeber und Adressaten hin und *social consequences* darauf, dass es um die gesamte Gesellschaft betreffende Entscheidungsprobleme geht. Banta hält in seiner Definition von HTA daher auch fest, dass Forschung an bzw. über Gesundheitstechnologien ohne nennenswerten Beitrag zu Entscheidungsproblemen kein HTA ist.[175]

Neben der ursprünglichen Definition existieren noch viele weitere Beschreibungen des Begriffs HTA, bspw. von der Internationalen Gesellschaft für Health Technology Assessment in der Medizin, des International Network of Agencies for Health Technology Assessment (INAHTA) und anderen Institutionen.[176] Im Kern geht es allen darum, die medizinischen, sozialen, ethischen und ökonomischen Auswirkungen von medizinischen Technologien wissenschaftlich und systematisch zu untersuchen, mit dem Ziel eine objektive Grundlage gesundheitspolitischer Entscheidungen zu schaffen. „Als den

[173] Office of Technology Assessment (Hrsg.) (1976), S. 45.
[174] Vgl. Banta, H. D. (2006), S. 225.
[175] Vgl. Banta, H. D. (2006), S. 225.
[176] Vgl. Hailey, D. (2003); INAHTA (Hrsg.) (2011); Draborg, E., Gyrd-Hansen, D., Poulsen, P. B. u. a. (2005).

kleinsten gemeinsamen Nenner aller Beschreibungen und Definitionen kann man die Fokussierung von HTA auf eine wissenschaftliche Bewertung medizinischer Technologien mit dem praktischen Ziel einer gesundheitspolitischen Entscheidung werten."[177] Der Begriff erfährt somit eine deutliche Abgrenzung von reinen systematischen Übersichtsarbeiten und von ökonomischen Evaluationen.[178]

Beim Blick in die Vergangenheit kann man die Entwicklung von HTA grob in fünf Abschnitte gliedern. Der erste Abschnitt (ca. 1970 bis 1980) begann mit der Gründung des Office of Technology Assessment (OTA). 1978 erschien der erste offizielle HTA-Bericht zum Thema Computertomographie. Fragestellungen zur Wirksamkeit und Sicherheit von Technologien rückten zunehmend in den Fokus. Und schon damals erlag man der irrigen Annahme, mit HTA ein wirksames Instrument zur Kostenkontrolle im Gesundheitssektor in den Händen zu halten.[179]

Im zweiten Abschnitt (ca. 1980 bis 1990) fand die Idee der Technologiefolgenbewertung Verbreitung auf der ganzen Welt. Es entstanden viele nationale HTA-Programme und in der Geburtsstätte USA begannen auch immer mehr kommerzielle HTA-Einrichtungen ihre Leistungen anzubieten.[180] In Deutschland wurde 1990 das Büro für Technikfolgen-Abschätzung ins Leben gerufen. Es handelt sich dabei um eine selbständige wissenschaftliche Einrichtung, die dem Deutschen Bundestag und seinen Ausschüssen in Fragen des wissenschaftlich-technischen Wandels beratend zur Seite steht und vom Karlsruher Institut für Technologie (KIT) betrieben wird.[181]

Der dritte Entwicklungsabschnitt (ca. 1985 bis 1995) ist geprägt von der zunehmenden Vernetzung nationaler HTA-Einrichtungen und der Gründung international tätiger HTA-Organisationen. So wurden 1985 eine eigene Fachgesellschaft für HTA, heute bekannt als Health Technology Assessment International (HTAi), und 1993 das International Network of Agencies for Health Technology Assessment (INAHTA) gegründet.[182] In Deutschland wurde im

[177] Sawicki, P. T. (2006), S. 228.
[178] Vgl. Gerhardus, A., Dintsios, C.-M. (2005a), S. 7.
[179] Vgl. Perleth, M., Schwartz, F. W. (2001), S. 858; Perleth, M. (2008), S. 6-9; Gerhardus, A., Dintsios, C.-M. (2005a), S. 7.
[180] Vgl. Perleth, M. (2008), S. 8, 9.
[181] Vgl. Büro für Technikfolgen-Abschätzung beim Deutschen Bundestag (Hrsg.) (2011).
[182] Vgl. Perleth, M., Schwartz, F. W. (2001), S. 858; Greiner, W. (2007), S. 449.

Herbst 1995 eine Arbeitsgruppe vom Bundesministerium für Gesundheit damit betraut, eine Bestandsaufnahme, Bewertung und Vorbereitung der Implementation einer Datensammlung *Evaluation medizinischer Verfahren und Technologien in der Bundesrepublik* vorzunehmen. Für viele gilt dies als der Startschuss für HTA in Deutschland.[183]

Im vierten Abschnitt der Entwicklung (ca. 1995 - 2000) wurde vor allem an der methodischen Weiterentwicklung und Standardisierung von HTA gearbeitet. Die Durchführung von HTA-Projekten auf europäischer Ebene hat diese Entwicklung zusätzlich voran getrieben. Das von der Europäischen Kommission geförderte EUR-ASSESS-Projekt (1994-1997), an welchem alle bedeutenden europäischen Institutionen teilnahmen, hatte zum Ziel, die internationale Zusammenarbeit zu fördern und Empfehlungen für methodische Fragestellungen auszuarbeiten.[184] Im Nachfolgeprojekt European Kollaboration in HTA (ECHTA) sollte dies fortgeführt und zur weiteren Standardisierung beigetragen werden.[185] In Deutschland wurde im Jahr 2000 im Rahmen des GKV-Gesundheitsreformgesetz 2000 (GKVRefG 2000) das Deutsche Institut für Medizinische Dokumentation DIMDI damit beauftragt, HTA-Berichte in Auftrag zu geben und diese zu überwachen.[186]

Im gegenwärtigen, fünften Abschnitt (ca. 2000 bis heute) hat sich HTA als Standard zur Unterstützung von Zulassungs- und Erstattungsentscheidungen etabliert und Institutionen wie bspw. das NICE greifen auf HTA-Reports zurück. Zudem wurde die Vernetzung und internationale Zusammenarbeit mit Projekten wie zum Beispiel dem European network for Health Technology Assessment (EUnetHTA) weiter voran getrieben.[187] Und auch in Deutschland hat die Entwicklung von HTA weitere Spuren in Gesetzgebung und Erstattungsfragen hinterlassen. Mit dem GMG wurde 2004 der Gemeinsame Bundesausschuss als oberstes Entscheidungsorgan im Bereich der GKV und das IQWiG als Beratungsorgan geschaffen.[188] Während sich das IQWiG zunächst gemäß seinem Auftrag nur mit der medizinischen Evidenz befasste, wurde 2007 mit

[183] Vgl. Busse, R. (2006), S. 230.
[184] Vgl. Greiner, W. (2007), S. 450.
[185] Vgl. Garrido, M. V., Kristensen, F. B., Nielsen, C. P. u. a. (2008b), S. 2.
[186] Vgl. Francke, R., Hart, D. (2006), S. 241; Gesetz zur Reform der gesetzlichen Krankenversicherung ab dem Jahr 2000 (2002), Art. 19.
[187] Vgl. EUnetHTA (2011).
[188] Vgl. Gesetz zur Modernisierung der gesetzlichen Krankenversicherung (2004); Gemeinsamer Bundesausschuss (Hrsg.) (2010).

dem GKV-WSG der Auftrag zur Kosten-Nutzen-Bewertung von Medikamenten erweitert und so die Arbeit des IQWiG stärker in den Bereich von HTA gerückt.[189] Während das Vorgehen und die Methoden von HTA in Bezug auf medizinische und ökonomische Aspekte somit inzwischen Einzug in die Entscheidungsunterstützung des Gemeinsamen Bundesausschuss gefunden haben, wird es wohl noch einige Zeit brauchen, bis der volle Umfang von HTA, also inklusive sozialer und ethischer Aspekte, Grundlage von Erstattungsentscheidungen in Deutschland wird.

3.2 Untersuchungsgegenstand und Ziel

Das OTA definiert medizinische Technologien als „drugs, devices, and medical and surgical procedures used in medical care, and the organizational and supportive systems within which such care its provided."[190] Der Untersuchungshorizont von HTA beschränkt sich also nicht auf Arzneimittel und Medizinprodukte, sondern darüber hinaus auch auf operative und diagnostische Verfahren, komplexe Versorgungsformen wie bspw. Disease Management Programme (DMPs) sowie organisatorische Aspekte des Gesundheitssystems.[191]

Bedingt durch die sehr weit gefasste Definition des Technologiebegriffs ergibt sich eine Vielzahl potentieller Untersuchungsgegenstände. Zu deren Systematisierung hat das OTA eine Einteilung der Technologien hinsichtlich ihres Einsatzzwecks vorgenommen: Prävention, Diagnose, Therapie, Rehabilitation, Patientenunterstützung und Verwaltung.[192] Ähnlich wurde bei der Klassifikation im britischen HTA-Programm vorgegangen, nur das hier nach verschiedenen Technologie-Gebieten unterschieden wird: acute sector technologies, pharmaceuticals, diagnostics and imaging, population screening, HTA methodology, primary and community care.[193] Für Deutschland bietet sich eine Einteilung analog den gesetzlichen Vorgaben an:[194]

---

[189] Vgl. IQWiG (2008), S. 9; IQWiG (2011), S. 1–2.
[190] OTA (1978), S. xii.
[191] Vgl. Greiner, W. (2007), S. 448–449.
[192] Vgl. OTA (1978), S. 8.
[193] Vgl. Perleth, M. (2003a), S. 9.
[194] Vgl. Rüther, A., Dauben, H. P. (2004), S. 127-128; Perleth, M. (2003a), S. 9.

- Arzneimittel,
- Medizinprodukte, die von Ärzten im Rahmen von medizinischen oder chirurgischen Prozeduren genutzt werden,
- die von Patienten direkt genutzten Medizinprodukte (Hilfsmittel),
- ambulante und stationär durchgeführte ärztliche und nicht-ärztliche Prozeduren,
- Großgeräte,
- medizinische Verfahren und Methoden sowie
- Organisationssysteme der Gesundheitsversorgung.

Da gelegentlich der Eindruck entsteht, dass HTA sich nur mit neuen Technologien befasst, soll an dieser Stelle noch explizit darauf hingewiesen werden, dass auch etablierte Technologien zum Untersuchungsgegenstand von HTA werden können. Bei einer Untersuchung im Rahmen des EUnetHTA-Projekts wurden weltweit HTA-Agenturen befragt, welche Technologien sie bewerten.[195] Den ersten Rang belegten dabei Arzneimittel, gefolgt von medizinischen Verfahren aus dem ambulanten und stationären Bereich. Letztere umfassen sowohl Operationstechniken, indikationsbezogene Behandlungsmethoden als auch diagnostische Verfahren. Den dritten Platz belegen Medizinprodukte. Auf den hinteren Plätzen befinden sich überwiegend Untersuchungsgegenstände der Makroebene wie Versorgungssysteme, Public-Health Programme oder Methoden zur Erkennung potentieller Innovationen, so genannte Horizon Scanning Systeme.

Für HTA lassen sich drei Wirkebenen identifizieren. Auf jeder Ebene stehen andere Akteure als Zielgruppe, welche wiederum die Ergebnisse von HTA für unterschiedliche Aufgaben und Zwecke verwenden (s. Tabelle 3.1). Während die Zuordnung zur Makro- und Mikroebene in der Regel einfach ist, stellt die Meso-Ebene in gewisser Weise eine Art Auffangbecken für jene Akteure dar, die sich nicht eindeutig zuordnen lassen. Da die Akteure der Meso-Ebene auch ganz eigene Fragestellungen haben, hat sich zum Beispiel in Kanada auch die Struktur der HTA-Anbieter passend ausgebildet. Nach der Gründung einer nationalen HTA-Einrichtung entstanden in den meisten Provinzen eigenständige HTA-Einrichtungen, die sich mit konkreten Fragestellungen der jeweiligen Provinzen befassen.[196]

---

[195] Vgl. Moharra, M., Kubesch, N., Estrada, M. u. a. (2008).
[196] Vgl. Gibis, B. (2008), S. 33.

Tabelle 3.1: Wirkebenen, Zielgruppen und Anwendungsfelder von HTA

Wirkebenen	Zielgruppe	Anwendungsfelder
Makroebene	Nationale Parlamente, Staatliche Institutionen, Verbände der Leistungserbringer, der Patienten und der Industrie	Bereitstellung von Informationen zur Kostenerstattung von Technologien, Public Health Programme, Grundlage politischer Arbeit
Mesoebene	PKV, GKV, KV, Entscheidungsträger auf kommunaler Ebene	Entscheidung zur Leistungsübernahme, Finanzierungs-, Planungs-, Qualitätssicherungsfragen, Informationen zur kommunalen Versorgung und Erstattung
Mikroebene	Krankenhäuser, niedergelassene Ärzte, Patienten, Industrie	Unterstützung bei medizinischen oder strategischen Entscheidungen, Information der Patienten, Produktentwicklungs- und Marketingentscheidungen

Quelle: Vgl. Gerhardus, A. (2006), S. 235; Hailey, D., Babidge, W., Cameron, A. u. a. (2010), S. 2.

Das Ziel von HTA ist es, neben der Einschätzung der Wirksamkeit von Technologien, vor allem deren tatsächliche Auswirkungen in der Praxis zu erfassen, um den Entscheidungsträgern ein umfassendes Bild der Auswirkungen einer Technologie aufzuzeigen.[197] Tabelle 3.2 gibt einen Überblick über Entscheidungsträger und Beispiele für die für sie relevanten Fragen an HTA-Reports. Zur Erreichung des Ziels ist HTA stark an die evidenzbasierte Medizin (EbM) angelehnt und verwendet deren Prinzipien und Methoden. Grundsätzlich geht es darum, „aus der Fülle der Informationen, die in der Literatur zur Verfügung stehen, das Wesentliche vom Unwesentlichen zu trennen und insbesondere relevante und methodisch gute Informationen zu identifizieren bzw. weniger relevante und weniger methodisch gute Informationen mit entsprechender Begründung von der Bewertung auszuschließen."[198] Trotz ihrer

[197] Vgl. Orlewska, E., Mierzejewski, P. (2004), S. 2.
[198] Greiner, W. (2007), S. 456.

methodischen Nähe unterscheiden sich beide Verfahren hinsichtlich der Ziele. Während es beim HTA um Unterstützung von Entscheidern geht, hat EbM das Ziel, wissenschaftliche Erkenntnis in den Behandlungsalltag zu bringen.[199] In Abbildung 3.1 werden die Zusammenhänge zwischen beiden Verfahren grafisch verdeutlicht.

Abbildung 3.1: Wechselbeziehungen zwischen EbM und HTA

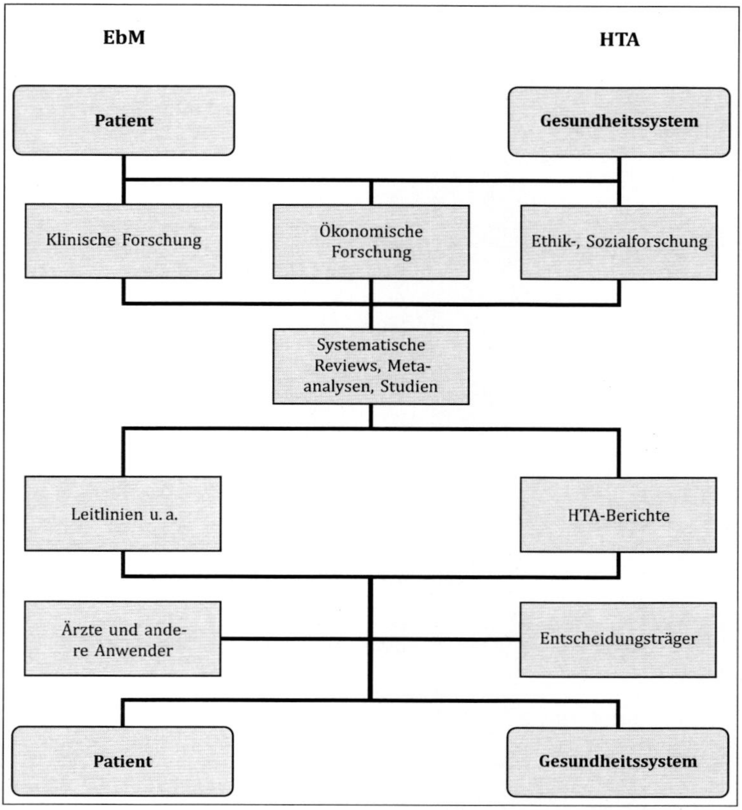

Quelle: Eigene Darstellung nach Rüther, A., Dauben, H.-P. (2010), S. 532.

[199] Vgl. Greiner, W. (2007), S. 448; Perleth, M. (2008), S. 9-10.

Tabelle 3.2: Entscheidungsunterstützung nach Entscheidungsträger und -inhalt

Entscheidungsträger	**Entscheidungsinhalt**
Aufsichtsbehörden	Zulassung von Medikamenten, Geräten usw.
Kostenträger, Krankenversicherungen, Arbeitgeber	Aufnahme von Technologien in den Leistungskatalog oder in DMPs im Rahmen von Kostenübernahmentscheidungen
Kliniker und Patienten	Angemessenheit des Einsatzes medizinischer Technologien bei der individuellen Behandlung
Med. Fachgesellschaften	Einsatz medizinischer Technologien im Rahmen klinischer Routine und praktischer Leitlinien
Krankenhäuser, Gesundheitsnetze und andere Organisationen des Gesundheitswesens	Anschaffung und Management neuer Technologien
Öffentliche Gesundheitseinrichtungen	Einsatz medizinischer Technologien in öffentlichen Gesundheitsprogrammen (z. Bsp. Impfungen, Screenings u.ä.)
Gesetzgeber und andere politische Entscheidungsträger	politische Entscheidungen bezüglich technologischer Innovationen, Forschung und Entwicklung, Regulierung, Gesundheitsversorgung und -finanzierung
Hersteller von Medizinprodukten	Produktentwicklung und Marketing
Investoren und Unternehmen	Investitionen, Übernahmen oder Veräußerungen

Quelle: Vgl. Goodman, C. S. (2004), S. 15.

3.3 Beteiligte Institutionen

Die mit HTA in Verbindung stehenden Institutionen und die Verbindung zwischen HTA-Ergebnissen und Entscheidungsprozess hängen sehr stark von der Struktur des jeweiligen Gesundheitssystems ab.[200] An dieser Stelle wird auch schon deutlich, dass die internationale Übertragbarkeit von HTA-Ergebnissen nicht ohne weiteres gegeben ist. Im Folgenden soll daher der Blick auf Deutschland eingeschränkt werden, da die praktischen Fragestellungen im weiteren Verlauf der Arbeit überwiegend auf Erfahrungen aus Deutschland basieren. Auf konkrete Einschränkungen oder Übertragbarkeit wird dann an gegebener Stelle gesondert eingegangen.

Eine der wichtigsten und bekanntesten Organisationen des HTA in Deutschland ist das DIMDI mit seiner Arbeitsgruppe Deutsche Agentur für Health Technology Assessment (DAHTA). Weiterhin zu nennen sind hier der Medizinische Dienst der Krankenkassen bzw. Medizinische Dienst der Spitzenverbände und die Kassenärztliche Bundesvereinigung (KBV), die ebenfalls eigenständig HTA-Berichte erstellen.[201] Darüber hinaus befassen sich noch viele weitere Interessengruppen mit der Erstellung von HTA-Berichten.

Bedeutendster Auftraggeber von HTAs in Deutschland ist der Gemeinsame Bundesausschuss als oberstes Beschlussorgan der Selbstverwaltung. Seine Entscheidungen haben direkte Auswirkungen auf die gesetzlich Krankenversicherten in Deutschland. Die Rechtsaufsicht über den Gemeinsame Bundesausschuss übt das Bundesministerium für Gesundheit aus. Der Handlungsrahmen wird vor allem durch das SGB V vorgegeben. Das Wirtschaftlichkeitsgebot gibt vor, dass die Leistungen der GKV ausreichend, zweckmäßig und wirtschaftlich sein müssen, sowie das Maß des Notwendigen nicht überschreiten dürfen.[202] Darüber hinaus sind unnötige und unwirtschaftliche Leistungen untersagt. Über die Definition der Begriffe unnötig und unwirtschaftlich schweigt sich das Gesetz allerdings aus, sodass genau diese Fragen von der Selbstverwaltung geklärt werden müssen. Der Gemeinsamer Bundesausschuss (G-BA) ist autorisiert, die Erbringung und Verordnung von Leistungen auszuschließen, falls „der diagnostische oder therapeutische Nutzen, die

200 Vgl. Gerhardus, A., Dintsios, C.-M. (2005a), S. 7.
201 Vgl. Fricke, F.-U., Dauben, H. P. (2009), S. 20; Gerhardus, A., Dintsios, C.-M. (2005a), S. 8.
202 Vgl. Fünftes Buch Sozialgesetzbuch - Gesetzliche Krankenversicherung (2011), §12.

medizinische Notwendigkeit oder die Wirtschaftlichkeit nicht nachgewiesen sind."[203]

Der G-BA hat die Möglichkeit, das IQWiG zur Erstellung von HTA-Berichten einzusetzen, um so eine evidenzbasierte Informationsgrundlage für seine Entscheidungen zu erhalten. Das IQWiG als fachlich unabhängiges Institut kann ausschließlich vom G-BA oder dem Bundesministerium für Gesundheit (BMG) beauftragt werden. Es handelt sich somit um eine fachlich vorgelagerte Empfehlungsinstanz des G-BA. Träger des IQWiG ist eine vom G-BA errichtete Stiftung des privaten Rechts, die die Unabhängigkeit des Instituts sichern soll.[204] Für die Arbeit des IQWiG schreibt das Gesetz vor, „dass die Bewertung des medizinischen Nutzens nach den international anerkannten Standards der evidenzbasierten Medizin und die ökonomische Bewertung nach den hierfür maßgeblichen international anerkannten Standards, insbesondere der Gesundheitsökonomie erfolgt."[205] Zur Erfüllung seines Auftrages kann das IQWiG seit dem GMG auch das Deutsche Institut für HTA beim DIMDI (DAHTA@DIMDI) mit der Erstellung von HTA-Berichten beauftragen.[206] Das Deutsches Institut für Medizinische Dokumentation und Information (DIMDI) wiederum ist eine nachgeordnete Behörde des BMG mit dem Auftrag, der Öffentlichkeit aktuelle Informationen aus dem Gebiet der Medizin zur Verfügung zu stellen. Neben der Bereitstellung von datenbankgestützten Informationssystemen betreibt das DIMDI auch Forschungsförderung im Bereich von HTA. Es wird also nicht selbst forschend tätig, sondern vergibt Forschungsaufträge an wissenschaftliche Arbeitsgruppen, die dann an der Erstellung von HTA-Berichten mitwirken.[207]

Auch andere Institutionen im deutschen Gesundheitswesen erstellen HTA-Berichte. So wurden im Jahre 2010 vom Medizinischen Dienst der Spitzenverbände (MDS) 59 Assessments erstellt, davon ca. die Hälfte allein zu neuartigen Arzneimitteln.[208] Der MDS ist ein Verein, zu dessen Aufgaben es gehört, den GKV-Spitzenverband in medizinischen Versorgungs-, Leistungs- und Strukturfragen auf Basis der aktuellen medizinisch-wissenschaftlichen Evidenz zu

203 Fünftes Buch Sozialgesetzbuch - Gesetzliche Krankenversicherung (2011), §92.
204 Vgl. Francke, R., Hart, D. (2006), S. 242.
205 Fünftes Buch Sozialgesetzbuch - Gesetzliche Krankenversicherung (2011), §139a.
206 Vgl. Gesetz zur Modernisierung der gesetzlichen Krankenversicherung (2004), §33.
207 Vgl. Bundeszentrale für politische Bildung (Hrsg.) (2011).
208 Vgl. Wild, C. (2010), S. 1.

beraten.[209] Die KBV als Interessenvertretung der Vertragsärzte und Vertragspsychotherapeuten auf Bundesebene führt ebenfalls eigene HTAs durch, um im Rahmen der Mitgliedschaft im G-BA zu dessen Arbeit beizutragen und interne Entscheidungen zu unterstützen. Darüber hinaus befassen sich noch viele andere Interessengruppen mit der Erstellung von HTA-Berichten, die jedoch keine offizielle Rolle im gesetzlich geregelten Entscheidungsprocedere der GKV einnehmen. Zu nennen wären hier die Bundesärztekammer, das Wissenschaftliche Institut der AOK WIdO und das Wissenschaftliche Institut der TK für Nutzen und Effizienz im Gesundheitswesen WINEG.[210] Zunehmend engagieren sich auch universitäre Einrichtungen im Bereich HTA. Diese sind vor allem daran interessiert, die Methoden und Lehre von der Erstellung von HTA-Reports voranzubringen. Als bedeutender Vertreter wäre hier das interdisziplinäre HTA-Zentrum Bremen zu nennen. Durch die Vernetzung der beteiligten Fachrichtungen Mathematik, Rechtswissenschaften, Pharmakologie, Epidemiologie und Versorgungsforschung treibt es die Entwicklung von HTA-Berichten voran.[211] Ergänzend existiert noch eine ganze Reihe von Arbeitsgruppen, die sich unter dem Geleit der evidenzbasierten Medizin mit HTA befassen. Zu nennen wären hier die Deutsche Gesellschaft für Sozialmedizin und Prävention (DGSMP), das Deutsche Netzwerk für Evidenzbasierte Medizin (DNEbM) und die Deutsche Gesellschaft für Medizinische Informatik, Biometrie und Epidemiologie (GMDS).[212]

Der zeitliche Verzug, mit dem die HTA-Aktivitäten in Deutschland begonnen haben, zeigt sich auch beim Blick auf die institutionelle Entwicklung auf internationaler Ebene. Dort ist der Erfahrungsschatz wesentlich umfassender, die Rolle von HTA für den politischen Entscheidungsprozess größer und die Aktivitäten besser organisiert.[213] Zu den bekanntesten internationalen HTA-Institutionen gehört das 1999 gegründete NICE. Von 2000 bis 2011 entstanden dort über 230 Assessments.[214] Daneben sind noch die Canadian Agency for Drugs and Technologies in Health (CADTH) und die französische Haute Autorité de Santé (HAS) als wichtige Vertreter von HTA zu nennen. Während sich die kanadische Agentur seit 1989 mit HTA beschäftigt, ist die HAS mit Grün-

---

[209] Vgl. Medizinischer Dienst des Spitzenverbandes Bund der Krankenkassen (Hrsg.) (2011).
[210] Vgl. Fricke, F.-U., Dauben, H. P. (2009), S. 21-22.
[211] Vgl. Interdisziplinäres Zentrum für Health Technology Assessment (Hrsg.) (2011).
[212] Vgl. Fricke, F.-U., Dauben, H. P. (2009), S. 22.
[213] Vgl. Greiner, W. (2007), S. 464; Roehrig, C., Kargus, K. (2003), S. 46.
[214] Vgl. NICE (Hrsg.) (2011).

dung im Jahr 2004 noch eine vergleichsweise junge Einrichtung.[215] Dennoch macht sie ihr großer Einfluss auf die Politik zu einer bedeutenden Einrichtung, da in Frankreich die Entscheidungsträger eine viel engere Beziehung zu HTA-Einrichtungen haben und in ihren Entscheidungen Kriterien wie die Kosten-Effektivität hohes Gewicht haben.[216] Einen umfassenden Überblick über die internationalen HTA-Einrichtungen gibt die Mitgliederliste des INAHTA.[217]

3.4 Ablauf des HTA Prozesses

3.4.1 Vorbemerkung

Durch die internationale Vernetzung der HTA-Institutionen und deren gemeinsame Weiterentwicklung der Methoden hat sich das Vorgehen bei der Erstellung von HTA-Berichten zunehmend vereinheitlicht. Ungeachtet dessen existieren in den Details natürlich länderspezifisch Unterschiede.[218] Aus pragmatischen Gründen wird sich die nun folgende exemplarische Darstellung des HTA-Prozesses an den Methoden von DIMDI und IQWiG orientieren. Im Kontext der vorliegenden Arbeit wird zudem ein Schwerpunkt auf die ökonomische Bewertung gesetzt. Abbildung 3.2 zeigt den typischen Ablauf des Gesamtprozesses, angelehnt an das DIMDI. Die soliden Pfeile deuten dabei auf Abläufe hin, die auf jeden Fall stattfinden, die gestrichelten auf Abläufe, die stattfinden können.

3.4.2 Themenauswahl

Bei der Auswahl der Themen muss man nach der Art der durchführenden Institution unterscheiden. Solche, die nur auf Weisung tätig werden, bekommen ihre Themen vorgegeben und bedürfen keiner eigenen Themenfindung. Anders bei jenen, die selbst tätig werden, wie zum Beispiel das DIMDI.[219] Hier

[215] Vgl. O'Rourke, B. (2011); Romaneix, F. (2011).
[216] Vgl. Roehrig, C., Kargus, K. (2003), S. 46.
[217] Die Mitgliederliste kann unter www.inahta.org/Members eingesehen werden.
[218] Vgl. Greiner, W. (2007), S. 451.
[219] Vgl. DIMDI (Hrsg.) (2008), S. 8.

Abbildung 3.2: Ablauf des HTA-Prozess beim DIMDI

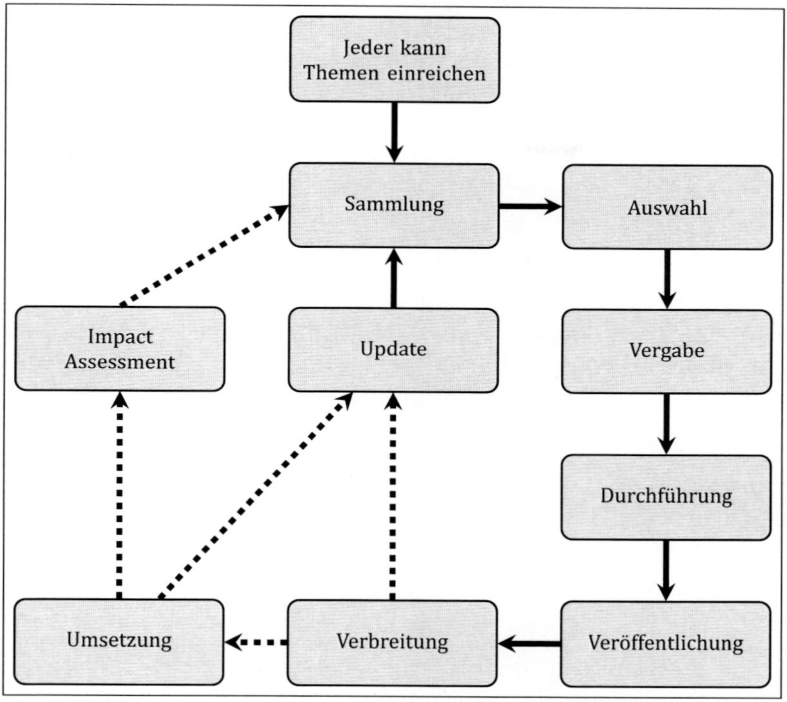

Quelle: Eigene Darstellung in Anlehnung an Greiner, W. (2007), S. 451; DIMDI (Hrsg.) (2012).

bedarf es eines Prozesses zur Themenfindung und -auswahl. In der Regel handelt es sich um ein zweistufiges Verfahren.[220] Im ersten Schritt ist es notwendig, mögliche Technologien zu identifizieren, für die ein HTA-Bericht lohnenswert und durchführbar ist. Meist wird hierzu eine Themensammlung initiiert. Bei der DAHTA erfolgt diese öffentlich, jeder Interessierte kann auf der Internetseite des Instituts per Formular einen eigenen Themenvorschlag einbringen.

Bei anderen Institutionen wie dem Medizinischen Dienst der Spitzenverbän-

[220] Vgl. Perleth, M., Gibis, B. (2008), S. 90.

de (MDS) oder der KBV ergeben sich potentielle Untersuchungsgegenstände aus der Begutachtung von strittigen Erstattungsfragen. Mögliche Themen können sich auch aus bereits durchgeführten Studien ergeben, aus denen sich neue Fragestellungen entwickelt haben bzw. aus anderen Gründen, die für die Bevölkerung von Bedeutung sind. So überrascht es nicht, dass das IQWiG zu Beginn seiner Tätigkeit Arzneimittel zur Behandlung von Asthma und Diabetes untersuchte, die auf Grund der Prävalenz der Krankheiten eine starke Belastung für das Gesundheitswesen darstellen.[221]

Im Anschluss an die Themensammlung muss geprüft werden, ob zu einem Thema oder einer Technologie überhaupt genügend Informationen vorliegen, um einen qualitativ hochwertigen HTA-Bericht erstellen zu können. Die DAHTA führt deshalb vorab Machbarkeitsanalysen durch. Hier wird sowohl eine quantitative Literaturanalyse in elektronischen Datenbanken als auch eine Abschätzung des benötigten Aufwands zur Erstellung der HTA-Berichte vorgenommen. Nach spätestens fünf Tagen sollte die Analyse abgeschlossen sein und Antworten darauf geben, ob ein HTA-Bericht zu verschiedenen Themen realisierbar ist und ob eine Präzisierung der Fragestellung nötig ist.[222] Das Resultat der ersten Stufe ist eine Liste von Themen, die für eine Durchführung des HTAs in Frage kommen.

In der zweiten Stufe müssen die Themen dann in eine Rangfolge gebracht werden, um zu einer endgültigen Auswahl des Untersuchungsgegenstandes zu gelangen. Um die Themen ihrer Wichtigkeit nach zu ordnen, kommen spezielle Methoden und Kriterien zum Einsatz. Beispiele bedeutender Kriterien zeigt Tabelle 3.3. Die Kriterien und Methoden zur Priorisierung unterscheiden sich von Einrichtung zu Einrichtung. Die DAHTA verwendet zum Beispiel ein Delphi-Verfahren zur Themenauswahl. Die endgültige Themenliste wird dann dem BMG vorgelegt und es beginnt das Projekt der Erstellung eines HTA-Berichts durch Auftragsvergabe an Kooperationsgruppen oder durch Ausschreibungen.[223]

[221] Vgl. Greiner, W. (2007), S. 451-452.
[222] Vgl. DIMDI (Hrsg.) (2008), S. 8.
[223] Vgl. DIMDI (Hrsg.) (2008), S. 8.

Tabelle 3.3: Kriterien zur Priorisierung von HTA-Themen

Gesundheitliche Bedeutung	Anzahl Erkrankter, Verschreibungshäufigkeit, Krankheitslast, erwarteter Nutzen der Technologie
Ökonomische Bedeutung	Krankheitskosten aus gesellschaftlicher Perspektive, erwarteter Einfluss der Technologie auf die Krankheitskosten
Erwarteter Einfluss der Evaluation	Unsicherheitsreduktion bezüglich des Nutzens, Interesse der Öffentlichkeit

Quelle: Vgl. Perleth, M., Gibis, B. (2008), S. 86; Hailey, D., Babidge, W., Cameron, A. u. a. (2010), S. 5.

3.4.3 Initiierung

Nachdem das Thema feststeht, beginnt innerhalb der bearbeitenden HTA-Institution die eigentliche Projektarbeit mit der Initiierungsphase. Die Phase ist von einer engen Zusammenarbeit von Auftraggeber und Auftragnehmer geprägt, da jetzt die Weichen für den gesamten Projektverlauf gestellt werden.[224] Zunächst wird das durchführende Projektteam gebildet. Dabei ist darauf zu achten, das möglichst alle relevanten Fachrichtungen, die das HTA erfordert, auch vertreten sind. Wenn also ökonomische und ethische Aspekte im Vordergrund stehen, sollten auch auf jeden Fall Vertreter dieser beiden Disziplinen im Projektteam vorhanden sein.

Ziel der Initiierungsphase muss es sein, die Ausgangssituation so gut wie möglich zu beschreiben und die gewünschten Ziele global zu definieren. Dabei ist es sinnvoll die Impact-Ziele zu formulieren und sich mit der Policy Question zu befassen. Bei den Impact-Zielen geht es um die Frage, welche Veränderungen der Bericht bewirken soll. Hierfür muss herausgefunden werden, wer vom Bericht betroffen ist, welche Interessen diese Anspruchsgruppe vertritt und welche Folgen der Bericht für sie haben soll. Ein mögliches Impact-Ziel bei der Bewertung einer operativen Methode wäre zum Beispiel, den Patienten und Operateuren relevante Daten zu medizinischen Effekten und Risiken

[224] Vgl. Schleberger, H., Gerhardus, A. (2008), S. 223.

an die Hand zu geben. Da HTA eine entscheidungsbezogene Methode ist, muss in dieser Phase auch geklärt werden, warum ein HTA-Bericht verlangt wird und warum genau zu diesem Zeitpunkt. In dieser Policy Question wird der politische Hintergrund, die Adressaten und die Entscheidung, die durch den Bericht unterstützt werden soll, dargestellt. Ein Beispielfall wäre die Beauftragung des IQWiG durch den G-BA, da dieser eine Empfehlung für eine Richtlinienentscheidung zur Erstattungsfähigkeit eines bestimmten Wirkstoffs benötigt, der gerade in der öffentlichen Diskussion steht.[225]

3.4.4 Definition

In dieser Phase wird auf den Informationen der Initiierungsphase ein detailliertes Zielkonzept ausgearbeitet. Dieses umfasst Zeitrahmen, Budget und inhaltliche Ziele. Hinzu kommt die Definition von Zielparametern und eine Schilderung des geplanten Vorgehens. Dabei wird die Methodik der Beschaffung und Bewertung der benötigten Informationen sowie die Ein- und Ausschlusskriterien beschrieben. Zusammen mit den Informationen aus der vorherigen Phase werden die Ausführungen des Zielkonzepts in einem vorläufigen Berichtsplan festgehalten.[226]

Beim IQWiG wird dieser Berichtsplan zur Abstimmung und Kontrolle dem Auftraggeber vorgelegt und anschließend auf der Webseite des Instituts veröffentlicht. Innerhalb von vier Wochen können dann die Stakeholder in einem offenen Reviewverfahren zum Berichtsplan Stellung nehmen. Zusätzlich besteht die Möglichkeit, zu diesem Zeitpunkt von externer Seite (bspw. vom Hersteller des Untersuchungsgegenstands) Unterlagen einzureichen. Insbesondere im Hinblick auf die Berücksichtigung bisher unveröffentlichter Studien ist dieser Schritt von Bedeutung. Im Anschluss an die Auswertung der Stellungnahmen erfolgt die Veröffentlichung des überarbeiteten Berichtsplans.[227]

---

[225] Vgl. Nagengast, J. (2011), S. 132; Schleberger, H., Gerhardus, A. (2008), S. 223; Perleth, M., Busse, R., Gerhardus, A. u. a. (Hrsg.) (2008a), S. 136.
[226] Vgl. Schleberger, H., Gerhardus, A. (2008), S. 225.
[227] Vgl. IQWiG (2011), S. 11–15.

3.4.5 Planung

In der Planungsphase wird das HTA-Projekt in einzelne Arbeitsschritte aufgeteilt und ein Ablaufplan erstellt um die Projektarbeit bestmöglich durchführen zu können. Dabei wird auf verschiedene Standardinstrumente des Projektmanagements zurückgegriffen. Es wird ein Projektstrukturplan entwickelt, der die verschiedenen Arbeitsblöcke hierarchisch in Teilaufgaben und Arbeitspakete gliedert. Beispielsweise wird der Arbeitsblock *ökonomische Bewertung* in die Teilaufgaben *Ermittlung der Kosten* und *Bestimmung des Nutzens* gegliedert, die wiederum die Arbeitspakete *Berechnung der Tagestherapiekosten* und *Ermittlung von QALYs* enthalten können. Desweiteren wird ein Terminplan erstellt, der den Zeitplan des Projekts insgesamt sowie die Dauer der einzelnen Arbeitspakete veranschaulicht. Mit der Erstellung eines Kapazitätsplans und eines Kostenplans werden die Aufwendungen innerhalb der Arbeitspakete geschätzt, um später in der Umsetzungsphase ein Projektcontrolling zu ermöglichen.[228]

3.4.6 Umsetzung

In der Umsetzungsphase findet die Projektkernarbeit statt. Hier werden in einer systematischen Literaturrecherche alle benötigten Informationen beschafft, analysiert und diese einer Bewertung unterzogen, um abschließend eine Empfehlung abzugeben.[229] Dem Projektcontrolling kommt hierbei eine besondere Bedeutung zu. Mittels kontinuierlichem Soll-Ist-Abgleich wird die Einhaltung der Pläne hinsichtlich der Ergebnis-, Ressourcen- und Terminkonformität gesichert, um notfalls durch gezielte Interventionen korrigierend eingreifen zu können. Am Ende dieser Phase liegt der HTA-Bericht vollständig ausgearbeitet bei der Projektleitung vor.[230]

[228] Vgl. Schleberger, H., Gerhardus, A. (2008), S. 227.
[229] Vgl. Greiner, W. (2007), S. 454.
[230] Vgl. Schleberger, H., Gerhardus, A. (2008), S. 228.

3.4.7 Abschluss

In der letzten Phase des HTA-Projekts liegen alle Ergebnisse der Informationsbeschaffung und -analyse ausgearbeitet in einem vorläufigen Bericht vor, der an den Auftraggeber übergeben und veröffentlicht wird. Dieses Dokument muss sich anschließend noch einem Reviewverfahren unterziehen. Unter Berücksichtigung aller Stellungnahmen wird dann der Abschlussbericht erstellt, der ebenfalls publiziert wird. Abschließend findet eine Bewertungssitzung statt, in der alle Akteure des HTA-Projekts das Projektergebnis nach Zielerreichungsgrad, Arbeitsmethodik und Teamgestaltung bewerten, um für zukünftige HTA-Projekte zu lernen.[231]

Bei der DAHTA@DIMDI müssen die Autoren einen vorläufigen Endbericht vorlegen, der alle Ergebnisse und Methoden der Untersuchung enthält und am Ende eine Empfehlung ausspricht. Dieser Bericht muss sich schließlich einem Begutachtungsverfahren stellen, das sich in ein internes und externes Gutachten gliedert. Die interne Begutachtung wird von Mitarbeitern des DIMDI selbst durchgeführt und dient der Kontrolle von formalen und strukturellen Anforderungen sowie inhaltlicher Plausibilität. Das externe Gutachten führen Experten aus den angesprochenen Fachgebieten durch, die den Inhalt und die Methodik der Arbeit kritisch begutachten. Dies wird meist mittels eines doppelblinden Verfahrens durchgeführt. Dieses Vorgehen dient der Objektivität und der Unvoreingenommenheit. Die Autoren müssen sich dann zu jedem Kritikpunkt äußern und ggf. den vorläufigen Endbericht korrigieren. So entsteht abschließend der Endbericht. Die Öffentlichkeit wird mittels Newsletter informiert.[232] Da ein HTA-Bericht immer nur die aktuell verfügbare Informationslage abbildet, kann es nötig sein, bei Vorliegen von Studien mit neuen Erkenntnissen zu einem späteren Zeitpunkt ein Update vorzunehmen.

---

[231] Vgl. IQWiG (2011), S. 15–17, 28, 29; Schleberger, H., Gerhardus, A. (2008), S. 229.
[232] Vgl. DIMDI (Hrsg.) (2008), S. 12–20.

3.5 Auswirkung von HTA-Reports

Da HTA-Berichte zum Zweck der Entscheidungsunterstützung angefertigt werden, stellt sich zwangsläufig die Frage, wie groß ihr Einfluss auf die Entscheidungsträger ist. Bei näherer Betrachtung muss man feststellen, dass es sich bei dieser wichtigen Frage nach dem Impact von HTA-Berichten um ein sehr komplexes und bisher noch wenig erforschtes Gebiet handelt.[233] Neben der Rechtfertigung für die Mittelverwendung durch die HTA-Agenturen geht es vor allem auch darum, aus bereits veröffentlichten HTA-Berichten Lehren für die Zukunft zu ziehen. „It is essential to identifiy factors that enhance or hinder their impact and thus support better targeting and the development of dissemination strategies."[234]

Die Auswirkungen von Health Technology Assessment können dabei vielfältig sein. So fällt bspw. der G-BA eine Entscheidung über die Erstattungsfähigkeit von Interventionen, Mediziner verändern ihr Verschreibungsverhalten oder die Informationslage von Patienten verbessert sich. Überwiegend jedoch werden HTA-Berichte mit Empfehlungen für Erstattungsentscheidungen in Verbindung gebracht und so ist der Vorschlag naheliegend, den Einfluss von HTA-Berichten allein daran zu messen, wie viele Empfehlungen sich eins zu eins in der Entscheidungsfindung der Verantwortlichen wiedergefunden haben. Außer Acht gelassen wird dabei meist die Tatsache, dass politische Entscheidungen von einer Vielzahl von Faktoren bestimmt werden, die ein einzelner HTA-Bericht nicht in ihrer Vollständigkeit abbilden kann. So spielen die unterschiedliche Gewichtung der Ergebnisse auf Grund lokaler Werte, Prioritäten der Entscheidungsträger sowie die Versorgungsrealitäten vor Ort eine entscheidende Rolle. Trotz gleicher wissenschaftlicher Evidenz und ähnlicher Fragestellungen können die gesundheitsökonomischen Entscheidungen oftmals sehr unterschiedlich ausfallen. So kann es zum Beispiel sehr gut möglich sein, dass die Politik in Deutschland die Übernahme von Kosten für die künstliche Befruchtung befürwortet, in China oder Indien dies aber strikt abgelehnt wird. Des weiteren kann die kann die Entscheidung für oder gegen eine Technologie durch die Interessenvertretung von Stakeholdern in eine bestimmte Richtung gelenkt werden.[235]

---

233 Vgl. Greiner, W. (2007), S. 455.

234 Gerhardus, A., Dorendorf, E., Røttingen, J.-A. u. a. (2008), S. 112.

235 Vgl. Sawicki, P. T. (2006), S. 229; Gerhardus, A. (2008), S. 59–60.

Es kann festgehalten werden, dass der alleinige Vergleich zwischen Empfehlung und Entscheidung noch kein umfassendes Bild zum Einfluss eines HTA-Berichts zulässt. In der Praxis hat es sich daher durchgesetzt, mittels qualitativer und quantitativer Methoden den Impact von HTAs zu untersuchen. Dazu gehört die Untersuchung von Versorgungsdaten, von Dokumenten über Erlasse oder formale Gremienentscheidungen (sog. document tracking), der Anzahl Downloads von HTA-Publikationen oder auch Befragungen der Zielgruppen.[236]

Ein systematischer Review zum Einfluss von HTA-Berichten ergab, dass verschiedene Studien den Einfluss auf die gesundheitspolitischen Entscheidungsprozesse von 50% bis auf über 70% der Fälle beziffern. An anderer Stelle wird darüber berichtet, dass die HTA-Bericht zwar den meisten Akteuren der Zielgruppe bekannt waren, deren Akzeptanz allerdings stark variiert. In beiden Arbeiten wird zudem darauf hingewiesen, dass die untersuchten Studien häufig methodische Schwächen aufwiesen, sodass valide Rückschlüsse auf den Einfluss der HTA-Berichte nur begrenzt möglich sind. Bedingt durch den indirekten Nachweis lässt sich oft nur erahnen, ob ein HTA-Bericht Einfluss hatte, ganz zu schweigen von der Stärke des Einflusses. Zur Verdeutlichung kann als Beispiel der Fall des inhalativen Insulins Exubera angeführt werden. Nach erfolgter Zulassung im Januar 2006 erging sowohl vom NICE als auch IQWiG eine negative Nutzenbewertung. Im Oktober 2007 schließlich wurde das Präparat wieder vom Markt genommen. Die Frage, welchen Anteil dabei die beiden Berichte hatten, bleibt jedoch ungeklärt.[237]

Es zeigt sich, dass die Untersuchung des Impacts von HTA-Berichten noch in den Kinderschuhen steckt und noch viel Forschungsarbeit geleistet werden muss. Dies gilt sowohl in Bezug auf die Methoden als auch die eigentliche Untersuchung. Nur so kann die Wirksamkeit zukünftiger HTA-Berichte gesteigert und der Ressourceneinsatz gerechtfertigt werden.

---

236 Vgl. Perleth, M., Schwartz, F. W. (2001), S. 862; Greiner, W. (2007), S. 455; Gerhardus, A. (2008), S. 59.

237 Vgl. Gerhardus, A., Dintsios, C.-M. (2005b), S. 3; Gerhardus, A., Dorendorf, E., Røttingen, J.-A. u. a. (2008), S. 120; Vauth, C. (2010), S. 237.

3.6 Ökonomie, Modelle und BIA im HTA

Steigende Ausgaben im Gesundheitswesen, bedingt durch medizinischen Fortschritt und demographische Entwicklung, haben dazu geführt, dass die ökonomische Bewertung neben dem Wirksamkeitsnachweis weltweit an Bedeutung gewonnen hat. Die ökonomische Bewertung im Rahmen von HTA wird daher nicht ohne Grund als „zweites Standbein neben der medizinischen Wirksamkeits- bzw. Nutzenbewertung gesehen."[238] Dies spiegelt sich auch in den Fragestellungen internationaler HTA-Organisationen wieder, wo die ökonomischen Bewertungen zu den Hauptuntersuchungsgegenständen zählen.[239]

Eine wesentliche Determinante der ökonomischen Untersuchung ist die Wahl der Perspektive, denn diese bestimmt darüber, welche Kosten in die Betrachtung aufgenommen werden. So sind aus Sicht einer Krankenkasse nur jene Kosten relevant, für die sie aufkommen muss, während aus gesamtgesellschaftlicher Perspektive alle Kosten relevant sind, egal bei wem sie anfallen. Während so beispielsweise das australische Pharmaceutical Benefits Advisory Committee (PBAC) eine gesellschaftliche Perspektive einnimmt, bewertet das NICE die Kosten aus Sicht des National Health Service (NHS). Das IQWiG wiederum bewertet aus dem Blickwinkel der Versichertengemeinschaft der GKV.[240]

Während die Wahl der Perspektive und die Ermittlung der jeweiligen Kosten als vergleichsweise einfach einzustufen sind, stellt die Ermittlung des Nutzens aus ökonomischer Sicht eine wesentlich größere Herausforderung dar. Dies liegt zum einen daran, dass sich der Nutzen-Begriff von der reinen klinischen Wirksamkeit unter Studienbedingungen (efficacy) insofern unterscheidet, als das bei der ökonomischen Untersuchung die effectiveness, also die Wirksamkeit unter Alltags-Bedingungen, den Maßstab darstellt. „Beim Patienten-Nutzen sollen insbesondere die Verbesserung des Gesundheitszustandes, eine Verkürzung der Krankheitsdauer, eine Verlängerung der Lebensdauer, eine Verringerung der Nebenwirkungen sowie eine Verbesserung

238 Busse, R. (2008), S. 203.

239 Vgl. Orlewska, E., Mierzejewski, P. (2004), S. 1; Kulp, W., Schulenburg, J.-M. Graf v. d. (2012), S. 429; Moharra, M., Kubesch, N., Estrada, M. u. a. (2008), S. 23.

240 Vgl. Greiner, W., Schöffski, O. (2012), S. 156–158; Kulp, W., Schulenburg, J.-M. Graf v. d. (2012), S. 434; Schwalm, A., Danner, M., Seidl, A. u. a. (2010), S. 616.

der Lebensqualität [...] angemessen berücksichtigt werden."[241] Angesichts der Bedeutung von HTA für Erstattungsentscheidungen muss es der gesundheitsökonomischen Evaluation gelingen, die Evidenz zur efficacy mit der zur effectiveness so zu verbinden, dass Kosten und Nutzen des Untersuchungsgegenstandes im Versorgungsalltag bestmöglich abzuschätzen sind. In der Regel liegen Daten zur effectiveness zum Zeitpunkt der Untersuchung nicht oder nur über sehr kurze Zeiträume vor. Um die vorliegende Evidenz aus verschiedenen Datenquellen und Zeiträumen sinnvoll verwerten zu können, kommen daher Modellierungen zum Einsatz.[242]

Darüber hinaus verlangt der deutsche Gesetzgeber, dass „bei der wirtschaftlichen Bewertung auch die Angemessenheit und Zumutbarkeit einer Kostenübernahme durch die Versichertengemeinschaft"[243] berücksichtigt werden soll. Es findet sich also schon im Gesetz ein direkte Forderung zur Durchführung einer Budget Impact Analyse. Im angloamerikanischen Raum werden BIA häufig eingesetzt und gehören teilweise zum festen Bestandteil von HTA-Reports. So verlangt das NICE Beispielsweise eine BIA für die Bewertung von Innovationen für den NHS. Ähnlich verfährt das australische PBAC. In den USA spielen Budget Impact Analysen eine große Rolle im Rahmen von Verhandlungen von pharmazeutischen Unternehmen und Kostenträgern wie zum Beispiel Blue Shield oder Blue Cross. In Deutschland sind BIA auch Gegenstand eines Methodenpapiers des IQWiG. Allerdings ist aus rechtlicher Sicht nicht abschließend geklärt, inwieweit die BIA mit in die Bewertung von Innovationen durch das IQWiG einfließen darf. Für die Entscheidungsträger ist die Frage nach den Kosten bzw. Auswirkungen auf die Budgets in jedem Fall von großem Interesse.[244]

3.7 Kritik

Trotz aller Vorteile und Erfolge steht HTA auch immer wieder in der Kritik. Ein grundsätzliches Problem ist der begrenzte Betrachtungshorizont von HTA,

[241] Fünftes Buch Sozialgesetzbuch - Gesetzliche Krankenversicherung (2011), §35b Abs. 1 S. 4.
[242] Vgl. Antes, G., Jöckel, K.-H., Kohlmann, T. u. a. (2007), S. 39–43, 63–68.
[243] Fünftes Buch Sozialgesetzbuch - Gesetzliche Krankenversicherung (2011), §35b Abs. 1 S. 4.
[244] Vgl. Mauskopf, J. A., Sullivan, S. D., Annemans, L. u. a. (2007), S. 336, 337; Greiner, W. (2007), S. 462–463; IQWiG (2008), S. 12; Gassner, U. M. (2008).

der mögliche Systemeffekte nicht berücksichtigt. GREINER führt hierzu aus, dass die reine medizinische oder ökonomische Bewertung auf oberster Ebene darüber hinaus gehende Effekte auf Ebene der Akteure außer Acht lässt. Hierzu zählen bspw. Marketing oder Prestige-Gründe in einem Krankenhaus, welches modernste Technologie anschafft, obwohl diese im HTA-Report als nicht überlegen bewertet wurde. Das Krankenhaus kann damit aber möglicherweise gute Ärzte attrahieren und somit indirekt die Qualität steigern. Solche Systemeffekte können normalerweise im Rahmen von HTA nicht abgebildet werden.[245]

Von der Bewertung einer Technologie kann es durchaus abhängen, ob sie am Markt erfolgreich ist und erstattet wird oder ob das Assessment das medizinische und wirtschaftliche Aus bedeutet.[246] Gerade im Hinblick auf die Bewertung von Innovationen befindet sich HTA hier in einem Dilemma, denn in der Regel ist eine Bewertung zum Zeitpunkt der Markteinführung wünschenswert, dann wenn auch die Erstattungsentscheidung bevorsteht.[247] Naturgemäß liegt zu diesem Zeitpunkt aber noch keine umfassende Evidenz vor. Verschärft wird die Situation dadurch, dass die Systematik von HTA Informationen Stichtag bezogen in die Vergangenheit sucht, der HTA-Prozess selbst jedoch mehrere Jahre dauern kann. So kann es passieren, dass unter Umständen die neuesten Erkenntnisse nicht im Assessment enthalten sind. Besonders fatal ist eine zu frühe Bewertung, wenn sich der Nutzen erst im Laufe der Zeit herausstellt, bspw. durch Lernkurveneffekte oder Skaleneffekte oder im Fall von präventiven Maßnahmen, die Innovation auf Grund des Assessments aber gar keine Chance hat, sich überhaupt erst am Markt zu etablieren.[248] Auf der anderen Seite wiederum birgt eine zu späte Evaluation die Gefahr der Diffusion von Scheininnovationen im Gesundheitswesen.[249] In diesem Zusammenhang wird auch die Methodik des IQWiG, die Literaturrecherche primär auf Studien der höchsten Evidenzklasse zu beschränken, heftig kritisiert, da insbesondere Randomized Controlled Trials (RCTs) in der Regel nicht den normalen Behandlungsalltag widerspiegeln und die Empfehlung somit nicht auf der *richtigen* Evidenz beruht.[250] Es wird also kritisiert, dass es sich bei den meisten HTAs „um Momentaufnahmen [handelt], die weder

[245] Vgl. Greiner, W. (2007), S. 453.
[246] Vgl. Siebert, U. (2003), S. 143, 149; Schiffner, R. (2008), S. 47.
[247] Vgl. Perleth, M., Lühmann, D. (2010).
[248] Vgl. Greiner, W. (2007), S. 454.
[249] Vgl. Schiffner, R. (2008), S. 48.
[250] Vgl. Bierwirth, R., Schlecht, K. (2007), S. 80.

die Dynamik des zunehmenden Informationsgewinns im Rahmen der Technologieentwicklung noch die folgenden Anwendungen unter Routinebedingungen abbilden."[251] Verdeutlicht wird die Zeit-Problematik an einem aktuellen Beispiel aus Skandinavien. Hier wurden die Überschüsse für Hersteller und Gesellschaft am Beispiel von Simvastatin über den gesamten Pruduktlebenszyklus betrachtet. Im Ergebnis konnte festgehalten werden, dass die Überschüsse für den Hersteller während der Patentlaufzeit zwar sehr hoch waren (20–43%), danach aber umso dramatischer fielen. Am Ende des Betrachtungszeitraumes von 1987 bis 2018 liegt der Anteil des Herstellers am gesamten gesellschaftlichen Überschuss bei 2–5%, was angemessen erscheint.[252]

Ein weiterer Kritikpunkt an HTA ist die oft ungleiche Gewichtung der verschiedenen Untersuchungsfelder. Die Definition von HTA verlangt, dass neben der medizinischen und ökonomischen Bewertung einer Technologie auch die juristischen, sozialen, organisatorischen, kulturellen und ethischen Aspekte berücksichtigt werden müssen. In der Praxis zeigt sich jedoch, dass diese nur allzu häufig vernachlässigt werden.[253] Zur Begründung werden verschiedene Argumente angeführt. So wird diesen Aspekten im Vergleich zu medizinischen und ökonomischen Empfehlungen häufig eine geringe Entscheidungsrelevanz beigemessen. Falls eine neue Technologie, verglichen mit einem etablierten Verfahren, schon medizinisch und ökonomisch unterlegen ist, so erübrigt sich in der Regel eine weitere Analyse. Auch hängt die Bedeutung vom Untersuchungsgegenstand ab. Bei der Untersuchung von Wirkstoffen gegen Kopfschmerz wird man für gewöhnlich weniger Konfliktpotenzial haben als beim pränatalen Screening von Schwangeren. Bei Letzterem bspw. liegt die bedeutend höhere Entscheidungsrelevanz ethischer und rechtlicher Aspekte auf der Hand. Zum anderen werden fehlende Standards bei der Bewertung der vernachlässigten Untersuchungsfelder, sowie der Mangel an zeitlichen und finanziellen Ressourcen als Gründe angeführt.[254] Hinzu kommt sicherlich, dass bei der Analyse von Kosten und Nutzen die Zahlen für sich sprechen, während man bei den übrigen Bewertungsfeldern argumentativ einen Standpunkt beziehen muss, der Angriffsfläche schafft.

Problematisch sind außerdem systematische Verzerrungen, vor allem durch

[251] Perleth, M., Lühmann, D. (2010), S. 829.
[252] Vgl. Lindgren, P., Jönsson, B. (2011).
[253] Vgl. Draborg, E., Gyrd-Hansen, D., Poulsen, P. B. u. a. (2005); Lehoux, P., Tailliez, S., Denis, J. u. a. (2004); DeJean, D., Giacomini, M., Schwartz, L. u. a. (2009).
[254] Vgl. Gerhardus, A., Perleth, M., Gibis, B. u. a. (2008), S. 167–170.

den Publikations-Bias. Dieser beschreibt den Effekt, dass in der Literatur weitaus häufiger Studien mit positiven Resultaten zu finden sind als solche mit negativen Ergebnissen.[255] Im Ergebnis kann dies dazu führen, dass die tatsächlichen Effekte für die Empfehlung überschätzt werden.[256] Die Gründe liegen zum einen darin, dass es in der Forschung kaum Anreize gibt, negative Ergebnisse zu publizieren. Zum anderen liegt dieses Ungleichgewicht auch daran, dass bei Innovationen wie bspw. Medizinprodukten und Arzneimitteln, die Initiatoren der Studien selbstverständlich überhaupt kein Interesse daran haben können, dass negative Ergebnisse zu ihren Entwicklungen publiziert werden, in die bereits viele Ressourcen geflossen sind.[257] Negativbeispiel zu diesem Verhalten in jüngster Vergangenheit war der Pharmakonzern Pfizer, der einen Teil der Studien zu seinem Antidepressivum Edronax trotz mehrfacher Nachfrage seitens des IQWiG unter Verschluss hielt und so eine vollständige Bewertung verhindern wollte.[258] „Das Language-Bias folgt einem ähnlichen Mechanismus. Therapiestudien, die einen signifikanten Unterschied zwischen den verglichenen Therapien belegen, werden häufiger in englischsprachigen Zeitschriften veröffentlicht. Diese internationalen Zeitschriften sind in großen Datenbanken besser repräsentiert und die Studien aus diesen Zeitschriften sind besser verfügbar."[259] Von seiner Auswirkung her ähnlich ist der Retrieval Bias, also die Verzerrung der Ergebnisse durch unvollständiges Auffinden von bereits veröffentlichten Studien in Datenbanken.[260]

Neben den Herausforderungen bei der Erstellung von HTA-Berichten gilt es zudem, noch einige Probleme bei der Akzeptanz der Ergebnisse zu bewältigen. So hält ein großer Teil der Hausärzte in Deutschland die Arbeit des IQWiG für wenig nützlich und hat zudem Zweifel an der Unabhängigkeit des Instituts und seiner Auftraggeber.[261] Sicher gründet die fachliche Expertise mancher HTA-Autoren und Experten auf fachlicher Nähe und damit verbundener Forschung zum Untersuchungsgegenstand, welche dann wiederum auch finanzielle Unterstützung durch die Befürworter einer Technologie erfahren hat. Ob daraus jedoch auch zwingend Interessenkonflikte entstehen müssen, ist ein kontrovers diskutiertes Thema. Eine notwendige Maßnahme dieser Proble-

[255] Vgl. Greiner, W. (2007), S. 458.
[256] Vgl. Droste, S. (2008), S. 110.
[257] Vgl. Goodman, C. S. (2004), S. 91; Turner, E. H., Matthews, A. M., Linardatos, E. u. a. (2008).
[258] Vgl. IQWiG (Hrsg.) (2009c).
[259] Bollschweiler, E., Sauerland, S. (2010), S. 476–477.
[260] Vgl. Bollschweiler, E., Sauerland, S. (2010), S. 477.
[261] Vgl. Schlingensiepen, I. (2010).

matik zu begegnen ist auf jeden Fall weitreichende Transparenz. So verlangt zum Beispiel auch das SGB V, dass externe Sachverständige „alle Beziehungen zu Interessenverbänden, Auftragsinstituten, insbesondere der pharmazeutischen Industrie und der Medizinprodukteindustrie, einschließlich Art und Höhe von Zuwendungen offen zu legen"[262] haben. Was fehlt, sind ein einheitlicher Berichtsstandard und geeignete methodische Standards zur Beurteilung der Unabhängigkeit in HTAs.[263]

Weitere Kritikpunkte sind die fehlenden internationalen Standards der HTA-Erstellung und -Dissemination sowie eine ausbaufähige internationale Zusammenarbeit der HTA-Organisationen.[264] Im Jahr 2010 wurden in 27 EU-Ländern etwa 1.000 HTA bearbeitet und allein von diesen waren 95 überflüssig, da sie das gleiche Thema behandelten.[265] Daran wird deutlich, wie durch fehlende Absprachen Ressourcen vergeudet werden. Dies steht natürlich im Widerspruch zu einem Instrument, dessen Zweck unter anderem auch der effiziente Einsatz der verfügbaren Ressourcen ist.

3.8 Zusammenfassung

Health Technology Assessment hat sich inzwischen vielerorts als Nutzen stiftendes und rechtlich begründetes Mittel zur evidenzbasierten Evaluation etabliert. Weltweit werden HTA-basierte Erstattungsentscheidungen getroffen.[266] Die Entwicklung ist allerdings längst nicht abgeschlossen. Es müssen noch viele Schwachstellen beseitigt werden, damit das Verfahren seinem Ziel, der Bereitstellung der bestverfügbaren Evidenz, vollends gerecht werden kann. Ohne Zweifel ist HTA von unschätzbarem Wert bei der Unterstützung von Entscheidungsträgern bei wichtigen, gesundheitspolitischen Entscheidungen. Es bietet ein Instrumentarium der modernen Informationsflut zu begegnen. Durch Strukturierung, Selektion und wissenschaftliche Überprüfung entsteht ein Destillat relevanter Informationen, dass als Wissensbasis besagter Entscheidungen dienen kann. Transparenz, Öffentlichkeit und allgemeine Beteiligung helfen schädliche Einflüsse abzuwehren. So kann HTA

262 Fünftes Buch Sozialgesetzbuch - Gesetzliche Krankenversicherung (2011), §139b Abs. 3.
263 Vgl. Kaiser, T. (2008), S. 232.
264 Vgl. Busse, R., Orvain, J., Velasco, M. u. a. (2002).
265 Vgl. Wild, C. (2010).
266 Vgl. Perleth, M. (2008), S. 3.

für sich in Anspruch nehmen, wesentlich zur Sicherung und Verbesserung der Versorgungsqualität im Gesundheitswesen beizutragen.

Doch nicht nur als Entscheidungshilfe spielt HTA eine bedeutende Rolle, auch als Steuerungsinstrument hilft es, vielversprechende Innovationen frühzeitig zu bewerten und diese ins Gesundheitssystem einzugliedern. Darüber hinaus kann HTA indirekt die nachhaltigere Entwicklung von Gesundheitsgütern fördern, da sich die Anbieter (z. B. Pharmaunternehmen oder Hersteller von Medizinprodukten) bewusst sein müssen, dass sobald sie ihre Produkte in Verkehr bringen, diese Gegenstand von HTA werden können. Darüber hinaus hat HTA auch zu einer kontinuierlichen Verbesserung der Methoden der gesundheitsökonomischen Evaluation beigetragen und wichtige Impulse für die Entwicklungen auf dem Gebiet der gesundheitsökonomischen Modellierungen geliefert. Schließlich trägt HTA bei begrenzten Ressourcen durch den gesundheitsökonomischen Bewertungsteil zu einer Verbesserung der Effizienz der Versorgung bei.[267]

Allerdings darf man sich nicht der Illusion hingeben, dass mit HTA automatisch Einsparungen im Gesundheitswesen erzielt werden können. So ließen britische Behörden vor einigen Jahren verlauten, dass die finanziellen Mittel noch nicht mal für die Umsetzung der wichtigsten Prioritäten ausreichen und dass daher für die Umsetzung der Empfehlungen des NICE erst recht keine Mittel zur Verfügung stünden.[268] Ferner kann es durchaus sein, dass die Identifikation und der Einsatz kosteneffektiver Interventionen ceteris paribus zu einer Ausweitung des Gesundheitsbudgets führen oder aber bei festem Budget andere Technologien verdrängt werden.[269] Die Ermittlung des Budget Impact einer Intervention stellt somit einen notwendigen Teil der gesundheitsökonomischen Bewertung dar, um den Entscheidungsträgern eine vollständige Entscheidungsgrundlage liefern zu können, wie es auch vom Gesetzgeber gefordert wird.[270]

---

[267] Vgl. Bartelmes, M., Neumann, U., Lühmann, D. u. a. (2009); Greiner, W. (2007), S. 450, 463; Gerhardus, A. (2006), S. 234.

[268] Vgl. Burke, K. (2002), S. 258.

[269] Vgl. Greiner, W. (2007), S. 463.

[270] Vgl. Fünftes Buch Sozialgesetzbuch - Gesetzliche Krankenversicherung (2011), §35b Abs. 1 S. 4.

4 Pharmazeutische Innovationen

If you think technology can solve your problems you don't understand technology and you don't understand your problems.

(Bruce Schneier)

4.1 Historische Entwicklung

Die Suche nach Arzneimitteln ist keine Erfindung der Neuzeit. Steinzeitliche Ausgrabungen, Schriften aus vorchristlicher Zeit und zahlreiche mittelalterliche Quellen belegen, dass die Menschen schon lange versuchen, die Heilkräfte von Pflanzen, Mineralien oder Tierprodukten zum Zweck der Linderung oder Heilung von Krankheiten nutzbar zu machen. Den Grundstein für die moderne Arzneimittellehre legte Theophrast von Hohenheim, besser bekannt als Paracelsus, im 15. Jh. nach Christus. Er erkannte, dass Krankheiten auch durch äußere Einflüsse entstehen können und sie sich durch einfache chemische Substanzen behandeln lassen. Im 17. Jh. entstanden erste pharmazeutische Lehranstalten, die nicht nur die handwerkliche, sondern auch die wissenschaftliche Ausbildung der Apotheker übernahmen. Die Geburtsstunde der modernen Arzneimittelforschung stellte die Entdeckung des Opium-Bestandteils Morphin durch den Apothekengehilfen Friedrich Wilhelm Sertürner um 1804 dar. Die weiteren Forschungen deutscher und französischer Wissenschaftler führten zur Entdeckung der Alkaloide Koffein und Chinin, welche noch heute in schmerzlindernden und krampflösenden Medikamenten eingesetzt werden. Ende des 19. Jh. wurden moderne Darreichungsformen wie die Tablette entwickelt. Damit wurde die Grundlage für die Massenproduktion von Medikamenten geschaffen.[271]

Inzwischen ist die Erforschung, Entwicklung und der Vertrieb von Arzneimitteln ein Multimilliarden-Dollar-Geschäft mit einem weltweiten Umsatz von knapp 1 Billion US-$ (s. Abbildung 4.1). Doch trotz immenser Fortschritte in der Arzneimittelforschung und vieler bedeutender Durchbrüche in den letzten Jahrzehnten werden die zu lösenden Probleme nicht weniger und es bestehen noch viele medizinische Herausforderungen für die pharmazeutische Industrie. Gerade im Bereich der Onkologie und Neurologie wird gegenwär-

[271] Vgl. Müller-Jahncke, W.-D., Friedrich, C., Paulus, J. (1996), S. 45–81; Siskou, M. (2009); Eckart, W. U. (2011), S. 1–31, 303–320; Probst, E. (2013).

tig stark geforscht und auch von der Bevölkerung wird diesen Krankheiten ein hoher Bedarf für innovative Arzneimittel beigemessen.[272]

Abbildung 4.1: Volumen des globalen Arzneimittelmarktes

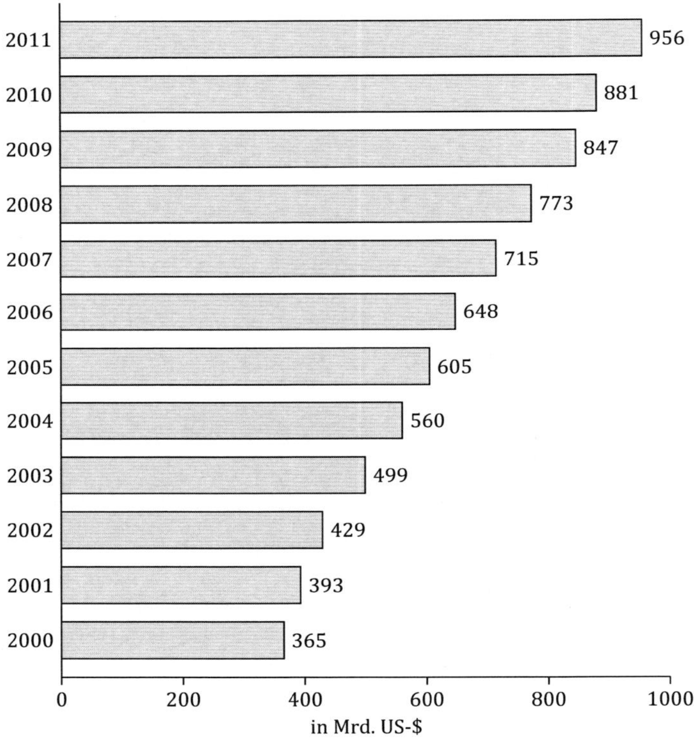

Quelle: Vgl. Verband Forschender Arzneimittelhersteller e. V. (Hrsg.) (2012), S. 20; IMS Health (Hrsg.) (2012).

In der Anfängen der pharmazeutischen Industrie handelte es sich bei den Herstellern und Anbietern von Arzneimitteln oft um Apotheker und Großhändler, die einzelne Medikamente in größeren Mengen herstellten. Anfang bis Mitte des 20. Jahrhundert (Jh.) galt vor allem Deutschland mit Unternehmen wie

272 Vgl. Verband Forschender Arzneimittelhersteller e. V. (Hrsg.) (2012), S. 9; IMS Institute for Healthcare Informatics (Hrsg.) (2012), S. 3, 16.

Hoechst und Bayer, die ihre Wurzeln in der Chemie- und Farbenindustrie haben, als Apotheke der Welt. Heute hingegen wird die pharmazeutische Industrie von einigen wenigen multinationalen, meist US-amerikanischen Konzernen dominiert, von denen viele das Ergebnis mehrerer Fusionen und Übernahmen sind. Bei einigen wie GlaxoSmithKline (s. Abbildung 4.2) oder AstraZeneca lassen sich die Ursprungsunternehmen noch am Namen erkennen.[273]

Abbildung 4.2: Entstehung von GlaxoSmithKline

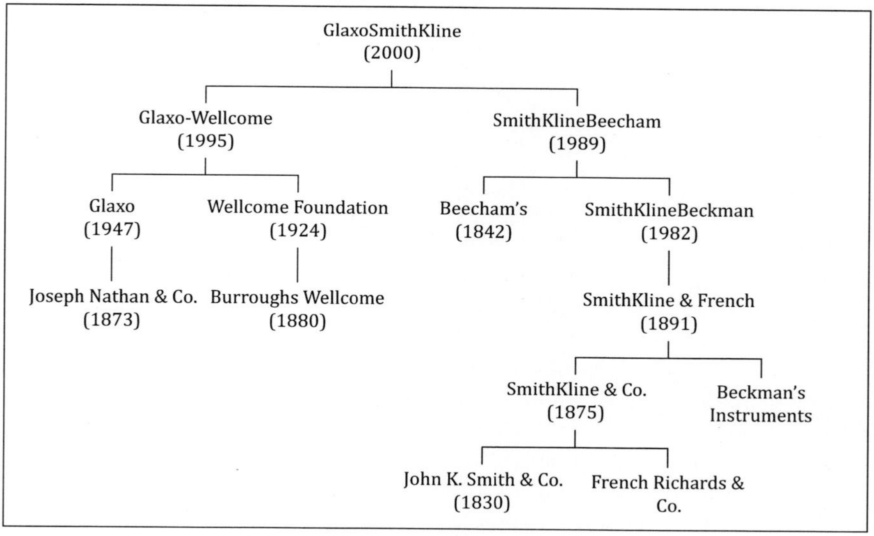

Quelle: Vgl. Chandler, A. D. (2005), S. 250.

Diese Gruppe der führenden Unternehmen (s. Tabelle 4.1) bezeichnet man auch als *Big Pharma*. Obwohl keine einheitliche und trennscharfe Definition des Begriffes existiert, hat er sich inzwischen zum geflügelten Wort entwickelt und bezeichnet die, gemessen am Umsatz rezeptpflichtiger Arzneimittel, größten Pharmaunternehmen.[274] Inzwischen ist die Konzentration so weit fortgeschritten, dass die führenden zehn Unternehmen 59% des gesamten Umsatzes auf sich vereinen.[275] Es existieren zwar noch weitere Ansätze die großen Pharmaunternehmen abzugrenzen, wie bspw. die Gruppe der Big

273 Vgl. Chandler, A. D. (2005); Derdak, T. (Hrsg.) (1988).
274 Vgl. o. A. (2005).
275 Vgl. Cacciotti, J., Clinton, P., Looney, W. (2012), S. 6.

Pharmas anhand ihres Umsatzes noch in *super-heavyweigths, heavyweights* und *middleweights* zu unterscheiden oder aber weitere Kriterien wie aktive Therapiegebiete o. ä. anzulegen. Letztlich ändert das aber wenig an der Rangfolge der Top 10 und der Tatsache ihrer deutlichen Marktdominanz.[276]

4.2 Geschäftsmodell der Pharmaindustrie

4.2.1 Ausgangssituation

Das Geschäftsmodell von Big Pharma basiert im Wesentlichen auf hohen Umsätzen und Gewinnen mit einigen wenigen Arzneimitteln. Die besonders erfolgreichen Arzneimittel mit einem jährlichen Umsatz von min. 1 Mrd. US-$ bezeichnet man als *Blockbuster*. Grundlage ist der Patentschutz, der den Herstellern für die Patentlaufzeit ein Monopol gewährt und so die hohen Gewinne ermöglicht. Nach Ablauf des Patentschutzes erobern innerhalb kurzer Zeit Generikaanbieter den Markt, sodass für die hochpreisigen Originale keine nennenswerten Marktanteile mehr übrig bleiben. Dieser Mechanismus erklärt die Abhängigkeit der Pharmaindustrie von Innovationen und damit die enorme Bedeutung der Forschung und Entwicklung (FuE). So verwundert es auch nicht, dass die Pharmaindustrie zu den mit Abstand forschungsintensivsten Branchen gehört. In einer Unternehmens-Rangliste nach FuE-Aufwendungen finden sich sowohl global als auch in Europa viele Pharmaunternehmen auf den vorderen Plätzen. Die Gewinne der Originalpräparate sind wiederum notwendig, um die hohen FuE-Kosten zu finanzieren. Diese belaufen sich je nach Quelle im Durchschnitt inzwischen auf bis zu 1,5 Mrd. US-$ je neuem Arzneimittel. Zwar sind die reinen FuE-Kosten deutlich niedriger, man darf aber nicht vergessen, dass ein erfolgreiches Präparat eine Vielzahl an Fehlschlägen mitfinanzieren muss.[277]

---

[276] Vgl. Agarwal, S., Desai, S., Holcomb, M. M. u. a. (2001); Rosen, M. (2005); Held, S., Bolte, C., Bierbaum, M. u. a. (2009), S. 9–11.

[277] Vgl. Gassmann, O., Reepmeyer, G., Zedtwitz, M. von (2008), S. 4–10; Held, S., Bolte, C., Bierbaum, M. u. a. (2009), S. 18–19; Grewal, R., Chakravarty, A., Ding, M. u. a. (2008); DiMasi, J. A., Hansen, R. W., Grabowski, H. G. (2003); Schaaber, J. (2005); Morgan, S., Grootendorst, P., Lexchin, J. u. a. (2011); Hüttermann, A. (2011); Hübel, A. (2011); Meinken, C. B. (2011); Storz, U. (2011); Guminski, W. (2008), S. 202; Raasch, C., Schöffski, O. (2008), S. 215–218; Guevara, H. H., Tübke, A., Castello, P. M. P. u. a. (2008), S. 22, 31, 36.

Tabelle 4.1: Top 10 Pharmaunternehmen Global 2012

Rang	Unternehmen	Rx-Umsatz in Mrd. US-$	FuE in Mrd. US-$	Top 3 Produkte in Mrd. US-$
1	Pfizer	57,7	9,1	Lipitor® (9,6) Lyrica® (3,7) Enbrel® (3,7)
2	Novartis	54,0	9,1	Diovan®/Co-Diovan® (5,7) Gleevec®/Glivec® (3,7) Lucentis® (2,1)
3	Merck	41,3	8,5	Singulair® (5,5) Januvia® (3,3) Remicade® (2,7)
4	Sanofi	37,0	6,0	Lantus® (5,0) Lovenox® (2,7) Plavix® (2,6)
5	Roche	34,9	7,9	MabThera®/Rituxan® (6,4) Avastin® (5,6) Herceptin® (5,6)
6	GlaxoSmithKline	34,4	5,8	Seretide®/Advair® (7,8) Fixotide®/Flovent® (1,3) Advodart® (1,2)
7	AstraZeneca	33,6	5,0	Crestor® (6,6) Seroquel® (5,8) Nexium® (4,4)
8	Johnson & Johnson	24,4	5,1	Remicade® (5,5) Procrit®/Eprex® (1,6) Risperdal® (1,6)
9	Abbott	22,4	4,1	Humira® (7,9) Trilipix®/TriCor® (1,4) Kaletra® (1,2)
10	Eli Lilly	21,9	5,0	Zyprexa® (4,6) Cymbalta® (4,2) Alimta® (2,5)

Quelle: Vgl. Cacciotti, J., Clinton, P., Looney, W. (2012).

4.2.2 Entwicklungsprozess eines Arzneimittels

Abbildung 4.3 gibt einen kurzen Überblick über den Weg eines Arzneimittels von der Wiege bis zur Bahre.[278] Einige für die Arbeit besonders relevante Aspekte werden im Folgenden ausführlicher dargestellt. Ausgangspunkt für die Entwicklung eines neuen Arzneimittels ist immer ein sogenannter *unmet medical need*, also eine Erkrankung für die noch Heilungs- bzw. Therapiebedarf besteht.[279] Gelegentlich hilft aber auch der Zufall, wie zum Beispiel bei der Entdeckung des Penicillin oder im Fall von Sildenafil, besser bekannt als Viagra, wo eine Nebenwirkung zur Hauptanwendung wurde.[280]

Eine ganz wesentliche, aber in diesem Zusammenhang oft unterschlagene Basis, ist natürlich die Grundlagenforschung. Diese findet i. d. R. an Universitäten und vergleichbaren Einrichtungen statt und wird überwiegend aus öffentlichen Geldern und privaten Stiftungen finanziert. Hier geht es vor allem darum, die für Krankheiten ursächlichen Prozesse im Körper zu verstehen und darauf aufbauend konzeptionelle Ansätze zur Intervention zu erforschen. Die industrielle Forschung findet zielorientierter statt. Die Motivation ist neben dem reinen Erkenntnisgewinn die Aussicht auf ein Produkt, das sich vermarkten lässt. Aus diesem Grund ist hier auch die Abgrenzung zum Begriff der Entwicklung eher fließend. Entwicklung beginnt also dort, wo die Forschung endet und beschreibt die zielgerichtete Anwendung der durch die Forschung gewonnenen Erkenntnisse zur Erschaffung eines marktfähigen Produktes.[281]

Früher erfolgte die Suche nach geeigneten Wirkstoffen überwiegend nach dem Trial-and-Error-Prinzip. Dies hat sich mit dem Fortschritt der letzten Jahre grundlegend gewandelt. Krankheitsprozesse können heute zunehmend auf molekularer Ebene verstanden werden. Dies erleichtert den Forschern die Suche nach geeigneten Angriffspunkten (sog. *targets*), für die dann am Computer passende Wirkstoffmoleküle designt und mittels biotechnologischer

278 Es sei darauf hingewiesen, dass viele Aspekte hier vereinfacht dargestellt sind und auch nicht auf alle Sonderfälle und Besonderheiten eingegangen wird. Die Darstellung erfolgt nur insoweit es für für die vorliegende Arbeit sinnvoll erscheint.

279 Vgl. Haye, R. de la, Gebauer, A. (2008), S. 105.

280 Vgl. Lieber, D. (2009), S. L-4.

281 Vgl. Held, S., Bolte, C., Bierbaum, M. u. a. (2009), S. 15–16.

Abbildung 4.3: Arzneimittel von der Wiege bis zur Bahre

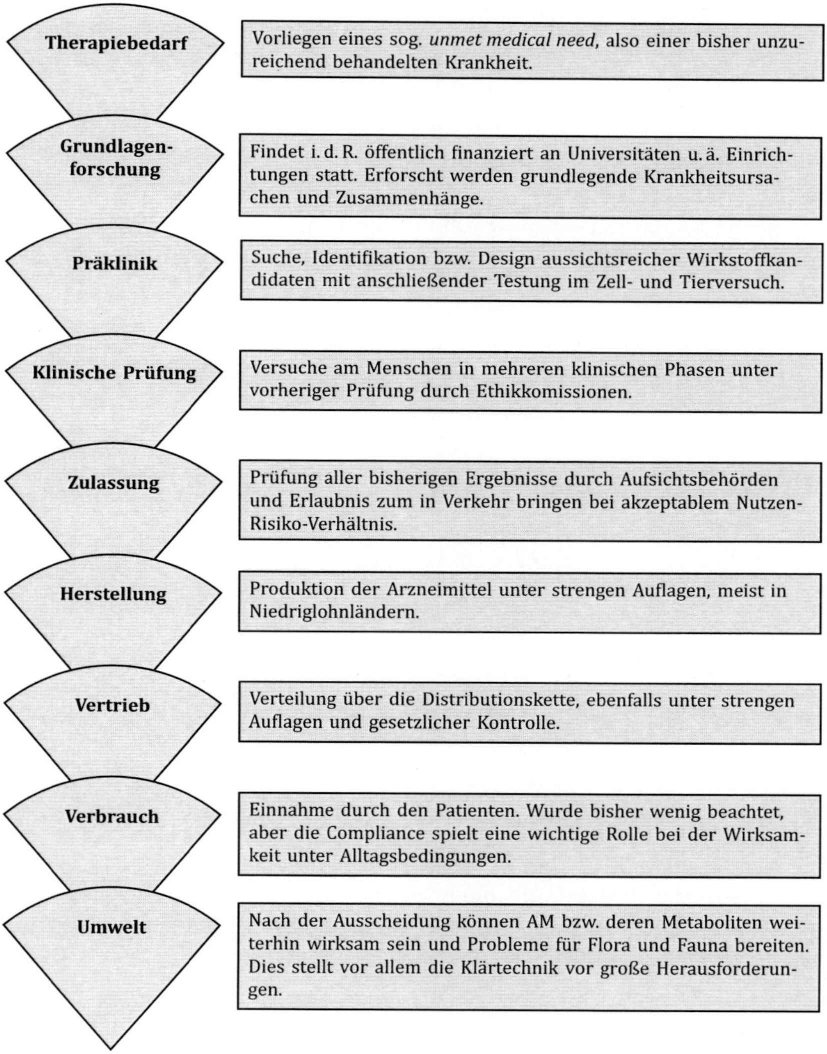

Quelle: Eigene Darstellung.

Verfahren hergestellt werden.[282] Durch automatisierte Screeningverfahren[283] werden anschließend aussichtsreiche Wirkstoffkandidaten identifiziert und zu sog. *Leitsubstanzen* erklärt. Mit den Leitsubstanzen erfolgen dann verschiedene pharmakologische Untersuchungen an Zellkulturen bzw. Tieren (s. Abbildung 4.4). Am Ende der präklinischen Phase bestimmen die Ergebnisse dieser Test dann im Wesentlichen darüber, ob ein angemessenes Nutzen-Risiko-Verhältnis vorliegt und die zuständigen Behörden bzw. deren Ethikkommissionen weitere Untersuchungen an menschlichen Probanden erlauben.[284]

Abbildung 4.4: Pharmakologische Untersuchungen in der präklinischen Phase

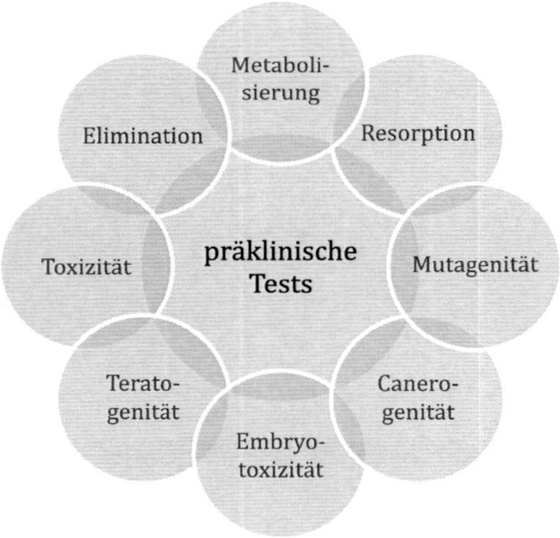

Quelle: Eigene Darstellung nach Haye, R. de la, Gebauer, A. (2008), S. 106.

Ist das Votum der Ethikkommission positiv, so beginnen die klinischen Phasen der Arzneimittelentwicklung. Die folgende Übersicht gibt einen kurzen und stark vereinfachten Überblick.

---

282 Vgl. Gassmann, O., Reepmeyer, G., Zedtwitz, M. von (2008), S. 47.

283 Vgl. Scannell, J. W., Blanckley, A., Boldon, H. u. a. (2012), S. 191; Pereira, D. A., Williams, J. A. (2007).

284 Vgl. Haye, R. de la, Gebauer, A. (2008), S. 105–107.

Phase I In der ersten Phase wird der Wirkstoff zunächst einigen wenigen, gesunden Probanden verabreicht.[285] Dabei beginnt man mit einer zunächst sehr geringen Dosis, um die Verträglichkeit zu überprüfen. Die Probanden werden dabei engmaschig überwacht und es werden viele Einzelmessung durchgeführt. Primärziel dieser Phase ist die Untersuchung von Sicherheit, Verträglichkeit und Pharmakokinetik. Erkenntnisse zur therapeutischen Wirkung und Dosierung fallen nebenbei an.

Phase II In der zweiten Phase kommt der Wirkstoff erstmalig an Patienten zum Einsatz. Ziele sind Erkenntnisse zur Wirksamkeit, der Dosis-Wirkungs-Beziehung und Nebenwirkungen. Für die statistische Aussagekraft wird zudem auf strenge Ein- und Ausschlusskriterien geachtet. Im Anschluss ist eine erneute Vorlage aller bisherigen Ergebnisse bei einer Ethikkommission notwendig, bevor der Wirkstoff in die dritte Phase darf.

Phase III Neben der Prüfung von Wirksamkeit und Verträglichkeit, geht es in der dritten Phase vor allem darum, den Nachweis der Wirksamkeit statistisch abzusichern, weshalb an ausreichend großen Kollektiven getestet wird und wiederum strenge Ein- und Ausschlusskriterien gelten. Darüber hinaus möchte man auch seltene Nebenwirkungen und Risiken entdecken, wobei die Studienbedingungen soweit möglich der späteren Anwendungspraxis entsprechen sollen. Während die Phase III läuft, wird parallel das Zulassungsdossier erstellt.

Phase IV Unter Phase vier Studien werden alle Studien subsummiert, die nach der Zulassung des Medikaments beginnen. Hierbei handelt es sich oft um Studien zur Therapieoptimierung, Identifikation seltener Nebenwirkungen, der Langzeitbewertung und dem Einschluss von Personengruppen die in den vorherigen Studien wegen der statistischen Power ausgeschlossen wurden.

Die Anzahl der Probanden in den einzelnen Studien richtet sich stark nach der Indikation und dem Wirkstoff. Bei seltenen Krankheiten werden einige wenige Probanden ausreichen. Bei Massenindikationen wird man wesentlich

[285] In Ausnahmefällen kann auch schon in der ersten Phase an Patienten getestet werden, wenn es ethisch nicht vertretbar ist, den Wirkstoff wegen seiner Nebenwirkungen an gesunden Probanden zu testen, für Schwerkranke aber dennoch ein positives Nutzen-Risiko-Profil möglich ist.

höhere Fallzahlen in die Studien einschließen müssen, um gegenüber dem gültigen Goldstandard ein mindestens gleichwertiges Nutzen-Risiko-Profil nachweisen zu können. Grundsätzlich müssen alle Studien nach den aktuellen Standards der Zulassungsbehörden durchgeführt werden. Dabei gelten randomisierte, kontrollierte, multi-zentrische Studien als *Goldstandard*.[286]

4.2.3 FuE-Dilemma

Das lange Zeit sehr erfolgreiche Geschäftsmodell der Pharmaindustrie ist jedoch in Gefahr.[287] Ursache dafür ist das FuE-Dilemma oder besser gesagt die nachlassende Effizienz der Arzneimittelentwicklung. Abbildung 4.5 zeigt die Entwicklung der Ausgaben für Forschung und Entwicklung von 1993 bis 2011 und die Anzahl der Neuzulassungen, getrennt nach klassischen Medikamenten und Biologics. Während die Anzahl der Neuzulassungen relativ konstant geblieben ist, haben sich die Kosten mehr als verdoppelt.

Obwohl in der Forschung und Entwicklung von Arzneimitteln in den letzten Jahren und Jahrzehnten enorme Fortschritte erzielt wurden und auch das Verständnis der Prozesse aus administrativer Perspektive verbessert wurde, nimmt die Effizienz ab. Bereinigt um die Inflation hat sich die Anzahl neu zugelassener Arzneimittel pro Mrd. investierter FuE-Dollar seit 1950 alle 9 Jahre halbiert, selbst wenn man den zeitlichen Verzug zwischen Forschung und Zulassung berücksichtigt. In Anlehnung an Moore's Law[288], wird diese Gesetzmäßigkeit auch als Eroom's Law bezeichnet.[289]

---

286 Vgl. Haye, R. de la, Gebauer, A. (2008), S. 107–116.

287 Vgl. Gassmann, O., Reepmeyer, G., Zedtwitz, M. von (2008), S. 1–4.

288 Das Moorsche Gesetz postuliert, dass sich die Anzahl Transistoren auf einem Chip alle zwei Jahre verdoppelt. Vgl. Intel (Hrsg.) (2005).

289 Vgl. Scannell, J. W., Blanckley, A., Boldon, H. u. a. (2012), S. 191.

Abbildung 4.5: FuE-Dilemma

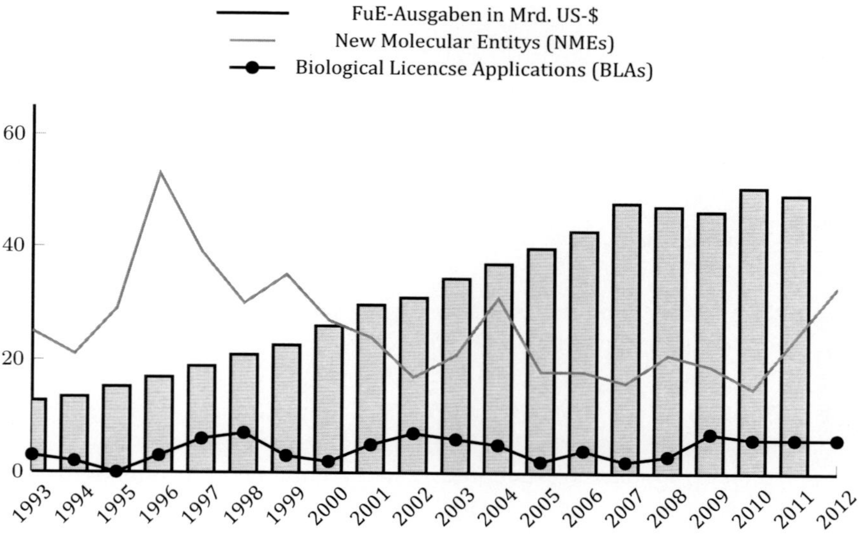

Quelle: Die Angaben beziehen sich auf bei der FDA zugelassene Arzneimittel bzw. freiwillige Angaben der Mitglieder von PhRMA. Da im PhRMA-Verband nicht alle Unternehmen vertreten sind, werden die Angaben zu den FuE-Kosten eher unterschätzt. Vgl. Hughes, B. (2010), S. 90; Mullard, A. (2013), S. 88; Pharmaceutical Research and Manufacturers of America (Hrsg.) (2012), S. 50; Scannell, J. W., Blanckley, A., Boldon, H. u. a. (2012), S. 192.

Abbildung 4.6: Eroom's Law

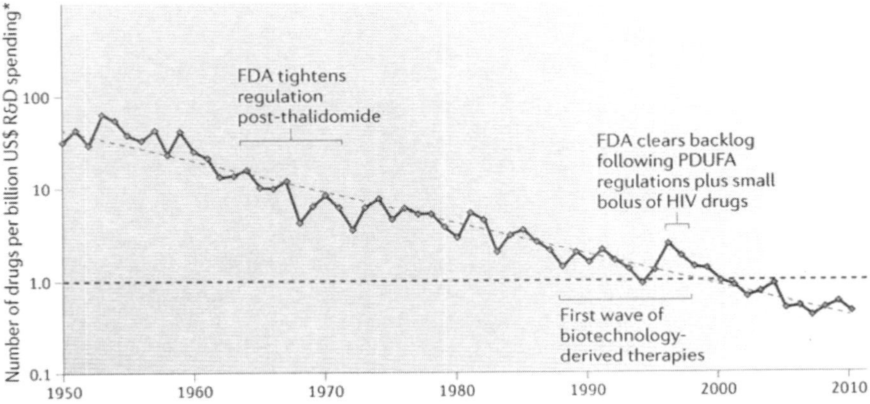

Quelle: Scannell, J. W., Blanckley, A., Boldon, H. u. a. (2012), S. 192.

SCANNELL ET AL. haben in ihrer Analyse vier grundlegende Ursachen für das FuE-Dilemma identifiziert:[290]

The better than the Beatles' problem Hierbei handelt es sich um ein systematisches Problem der Pharmaindustrie. Die Produkte veralten im Prinzip nicht, sondern werden nach dem Patentablauf nur billiger. Das Repertoire zugelassener und erprobter Arzneimittel wird im Zeitablauf also immer größer und erhöht somit automatisch die Hürden für Innovationen in Bezug auf Zulassung, Diffusion und Erstattung. Das ist im Prinzip so, als würden alle Songs der Beatles frei zugänglich und der Musikgeschmack der Menschen würde sich nicht ändern – neue Lieder hätten es sehr schwer erfolgreich zu sein. Der Effekt führt auch dazu, dass Kostenträger i. d. R. die Innovation nur bei Patienten erstatten, die auf Generika nicht ansprechen, was vor allem die Arzneimittelklassen Antidiabetika, Blutdruck- und Lipidsenker sowie Antazida betrifft.

The cautious regulator problem Im Gegensatz zu anderen Branchen ist die Pharmaindustrie ohnehin schon stark reguliert und kontrolliert.[291]

[290] Vgl. Scannell, J. W., Blanckley, A., Boldon, H. u. a. (2012), S. 193–196.
[291] Vgl. Held, S., Bolte, C., Bierbaum, M. u. a. (2009), S. 18–19.

Nimmt die Risikoaversion der Zulassungsbehörden zu, so erhöhen sich die Zulassungskosten und die Wahrscheinlichkeit der Zulassung verringert sich. In Abbildung 4.6 lässt sich dieser Effekt sehr gut erkennen, bspw. in den 60er Jahren nach dem Contergan-Skandal. Außerdem besteht ein enger Zusammenhang zum ersten Problem, denn wenn bereits als wirksam und sicher anerkannte Therapien existieren, wird bei der Nutzen-Risiko-Evaluation neuer Wirkstoffe eher strenger bewertet. Darüber hinaus haben Skandale wie die um Vioxx, Avandia oder Lipobay das Problem noch zusätzlich verschärft, weil in deren Zusammenhang auch die Zulassungsbehörden starker Kritik ausgesetzt waren.

The throw money at it tendency Dieser Aspekt ist vor allem für den Teil der gestiegenen Aufwendungen verantwortlich und beschreibt den Versuch, die Probleme mit höheren Investitionen in die FuE zu lösen. Dies geschieht sicher auch unter dem Druck, als Erster mit einem neuen Medikament am Markt zu sein. Sparmaßnahmen, wie man sie in letzter Zeit bei vielen Big Pharma Unternehmen gesehen hat, könnten kurzfristig die zukünftige Gültigkeit von Eroom's Law ausser Kraft setzen, die langfristigen Folgen sind allerdings noch nicht absehbar.

The basic research – brute force bias Diese Ursache beschreibt die fehlerhafte Vorstellung, dass die enormen Fortschritte in Molekularbiologie und Genomforschung sowie die Massen-Screening-Methoden auch die Wahrscheinlichkeit erhöhen, dass die Wirkstoffe sich dann auch in den klinischen Studien als wirksam und sicher erweisen. Tatsächlich ist die Wahrscheinlichkeit, dass ein chemischer Wirkstoff die klinischen Phasen erfolgreich absolviert, in den letzten 50 Jahren konstant geblieben. Mit den neuen Erkenntnissen und Methoden findet man zwar mehr Wirkstoffkandidaten, kann diese dann aber nicht in mehr neue Medikamente umsetzen.

Darüber hinaus existieren noch einige weitere Gründe für die nachlassende Effizienz. So vermindert die hocheffiziente und optimierte Forschung die Chance auf Zufallsfunde durch iteratives Probieren und Überlegungen der Forscher. SCANNELL ET AL. haben diesen Sachverhalt sehr treffend formuliert: „Opportunities for serendipity are actively engineered out of the system."[292]

[292] Scannell, J. W., Blanckley, A., Boldon, H. u. a. (2012), S. 197.

Ein weiterer Grund ist die gestiegene Teilnehmerzahl in klinischen Studien. Wo in den Anfängen der Arzneimittelprüfung noch gut 100 Patienten ausreichten, sind heute in manchen Fällen schon 30.000 Patienten für Phase III Studien nötig, um die von den Zulassungsbehörden geforderte statistische Power zu erreichen. Immer komplexere Therapieregime in Zusammenhang mit den risikoaversen Zulassungsbehörden und kritischen Kostenträgern führen darüber hinaus zur Notwendigkeit, für viele mögliche Komperatoren einzelne klinische Studien durchzuführen, was wiederum die Anzahl an Studien erhöht. Hinzu kommen verlängerte Entwicklungszeiten. Während in den 50er und 60er Jahren die Entwicklung nur wenige Jahre dauerte, verbringt ein Wirkstoff heute im Schnitt allein 9 Jahre in der klinischen Phase.[293]

4.2.4 Weitere Bedrohungen

Neben dem FuE-Dilemma wird das Big Pharma Geschäftsmodell noch durch weitere Entwicklungen bedroht, die hier kurz zusammengefasst werden. Allen voran nehmen insbesondere national-staatliche Erstattungshürden und Eingriffe in die Preisbildung zu. Die Kostenträger fordern Nachweise der Effizienz und etablieren Maßnahmen der vierten und fünften Hürde, die neue Arzneimittel nehmen müssen, um in den Erstattungskatalog aufgenommen zu werden. Prominente aktuelle Beispiele sind die Ansätze zum *value based pricing* in Großbritannien und das AMNOG in Deutschland. Aber auch einzelne Kostenträger sind deutlich aggressiver geworden und akzeptieren nicht mehr jeden Preis, sondern prüfen genau, welchen Wert sie für ihr Geld bekommen. Wie groß der Druck inzwischen ist, zeigt Abbildung 4.7 sehr eindrucksvoll. Obwohl der Brutto-Umsatz im Lauf der Jahre deutlich gestiegen ist, hat sich der Netto-Umsatz der Hersteller nach Abzug der Rabatte kaum erhöht. Flankiert werden die Maßnahmen durch eine forcierte Verwendung von Generika.[294]

---

293 Vgl. Schmid, E. F., Smith, D. A. (2005), S. 1037; Scannell, J. W., Blanckley, A., Boldon, H. u. a. (2012), S. 198; DiMasi, J. A., Feldman, L., Seckler, A. u. a. (2010).

294 Vgl. IMS Institute for Healthcare Informatics (Hrsg.) (2012), S. 8, 26; BernsteinResearch (Hrsg.) (2008), S. 1; IMS Institute for Healthcare Informatics (Hrsg.) (2011), S. 13; Cacciotti, J., Clinton, P., Looney, W. (2012), S. 8; Stovall, S. (2012), S. 2–3; Egly, H.-J., Fritzsche, S., Milz, T. (2012), S. 14.

Abbildung 4.7: Umsatz- und Rabattentwicklung im deutschen GKV-Markt (in Mrd. Euro)

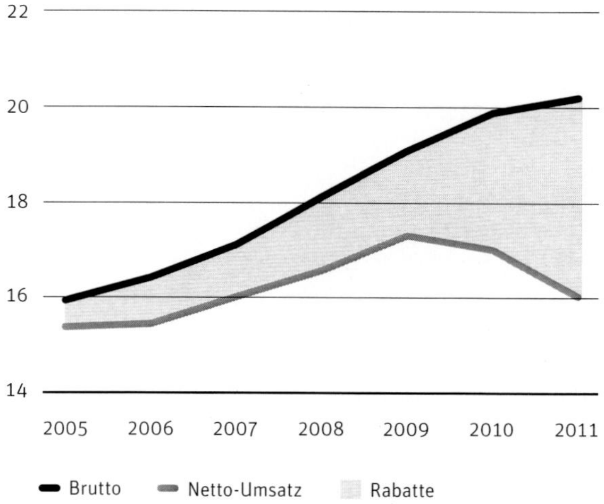

Quelle: Verband Forschender Arzneimittelhersteller e. V. (Hrsg.) (2012), S. 21.

Das zweite große Bedrohungsszenario ist das sog. *patent cliff*. Die Umsatzeinbußen in Folge von Patentabläufen werden von 2012 bis 2016 auf ca. 127 Mrd. US-$ beziffert. Betroffen sind dabei 13 der 20 umsatzstärksten Produkte, davon 7 der Top 10 (u. a. Lipitor®, Plavix®, Advair®Diskus, Crestor®und Nexium®).[295] Eine detaillierte Übersicht der wichtigsten Patentabläufe findet sich in Anhang A. Das eindrucksvollste Beispiel für die Problematik ist nach wie vor Lipitor®von Pfizer, dessen Umsatz zeitweise bis zu einem Drittel des gesamten Unternehmensumsatzes ausmachte. Bis zum Patentablauf konnte die Abhängigkeit zwar reduziert werden, dennoch sorgt der Wegfall eines Blockbusters mit einem Umsatz von ca. 10 Mrd. US-$ auch bei einem Giganten wie Pfizer für Probleme.[296] Wie Tabelle 4.1 zeigt, ist die Situation bei den anderen Unternehmen vergleichbar. Erschwerend kommt hinzu, dass sich die Zeit des effektiven Patentschutzes, also der Zeitraum während das Arzneimittel unter Patentschutz am Markt verfügbar ist, im Lauf der Jahre durch die

[295] Vgl. IMS Institute for Healthcare Informatics (Hrsg.) (2012), S. 3, 24.

[296] Vgl. Cacciotti, J., Clinton, P., Looney, W. (2012), S. 10; Gassmann, O., Reepmeyer, G., Zedtwitz, M. von (2008), S. 8.

längeren Entwicklungszeiten verkürzt hat. Dies geht teilweise sogar so weit, dass wie im Fall von Saquinavir nur noch drei Monate effektiver Patentschutz verblieben.[297]

4.2.5 Mögliche Auswege

Bei den möglichen Auswegen und Lösungsansätzen finden sich zunächst viele Management-Klassiker, wie sie zum Beispiel der CEO von Glaxo-Smith-Kline Andrew Witty nach seinem Amtsantritt umgesetzt hat. Zu nennen sind hier Restrukturierungsprogramme, Kostensenkungsmaßnahmen, Diversifikation des Produktportfolios oder die Konzentration auf Kernkompetenzen.[298]

Viele Unternehmen scheinen ihr Glück in schierer Größe zu suchen, ganz nach dem Motto *too big to fail*. Angesichts der gut gefüllten Kassen der Big Pharmas ist es auch nicht weiter verwunderlich, dass fehlende Umsätze durch Zukäufe kaschiert werden. Tabelle 4.2 zeigt ausgewählte Übernahmen der letzten Jahre, die u. a. auch dafür verantwortlich sind, dass die Top 10 Unternehmen (s. Tabelle 4.1) inzwischen 59% des weltweiten Gesamtumsatzes auf sich vereinen. Die Höhe der Volumina verdeutlicht zudem sehr gut, welch großer Druck auf den Unternehmen lastet, denn Übernahmen und Fusionen dieser Größenordnung sind nicht ohne Risiken. So mahnt der Vorstandsvorsitzende von Roche, Severin Schwan, an: „Most companies think the first thing you have to do after an acquisition is streamlining everything. I have to tell you, this kills innovation."[299] Die Tendenz zur Größe erklärt übrigens auch, warum in den Top 10 der Big Pharmas nur wenige Veränderungen zu beobachten sind.[300]

Große Hoffnung liegt auf dem Wachstum in den Emerging Markets, in diesem Zusammenhang auch oft als *Pharmerging Markets* genannt. Hier liegen die Wachstumsraten oft deutlich im zweistelligen Bereich, wohingegen in den etablierten Märkten nur noch Wachstumsraten im niedrigen einstelligen Bereich

---

[297] Vgl. Harms, F., Rohmann, S., Drüner, M. (2013); Hemphill, C. S., Sampat, B. N. (2012); Guminski, W. (2008), S. 202; Raasch, C., Schöffski, O. (2008), S. 215–218; Gassmann, O., Reepmeyer, G., Zedtwitz, M. von (2008), S. 4.

[298] Vgl. Stovall, S. (2012), S. 2; BernsteinResearch (Hrsg.) (2008), S. 1.

[299] Schwan, S. zitiert nach Weintraub, A. (2009).

[300] Vgl. Cacciotti, J., Clinton, P., Looney, W. (2012), S. 6–7; Agarwal, S., Desai, S., Holcomb, M. M. u. a. (2001), S. 70.

Tabelle 4.2: Bedeutende Übernahmen und Fusionen der letzten Jahre

Jahr	Volumen in Mrd. US-$	Transaktion
1996	30	Fusion von Ciba-Geigy und Sandoz zu Novartis
1998	10	Fusion von Sanofi und Synthelabo zu Sanofi-Synthelabo
1998	37	Fusion von Astra und Zeneca Astra-Zeneca
1999	26	Fusion von Poulenc und Hoechst zu Aventis
2000	90	Fusion von Pfizer und Warner-Lambert zu Pfizer
2000	74	Fusion von Glaxo Wellcome und SmithKlineBeecham zu GSK
2003	60	Übernahme von Pharmacia durch Pfizer
2004	55	Übernahme von Aventis durch Sanofi-Synthelabo
2005	6	Übernahme von Hexal durch Novartis
2006	6	Übernahme von Schering durch Bayer
2007	14	Übernahme von Serono durch Merck (DE)
2009	68	Übernahme von Wyeth durch Pfizer
2009	47	Übernahme von Genentech durch Roche
2009	41	Übernahme von Schering-Plough durch Merck (US)
2011	20	Übernahme von Genzyme durch Sanofi
2011	39	Übernahme von Alcon durch Novartis
2011	7	Übernahme von Cephalon durch Teva
2011	14	Übernahme von Nycomed durch Takeda

Quelle: Vgl. PricewaterhouseCoopers (Hrsg.) (2006), S. 2–3; Welge, M. K., Holtbrügge, D. (2006), S. 416; Cacciotti, J., Clinton, P., Looney, W. (2012), S. 9, 11; Evaluate Pharma (Hrsg.) (2011), S. 24; Evaluate Pharma (Hrsg.) (2012), S. 29.

zu verzeichnen sind. Ein Blick auf die durchschnittlichen Pro-Kopf Ausgaben für Arzneimittel von 609 US-$ in den Industriestaaten zu 91 US-$ in den Emerging Markets, sowie die Verteilung des weltweiten Umsatzes in Abbildung 4.8 zeigt aber, dass es trotz der hohen Wachstumsraten noch einige Zeit dauern wird, bis die Emerging Markets die Umsatzverluste in den Industriestaaten kompensieren können. Davon abgesehen wird der größere Teil des Wachstums in den Pharmerging Markets aus dem Generikasegment kommen und somit nur wenig zur Problemlösung der Big Pharmas beitragen können.[301]

Abbildung 4.8: Verteilung des globalen Arzneimittelmarktes

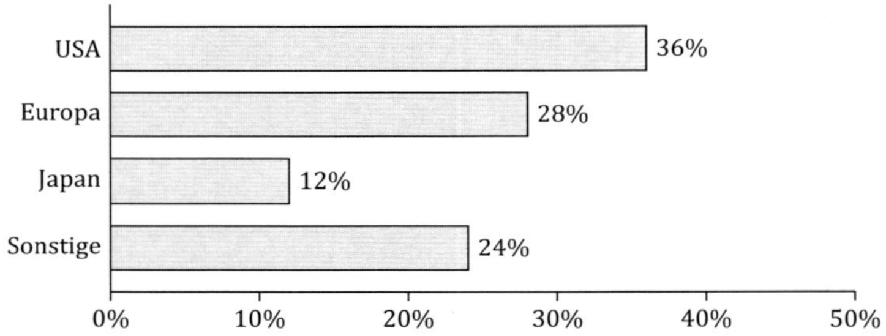

Quelle: Vgl. Verband Forschender Arzneimittelhersteller e. V. (Hrsg.) (2012), S. 20.

Mehr Erfolg versprechen Ansätze zur Lösung des eigentlichen Effizienzproblems. Einer davon ist die Verbesserung des Signal-Rausch-Abstands für Moleküle, welche in die klinische Phase gehen. Zunächst müsste man natürlich herausfinden, aus welchen Gründen Moleküle in den klinischen Phasen scheitern. Anschließend könnte man erforschen, ob typische Fehlerquellen erkennbar sind oder ob das Scheitern völlig zufällig geschieht. In letzterem Fall lässt sich an der Situation nichts ändern, in ersterem jedoch kann das erlangte Wissen in die frühen Stadien des FuE-Prozesses einfließen und so die Erfolgswahrscheinlichkeiten für die Moleküle in den klinischen Phasen erhöhen.[302]

301 Vgl. IMS Institute for Healthcare Informatics (Hrsg.) (2012), S. 6; Stovall, S. (2012), S. 3; BernsteinResearch (Hrsg.) (2008), S. 12–13; IMS Institute for Healthcare Informatics (Hrsg.) (2011), S. 12.

302 Vgl. Scannell, J. W., Blanckley, A., Boldon, H. u. a. (2012), S. 197–199; Financial Times Deutschland (Hrsg.) (2007), S. 28.

Alternativ wird auch immer wieder diskutiert, dass gegenwärtige Konzept der klinischen Studien aufzugeben und schon nach einem frühen *proof of concept* Arzneimittel zuzulassen und deren Wirksamkeit und Sicherheit dann mittels moderner Methoden zur Daten-Analyse sozusagen in freier Wildbahn zu erheben. Viele Wissenschaftler lehnen dies jedoch ab, u. a. mit dem Argument, dass die hohe Versagens-Quote ja gerade zeigt, dass der bestehende Sicherheitsmechanismus gut funktioniert.[303]

Eine weitere Reaktion der Hersteller ist die Konzentration auf Spezialpräparate. Inzwischen gehören 8 von 20 der weltweit führenden Arzneimittel zur Klasse der sogenannten *Biologics*. Ähnlich funktioniert auch die Kombination von Arzneimitteln mit komplementären Diagnostika. In beiden Fällen wird die Komplexität erhöht, um staatlichen Behörden und Kostenträgern Eingriffe in die Preisbildung zu erschweren. Bestes Beispiel ist der Roche-Konzern, der schon lange eine bedeutende Diagnostik-Sparte besitzt. Aber auch andere Big Pharmas positionieren sich durch entsprechend Zukäufe, wie zuletzt Novartis 2011 durch den Kauf von Genoptix für 458 Mio. US-$.[304]

Für Big Pharmas weniger geeignet, aber dennoch interessant ist die Entwicklung alternativer Geschäftsmodelle, wie es kleine, agilere Unternehmen vormachen.[305] Statt alles im eigenen Konzern abzudecken, konzentrieren sich diese Unternehmen darauf, nach Institutionen oder Unternehmen mit aussichtsreichen Wirkstoffkandidaten zu fahnden, anstatt eigene FuE zu betreiben. Die Kernkompetenzen beschränken sich dann auf die Entwicklung bis zur Marktreife, Zulassung und Marketing. Ein Beispiel hierfür ist das Unternehmen Valeant Pharmaceuticals, das mit einem FuE-Budget von 65 Mio. US-$ einen Umsatz von 2,5 Mrd. US-$ generiert. Dies entspricht gerade einmal 0,7% der FuE-Ausgaben von Branchenprimus Pfizer.[306]

---

[303] Vgl. Grove, A. (2011), S. 1679; Carome, M., Wolfe, S. (2011), S. 1346; Borhani, D. W., Butts, J. A. (2011), S. 1346–1347.
[304] Vgl. Cacciotti, J., Clinton, P., Looney, W. (2012), S. 7, 10.
[305] Vgl. Flochel, P. (2012), S. 9.
[306] Vgl. Cacciotti, J., Clinton, P., Looney, W. (2012), S. 8.

4.3 Situation in Deutschland

4.3.1 Bedeutung des deutschen Pharmamarktes

Deutschland ist einer der weltweit wichtigsten Pharmamärkte und innerhalb Europas der mit Sicherheit bedeutendste. Tabelle 4.3 zeigt hierzu ausgewählte Kennzahlen zur Verdeutlichung der Größenordnungen im deutschen Pharmamarkt. Zwar hat sich die Bedeutung im Laufe der Jahrzehnte abgeschwächt[307] und von der *Apotheke der Welt* kann keine Rede mehr sein, dennoch ist Deutschland immer noch der größte Pharmamarkt in der EU und auch immer noch ein bedeutender Produktionsstandort und Wirtschaftszweig. Die chemisch-pharmazeutische Industrie ist die mit Abstand innovativste Branche in Deutschland. Obwohl sie gemessen an Umsätzen oder Beschäftigen im Vergleich zur Autoindustrie oder Maschinenbau eher klein ist, macht sie ca. 10% der Forschungsausgaben der Industrie in Deutschland aus. Im Jahr 2010 investierten die vfa-Mitgliedsunternehmen allein knapp 5,2 Mrd. Euro. Bei der Netto-Wertschöpfung je Beschäftigtem liegt die Pharmaindustrie in Deutschland gegenüber anderen Branchen sogar mit deutlichem Abstand an der Spitze.[308]

Ein weiterer Grund für die Bedeutung war die bisherige Rolle als Referenzpreisland. Wegen der freien Preissetzung und der Marktgrößte wurden Arzneimittel zuerst in Deutschland eingeführt, da andere europäische Länder bei ihrer Preisfindung sich auch am deutschen Listenpreis orientieren.[309] Zuletzt ist Deutschland innerhalb der EU vor allem durch das IQWiG mit seinen strengen Maßstäben zur Nutzenbewertung aufgefallen und hat mit dem AMNOG einen Meilenstein im Umgang mit neuen Arzneimitteln gelegt. Die Tragweite dieser Schritte wird vor allem durch die heftige Kritik seitens der Pharmain-

---

[307] Das der deutsche Markt an Attraktivität verliert, zeigt sich auch in der Exportquote der deutschen Pharmaindustrie. Diese hat sich mit 65,1% in 2011 gegenüber 30,5% in 1995 mehr als verdoppelt. Vgl. Verband Forschender Arzneimittelhersteller e. V. (Hrsg.) (2012), S. 17.

[308] Vgl. IMS Institute for Healthcare Informatics (Hrsg.) (2012), S. 31; Schmitt-Feuerbach, B. (2012); IMS Institute for Healthcare Informatics (Hrsg.) (2012); Institut der deutschen Wirtschaft Köln (Hrsg.) (2011), S. 98; Verband Forschender Arzneimittelhersteller e. V. (Hrsg.) (2012), S. 13, 18.

[309] Vgl. GKV Spitzenverband (Hrsg.) (2013a), S. 10–11.

Tabelle 4.3: Ausgewählte Kennzahlen zum deutschen Pharmamarkt

Leistungsausgaben der GKV (2011)	169 Mrd. €
Arzneimittelausgaben der GKV (2011)	29 Mrd. €
Anteil der Arzneimittelausgaben	17,18%
Pharma- & Biotechnologie-Unternehmen (2011)	1296
Beschäftigte (2012)	105.435
Nettowertschöpfung je Beschäftigtem (2010)	125.100 €
Produktionswert pharmazeutischer Ereignisse (2011)	28 Mrd. €
Exportquote (2011)	65,1%

Quelle: Vgl. Verband Forschender Arzneimittelhersteller e. V. (Hrsg.) (2012); GKV Spitzenverband (Hrsg.) (2013b); Bundesverband der Pharmazeutischen Industrie e.V. (Hrsg.) (2013).

dustrie deutlich, welche durch die Maßnahmen in ganz Europa vor enorme Herausforderungen gestellt wird.[310]

Dass Europa und Deutschland eine eigene Betrachtung verdient haben, verdeutlicht Tabelle 4.4. Der Vergleich zur internationalen Rangfolge lässt erkennen, dass in Europa vor allem lokale Unternehmen dominieren. Dies lässt den Schluss zu, dass Europa kein verkleinerter US-Markt ist, sondern Unternehmen mit örtlicher Nähe zum Markt Vorteile für sich generieren können. Das gilt insbesondere in Bezug auf die Kenntnis rechtlicher Rahmenbedingungen und Besonderheiten der Gesundheitssysteme sowie kultureller Unterschiede.

4.3.2 Rechtliche Rahmenbedingungen

In Deutschland und der EU kommen eine Vielzahl von Steuerungsinstrumenten zur Kontrolle der Arzneimittelpreise zur Anwendung. Tabelle 4.5 gibt einen Überblick zur Wirkebene und Steuerungswirkung. Oft wird eine Kombination der verfügbaren Instrumente eingesetzt, um die Wirksamkeit durch gleichzeitige Beeinflussung von Preis- und Mengenkomponenten zu verlän-

[310] Vgl. Ärzte Zeitung (Hrsg.) (2012).

Tabelle 4.4: Top 10 Pharmaunternehmen Europa 2012

Rang Europa	Rang Global	Unternehmen	Rx-Umsatz in Mrd. US-$	FuE in Mrd. US-$	Top 3 Produkte in Mrd. US-$
1	2	Novartis	54,0	9,1	Diovan®/Co-Diovan® (5,7) Gleevec®/Glivec® (3,7) Lucentis® (2,1)
2	4	Sanofi	37,0	6,0	Lantus® (5,0) Lovenox® (2,7) Plavix® (2,6)
3	5	Roche	34,9	7,9	MabThera®/Rituxan® (6,4) Avastin® (5,6) Herceptin® (5,6)
4	6	GlaxoSmithKline	34,4	5,8	Seretide®/Advair® (7,8) Fixotide®/Flovent® (1,3) Advodart® (1,2)
5	7	AstraZeneca	33,6	5,0	Crestor® (6,6) Seroquel® (5,8) Nexium® (4,4)
6	15	Boehringer Ingelheim	13,8	n/a	Spiriva® (4,4)
7	16	Bayer	12,8	2,0	Betaferon®/Betaseron® (1,4)
8	18	Novo Nordisk	11.5	1,7	NovoLog®/NovoRapid® (2,2)
9	22	Merck KGaA	7,2	1,6	Rebif® (2,2)
10	25	Servier	5,0	1,3	Coversyl® (1,6)

Quelle: Vgl. Cacciotti, J., Clinton, P., Looney, W. (2012), S. 9.

gern. Direkte Maßnahmen betreffen die beteiligten Akteure unmittelbar und sind Steuerungsmaßnahmen im eigentlichen Sinne. Indirekte Maßnahmen versuchen das gewünschte Ergebnis durch marktähnliche Anreize zu erreichen.[311]

Die Anzahl an Reformen und gesetzgeberischer Eingriffe im deutschen Gesundheitswesen sind Legion (s. Abbildung 1.1). Eine Auswahl der wichtigsten Gesetze mit dem stärksten Einfluss in den letzten Jahren soll dennoch kurz vorgestellt werden.[312]

311 Vgl. Rosian, I., Antony, K., Habl, C. u. a. (2001), S. 7–8.
312 Vgl. AOK-Bundesverband (Hrsg.) (2012).

Tabelle 4.5: Staatliche Instrumente zur Steuerung der Arzneimittelausgaben

Steuerungsinstrument	**Wirkungsebene** Preis	Menge	**Steuerungswirkung** direkt	indirekt
Preisfestsetzung	☒	☐	☒	☐
Preismoratorien	☒	☐	☒	☒
Zwangsrabatte	☒	☐	☒	☐
Referenzpreissystem	☒	☐	☐	☐
Arzneimittelbudgets	☐	☒	☐	☒
Positiv- & Negativlisten	☒	☐	☐	☒
Ausschluss Positivliste	☐	☒	☐	☒
Rezeptfreistellung	☐	☒	☐	☒
Selbstbeteiligung	☐	☒	☐	☒
Generikaförderung	☒	☐	☐	☒

Quelle: Vgl. Rosian, I., Antony, K., Habl, C. u. a. (2001), S. 7.

In Deutschland ist die Preisbildung für verschreibungspflichtige Arzneimittel auf den einzelnen Handelsstufen im Arzneimittelgesetz[313] bzw. der Arzneimittelpreisverordnung[314] geregelt. Hier werden vor allem die Margen und Aufschläge für Großhandel und Apotheken geregelt. Wichtiger für die GKV sind allerdings die Herstellerabgabepreise (HAPs) bzw. effektiven Endpreise abzüglich aller Rabatte, da die Kosten der Handelsstufen und die Mehrwertsteuer gerade bei den hochpreisigen Innovationen relativ zum Apothekenverkaufspreis (AVP) eine eher untergeordnete Rolle spielen.

Mit dem GKV-Modernisierungsgesetz im Jahr 2004 wurde die Gründung des IQWiG beschlossen. Man kann dies durchaus als die Geburtsstunde der Nutzenbewertung von Arzneimitteln auf oberster Ebene im deutschen Gesundheitswesen sehen. Ab 2007 wurde der Auftrag des IQWiG mit dem GKV-WSG von der reinen Nutzen-Bewertung zur Kosten-Nutzen-Bewertung erweitert.[315]

313 Vgl. Gesetz über den Verkehr mit Arzneimitteln (2012), §§ 47, 78.
314 Vgl. Arzneimittelpreisverordnung (2013).
315 Vgl. IQWiG (Hrsg.) (2012), S. 1, 3.

Das Arzneimittelversorgungs-Wirtschaftlichkeitsgesetz (AVWG) brachte gleich mehrere wichtige Änderungen mit sich. So entfielen die Arzneimittelzuzahlungen für Patienten, wenn der Preis des Medikamentes min. 30% unter dem Festbetrag liegt. Gleichzeitig wurden die Festbeträge abgesenkt und ein zweijähriger Preisstopp für alle zu Lasten der GKV verordneten Arzneimittel verhängt. Praxis-Software durfte keine bestimmten Anbieter oder Präparate mehr bevorzugen. Und mit der Möglichkeit für Krankenkassen, direkt Rabattverträge mit Arzneimittelherstellern zu vereinbaren, erhielt der Wettbewerb im Arzneimittelmarkt eine neue Qualität.[316]

Die größten Veränderungen für den deutschen Markt aus Sicht der Pharmaindustrie brachte das AMNOG.[317] Neben der frühen Nutzenbewertung neuer Arzneimittel, auf die gleich noch im Detail eingegangen wird, ergaben sich noch folgende Änderungen:

- GKV-Versicherte können gegen Zuzahlung statt eines rabattierten Arzneimittels auch ein teureres AM mit gleichem Wirkstoff beziehen,
- Krankenkassen können abweichende oder ergänzende Rabattverträge mit den Pharmaunternehmen abschließen,
- Pharmaindustrie und Hersteller von Medizinprodukten können an IV-Verträgen beteiligt werden,
- der Apothekenrabatt an Krankenkassen für verschreibungspflichtige Arzneimittel wird für 2011 und 2012 auf 2,05 € festgesetzt, für nicht verschreibungspflichtige Arzneimittel gelten 5% auf den Abgabepreis,
- Neuregelung des Großhandelszuschlags, künftig gelten 70 Euro-Cent pro Packung zzgl. 3,15% auf den HAP, maximal jedoch 20,40 €,
- Einführung eines Referenzpreissystems für Impfstoffe, wobei die Preise die der europäischen Nachbarländer nicht übersteigen dürfen.

Kernelement des AMNOG ist jedoch die frühe Nutzenbewertung aller erstattungsfähigen Arzneimittel mit neuen Wirkstoffen, mit dem Ziel „die rasant steigenden Arzneimittelausgaben der gesetzlichen Krankenkassen einzudämmen."[318] Mit der Umsetzung in §35a SGB V erreicht die Regulierung innovativer Arzneimittel eine neue Qualität. Von dem Prozedere ausgenommen

[316] Vgl. AOK-Bundesverband (Hrsg.) (2012).
[317] Vgl. Gesetz zur Neuordnung des Arzneimittelmarktes in der gesetzlichen Krankenversicherung (2010); Bundesministerium für Gesundheit (Hrsg.) (2012d).
[318] Bundesministerium für Gesundheit (Hrsg.) (2012a).

sind wirtschaftlich unbedeutende Arzneimittel[319] und Arzneimittel, die nur im Krankenhaus verwendet werden. Ebenfalls befreit sind Orphan Drugs, wenn der GKV-Umsatz 50 Mio. € im Jahr nicht übersteigt, anderenfalls ist der Zusatznutzen nachzuweisen. Auch der Bestandsmarkt soll dem Verfahren unterzogen werden, allerdings wird dagegen seitens der Pharmaindustrie juristisch vorgegangen, mit derzeit nicht absehbarem Ausgang.[320]

Zwar bleibt die freie Preissetzung der Hersteller de jure zunächst unangetastet, dennoch erfolgt die Einordnung in eine Festbetragsgruppe, wenn kein Zusatznutzen im Vergleich zur zweckmäßigen Vergleichstherapie festgestellt wird. Falls es noch keine passende Festbetragsgruppe gibt, wird ein Erstattungsbetrag verhandelt, der nicht über den bisherigen Jahrestherapiekosten der Vergleichstherapie liegt. Ist ein Zusatznutzen belegt, verhandeln GKV-Spitzenverband und pharmazeutischer Unternehmer einen Zu- oder Abschlag auf die Kosten der zweckmäßigen Vergleichstherapie. Dieser gilt dann auch für die PKV und Selbstzahler. Kann keine Einigung erzielt werden, entscheidet eine Schiedsstelle. Grundsätzlich besteht auch die Möglichkeit zur Kosten-Nutzen-Bewertung, aber erst nach einem Schiedsspruch oder wenn kein Zusatznutzen festgestellt worden ist.[321]

Ein für die vorliegende Arbeit wichtiges Detail ist die Forderung in §35a Abs. 1, dass der pharmazeutischer Unternehmer (pU) im Rahmen der frühen Nutzenbewertung u. a. auch Angaben über die Kosten der Therapie für die gesetzliche Krankenversicherung beizubringen hat. Damit fordert der Gesetzgeber im Prinzip, dass zu jedem Arzneimittel, das sich der frühen Nutzenbewertung unterziehen muss, auch eine Budget Impact Analyse mitgeliefert wird. Auf den ersten Blick scheint dies keine größere Herausforderung, denn zur Erfüllung der gesetzlichen Auflage würde dem pharmazeutischer Unternehmer auch eine einfache Milchmädchenrechnung genügen. Auf den zweiten Blick wird jedoch deutlich, dass dieses Vorgehen keine plausible Strategie darstellt, denn die Verhandlungen über den Erstattungsbetrag werden immer in Relation zur zweckmäßigen Vergleichstherapie durchgeführt. Der pharmazeutischer Unternehmer hat somit einen starken Anreiz, die BIA zu den Therapiekosten der Innovation und der zweckmäßigen Vergleichstherapie möglichst umfassend durchzuführen, denn letztlich stellen die Therapiekosten der Ver-

[319] Als wirtschaftlich unbedeutend gelten Arzneimittel mit einem GKV-Umsatz von weniger als 1 Mio. € pro Jahr.
[320] Vgl. Mihm, A. (2013).
[321] Vgl. GKV Spitzenverband (Hrsg.) (2013a), S. 1–5, 14.

gleichstherapie eine faktische Untergrenze für den Erstattungsbetrag dar, auf den man sich im Zweifel einigen muss.[322]

4.4 Zusammenfassung

Die gegenwärtige Situation der Big Pharmas erfordert auf jeden Fall eine Anpassung an das veränderte Marktumfeld. Zum einen weil Blockbuster seltener werden und zum anderen weil Kostenträger höhere Hürden für die Erstattung aufbauen.[323] Eroom's Law wird dennoch aus folgenden drei Gründen in den nächsten Jahren aller Wahrscheinlichkeit nach keinen Bestand haben. Erstens führen die laufenden Sparmaßnahmen der Konzerne ceteris paribus zu sinkenden Aufwendungen pro neuem Arzneimittel. Zweitens führt die Gesetzgebung in den USA dazu, dass Biosimilars als neue Arzneimittel zugelassen werden und so die Statistik verzerren. Drittens sind viele Wirkstoffkandidaten in den Pipelines Krebsmedikamente und/oder Orphan Drugs[324], welche von den genannten Problemen kaum betroffen sind.[325] Fraglich bleibt allerdings, ob die veränderte Statistik auch den Unternehmen und ihren Shareholdern etwas nützt.[326]

In der Vergangenheit haben viele Marketingaktivitäten erst um den Zeitpunkt der Zulassung herum begonnen. Inzwischen hat sich das zwar schon etwas gewandelt und es wird in früheren Phasen mit interdisziplinären Teams am Erfolg nach der Zulassung gearbeitet. Allerdings besteht hier auch noch viel Potential, vor allem in Bezug auf die Vernetzung und Rückkopplung in den Entwicklungsprozess. Das Thema Compliance bspw. wird, wenn überhaupt, von vielen Managern erst Monate nach dem Launch angegangen. Gerade im Rahmen der Value-for-Money-Diskussion und mit Blick auf die Wirksamkeit unter Alltagsbedingungen wird dieser Aspekt aber von großer Bedeutung sein.

[322] Vgl. Fünftes Buch Sozialgesetzbuch - Gesetzliche Krankenversicherung (2011).

[323] Vgl. Stovall, S. (2012), S. 2–3; Stubbington, T. (2011), S. 13.

[324] Vgl. Hagn, D., Schöffski, O. (2008).

[325] Bei Orphan Drugs existiert per Definition kein Therapiestandard und es werden keine großen Studien benötigt. Auch in der Onkologie besteht noch sehr viel Heilungspotential, sodass die Zulassungsbehörden hier neue Arzneimittel eher akzeptieren.

[326] Vgl. Scannell, J. W., Blanckley, A., Boldon, H. u. a. (2012), S. 199; IMS Institute for Healthcare Informatics (Hrsg.) (2012), S. 16; BernsteinResearch (Hrsg.) (2008), S. 1.

Bei frühzeitiger Auseinandersetzung mit den Besonderheiten des Erstattungssystems könnten diese bspw. bei der Entwicklung der Applikationsmethode berücksichtigt werden oder auch die Dosierung an bestehende Abrechnungsstandards und Versorgungsrealitäten angepasst werden.[327] Prinzipiell lassen sich solche Anpassungen auch noch nach der Markteinführung eines Arzneimittels durchführen. Problematisch ist jedoch die zeitliche Verzögerung, denn das Datum des Patentablaufs steht fest und jeder Tag bis dahin, an dem das Arzneimittel nicht optimal vermarktet wird, bedeutet entgangene Umsätze. So müssen auch bloße Änderungen an der Packungsgröße erst von den Zulassungsbehörden genehmigt, neue Beipackzettel müssen erstellt und geprüft werden usw. Auch Vertragsverhandlungen mit einzelnen Kostenträgern oder die Einführung gesonderter Abrechnungsziffern dauert viele Wochen und Monate in denen Umsätze unwiederbringlich verloren gehen. Unrühmliche Beispiele für solche Fehler sind das Osteoporose-Medikament Aclasta®von Novartis oder das inhalative Insulin Exubera®von Pfizer.[328] Die Fokussierung auf Spezialpräparate und die Kombination von diagnostischen Tests mit Arzneimitteln werden die Komplexität der Erstattungssituation in Zukunft noch zusätzlich erhöhen.

Allen Unkenrufen zum Trotz erscheint eine Abkehr vom bisher so erfolgreichen Geschäftsmodell kurz- und mittelfristig nur schwer vorstellbar, da auch auf Seiten der Kostenträger bislang keine Veränderung stattgefunden hat. Nach wie vor herrscht hier immer noch eine starke Fokussierung auf Preise

[327] Dies betrifft vor allem Biologics, welche nach dem Öffnen innerhalb kurzer Zeit verabreicht werden müssen. Hier sollten die Packungsgrößen auf den tatsächlichen Bedarf abgestimmt werden, da sonst die verworfenen Mengen zu groß werden, was wiederum beim Kostenträger auf Widerstand stößt.

[328] Bei Aclasta®war der große Vorteil, dass die Infusion nur einmal jährlich verabreicht werden musste. Dabei hatte man jedoch übersehen, dass den Ärzten damit Einkommensverluste gegenüber dem bisherigen Behandlungsstandard mit einer Infusion pro Quartal entstehen und diese das Medikament nicht wie erwünscht verordneten. Exubera®ist in Deutschland zwar in erster Linie wegen einer negativen IQWiG-Bewertung gescheitert, jedoch hatte man sich auch nicht genügend Gedanken um die Abrechnung des Inhalators sowie dessen Akzeptanz bei den Patienten gemacht. Das Produkt wurde nach kurzer Zeit weltweit vom Markt genommen.

und Kosten.[329] Solange aber kein grundlegender Wandel hin zu einer Wertorientierung stattfindet, die den Blick auf die gesamten Systemkosten einer Maßnahme richtet und auch lange Zeiträume betrachtet, besteht für die Hersteller kein wirklicher Anreiz zur Abkehr von bestehenden Strategien.

Letztlich wird es also umso wichtiger, dass die erfolgreichen Wirkstoff-Kandidaten dann auch wirtschaftlich erfolgreiche Arzneimittel werden und so nimmt die Bedeutung jener Unternehmensaktivitäten zu, die für den wirtschaftlichen Erfolg verantwortlich sind.[330] Auf der anderen Seite könnte gerade das heftig kritisierte AMNOG mit seiner Perspektive der Therapiekosten für die GKV neue Impulse zur Abkehr von der reinen Preisfixierung hin zu einem ganzheitlichen Bewertungsansatz leisten.

[329] Ein Beispiel ist der Preisfindungsprozess im AMNOG, der die Preise anderer Länder einbezieht, obwohl diese zunächst gar nichts mit dem Kosten-Nutzwert-Verhältnis eines Arzneimittels in Deutschland zu tun haben. Ein anderes sind die vielen pharmakritischen Äußerungen von Politikern und Funktionären, hier ist immer die Rede von Kosten und Einsparungen und nie von Patientennutzen oder Effizienz. Vgl. hierzu beispielhaft die Kommentare zum Verfahren von Novartis gegen die Nutzenbewertung des Bestandsmarktes bei Mihm, A. (2013).

[330] Vgl. Stubbington, T. (2011), S. 13.

5 Budget Impact Analysen

We would rather be
approximately right
than precisely wrong.

(Warren Buffet)

5.1 Vorbemerkung

In der Literatur werden die Begriffe Budget Impact Analyse (BIA) und Budget Impact Modell (BIM) häufig synonym verwendet und nicht weiter differenziert. Für die vorliegende Arbeit soll daher folgende Festlegung getroffen werden: BIA stellen den Oberbegriff dar, da diese nicht zwingend einen vereinfachende Charakter haben müssen. Auch bedarf es zur Umsetzung nicht unbedingt einem (Computer-)Modell im engeren Sinn. Der Begriff Budget Impact Modell enthält schon durch das Wort Modell die Vereinfachung bzw. Konkretisierung (s. Abschnitt 2.1). Ein BIM stellt folglich also immer eine spezielle Form der BIA dar. Unabhängig von dieser Konkretisierung entstehen im alltäglichen Gebrauch jedoch keine Nachteile bei synonymer Verwendung der Begriffe, da i. d. R. jede ernsthafte BIA den Charakter eines mehr oder weniger komplexen Modells haben wird. Im weiteren Verlauf der Arbeit wird der allgemeine Oberbegriff Budget Impact Analyse zur Beschreibung der Studienform verwendet und Budget Impact Modell immer dann, wenn von konkreten Modellierungen im eigentlichen Sinn die Rede ist.

5.2 Literaturrecherche

Grundlage des folgenden Kapitels sind die Ergebnisse einer systematischen Literaturrecherche, die mit dem Ziel durchgeführt wurde, alle relevanten Artikel zu den theoretischen Grundlagen und Methoden von Budget Impact Analysen zu identifizieren. Dazu wurde folgender Suchterm verwendet: {*„budget impact analysis" OR „budget impact analyses" OR „budget impact model" OR „budgetary impact analysis" OR „budgetary impact analyses"*}. Ein Pretest hat gezeigt, dass die Erweiterung um andere Schreibweisen wie bspw. *budget-impact* oder deutsche Übersetzungen zu keinen zusätzlichen Treffern führt. Auf die vereinzelt auftretende Begriffsalternative *cost consequence analysis* wurde bewusst verzichtet, da diese nur in den Anfängen als Synonym für BIA

Verwendung fand, obwohl der Begriff eine umfassendere Analyseform als die BIA beschreibt.[331]

Tabelle 5.1: Datenbanken-Übersicht der Literaturrecherche Methoden

Datenbank	Einschränkungen	Suchtreffer
Pubmed	nur „humans"	119
Econlit		0
Econbiz		23
Business Source Complete		18
Cochrane Library	nur „Technology Assessment"	10
Scopus	nur „Economics, Econometrics and Finance, Health Professions, Social Sciences, Business, Management and Accounting, Decision Sciences" und ohne „vertinary, conference paper, letter, note, short survey"	38
WISO		7
Web of knowledge	nur „article" und ohne medline	8

Quelle: Eigene Darstellung.

Beim Zeitraum wurde keine Einschränkung gewählt. In allen Datenbanken wurde der Suchraum, wenn möglich, auf die Sprachen Deutsch und Englisch begrenzt. Die Suche wurde am 27.03.2013 letztmalig aktualisiert. Tabelle 5.1 gibt einen Überblick über die verwendeten Datenbanken mit den jeweiligen Einschränkungen und Suchtreffern.

Die insgesamt 223 Suchtreffer wurden zunächst nach Titel und Abstract gesichtet. Dabei wurden zudem alle Treffer in anderen Sprachen als Deutsch oder Englisch entfernt. Ebenfalls ausgeschlossen wurden alle Treffer, bei denen es sich um konkrete Anwendungsfälle und empirische Beiträge handelte oder die für die Fragestellung aus anderen Gründen nicht relevant waren. Die 55 verbliebenen Ergebnisse wurden noch um Dubletten bereinigt, sodass 28 als relevant identifizierte Artikel übrig blieben. Alle Artikel konnten im Volltext beschafft werden. Nach Sichtung der Volltexte wurde ein weiterer Artikel ausgeschlossen, da dieser gegenüber anderen Beiträgen des Autors keine zusätzlichen Informationen enthielt.[332] Aus den Referenzen der gesichteten Artikel konnte zudem ein weiterer relevanter Artikel identifiziert und im Volltext

[331] Vgl. Mauskopf, J. A., Paul, J. E., Grant, D. M. u. a. (1998).

[332] Ausgeschlossen wurde Rutten, F. (2004)The Impact of Healthcare Reform in The Netherlands, in: PharmacoEconomics 22, Suppl. 2, S. 65–71.

beschafft werden. Abbildung 5.1 stellt den Ablauf nochmals graphisch dar. Eine vollständige Übersicht der verwendeten Artikel findet sich in Anhang B.

Abbildung 5.1: Ergebnisse der Literaturrecherche Methoden

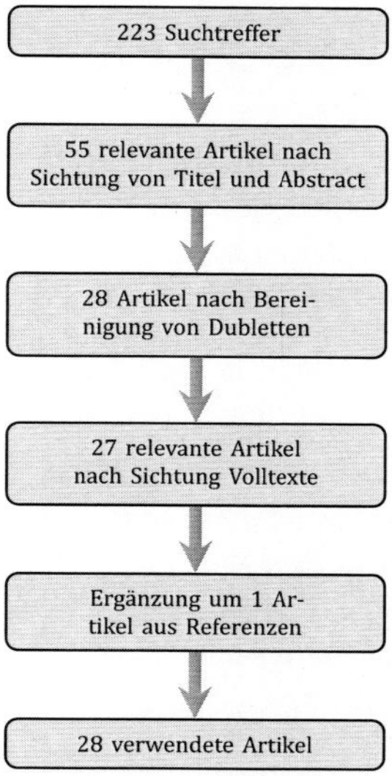

Quelle: Eigene Darstellung.

5.3 Definition und Begriffsabgrenzung

5.3.1 Definitionen

Tabelle 5.2 gibt einen Überblick über die in der Literatur gefundenen Definitionen für BIA. Zunächst einmal kann festgestellt werden, dass sich die Definitionen im Lauf der Jahre stetig weiterentwickelt und an Umfang gewonnen haben. Außerdem fällt die Bandbreite zwischen eher simplen Definitionen, wie bspw. die von NUIJTEN ET AL. (2002), und sehr komplexen Definitionen, wie denen von ORLEWSKA ET AL. (2009) oder GARRATTINI ET AL. (2011), auf.[333] Des weiteren stechen die von MAUSKOPF ET AL. 2005 und 2007 veröffentlichten Definitionen hervor, die sich teilweise wortwörtlich in vielen der zeitlich folgenden Definitionen wieder finden. Der einzig strukturierte und systematische Definitionsvorschlag stammt von GARRATINI ET AL. Über alle Definitionen hinweg besteht hinsichtlich zentraler Aspekte, wie bspw. Zweck, Perspektive, Kostenrahmen und Zeitraum, weitgehender Konsens.

So wird als Zweck die Analyse der finanziellen Konsequenzen der Einführung einer Innovation genannt, konkretisiert als Frage nach der Erschwinglichkeit (affordability). Es fällt auf, dass fast immer von neuen Interventionen bzw. Innovationen gesprochen wird und dabei häufig Arzneimittel als Beispiel oder als alleiniger Untersuchungsgegenstand angeführt werden. Die eigenommene Perspektive ist die eines Kostenträgers oder Entscheiders und die Auswirkungen auf ein Budget unterhalb der volkswirtschaftlichen bzw. gesellschaftlichen Ebene werden untersucht. Diese Spezifität hinsichtlich der Perspektive erstreckt sich über die Definitionen hinweg ebenso auf die zu untersuchende Population, den Zeitraum und den Kontext der Analyse.

Ferner besteht dahingehend Einigkeit, dass es sich um mehr als Milchmädchenrechnungen oder simple Kostenrechnung handelt sowie keine direkte Berücksichtigung des Nutzens erfolgt. Ziel der BIA ist die Ermittlung von Netto-Kosten (true financial impact) durch den Vergleich der gegenwärtigen, realen Versorgungssituation (Referenzszenario) mit einer virtuellen Versorgungssituation (Vergleichsszenario), in der die zu untersuchende Maßnahme zum Einsatz kommt (s. Abbildung 5.2). Dadurch werden auch alle weiteren, durch die Maßnahme verursachten Kosten ebenso berücksichtigt, wie auch Einsparungen, die sich durch die Wirksamkeit der Maßnahme ergeben. Insofern erfolgt auch in einer BIA implizit die Berücksichtigung von Nutzen-Komponenten.

Bezüglich des Untersuchungszeitraums divergieren die verschiedenen Definitionen zwar etwas, als Untergrenze kann allerdings der Zeitraum von einem Jahr gelten und die Obergrenze wird wenig trennscharf als „kürzer als bei einer Kosten-Nutzen-Analyse" beschrieben. Wichtiger ist jedoch ohnehin die Feststellung, dass es sich bei der BIA um eine Betrachtung im Zeitverlauf han-

[333] Nuijten et al. argumentieren in ihrer Studie allerdings selbst, dass die Definition zu einfach ist und der Komplexität der Berechnungen in der Realität nicht gerecht wird. Vgl. Nuijten, M. J. C., Rutten, F. (2002), S. 865.

delt, die auch Diffusionsraten einer Maßnahme berücksichtigen muss. Unabhängig vom gewählten Untersuchungszeitraum verlangen einige Definitionen hinsichtlich der Ergebnispräsentation eine Aggregation in für den Kostenträger relevanten Zeiträumen.

Neben den Gemeinsamkeiten bestehen auch einige Unterschiede und Besonderheiten zwischen den Definitionen. Am auffälligsten ist hierbei sicherlich die Anschuldigung NEUMANNS', der keine Fundierung in der ökonomischen Theorie sieht. Diese ist jedoch nicht haltbar, da COHEN und BROUSELLE sehr wohl zeigen, dass unter Budgetrestriktion die Opportunitätskosten einer Maßnahme von großer Bedeutung für die effiziente Ressourcenallokation sind.[334] Die übrigen Unterschiede bestehen hauptsächlich aus abweichenden Angaben zum Betrachtungszeitraum sowie sprachlichen Nuancen.

Tabelle 5.2: Übersicht Definitionen von BIA

Jahr	Definition
2001	„The definition used in this paper suggests that budget impact analyses will fall somewhere between a simple 1-year accounting model and the costing side of an economic evaluation from a societal perspective, where the latter would take into account all related costs." - Trueman, P., Drummond, M., Hutton, J. (2001), S. 618.
2002	„The budgetary impact of a drug is a product of the potential number of patients multiplied by the treatment duration multiplied by the drug price." - Nuijten, M. J. C., Rutten, F. (2002), S. 865.
2004	„[..] provides insight into the budget impact of the inclusion of the new intervention, addresses the issue of affordability [..]" - Orlewska, E., Mierzejewski, P. (2004), S. 1.
2004	„Measures the budget impact by the product of net cumulative cost of treatment and number of patients in specific populations. [..] to evaluate the true financial impact of a new drug on the provider's budget [..]"- Wang, Z., Salmon, J. W., Walton, S. M. (2004), S. 53.
2005	„[..] a BIA estimates the impact on annual healthcare use and costs for the first, second and subsequent years after the introduction of the new product for a national or health plan population. A BIA provides an estimate of the impact of a drug based on its rate of uptake as well as the magnitude and timing of its impact on healthcare use and costs [..]" - Mauskopf, J. A., Earnshaw, S., Mullins, C. D. (2005), S. 65.

[334] Vgl. Mauskopf, J. A., Sullivan, S. D., Annemans, L. u. a. (2007); Cohen, J., Stolk, E., Niezen, M. (2007); Brousselle, A., Lessard, C. (2011).

Jahr	Definition
2007	„Here, we defined budget impact in terms of the aggregate costs that drug reimbursement and use entail with respect to one part of the healthcare system, pharmaceutical care, or the entire healthcare system, taking into account, where possible, the reallocation of resources across budgets or sectors of the healthcare system." – Cohen, J., Stolk, E., Niezen, M. (2007), S. 728 und „Budget impact analyses estimate the financial consequences of adoption and diffusion of a new drug within a specific healthcare setting, such as a hospital, clinic or private or public insurer." – Cohen, J., Stolk, E., Niezen, M. (2007), S. 729.
2007	„The purpose of a BIA is to estimate the financial consequences of adoption and diffusion of a new health-care intervention within a specific health-care setting or system context given inevitable resource constraints. In particular, a BIA predicts how a change in the mix of drugs and other therapies used to treat a particular health condition will impact the trajectory of spending on that condition." – Mauskopf, J. A., Sullivan, S. D., Annemans, L. u. a. (2007), S. 337 und „The BIA is a means of synthesizing the available knowledge at a particular point in time for a particular decision-maker to provide a range of predictions specific to that decision-maker's information needs based on realistic estimates of the input parameter values." – Mauskopf, J. A., Sullivan, S. D., Annemans, L. u. a. (2007), S. 338.
2007	„[..] BIA say nothing explicitly about health benefits. There is no optimization, no decision rule, no calculation of value, and no grounding in economic theory. They simply quantify the financial consequences of using health-care services (though they may consider benefits indirectly to the extent they capture cost offsets)." – Neumann, P. J. (2007), S. 324.
2008	„Eine Budget-Impact-Analyse ist eine Bewertung der direkten finanziellen Konsequenzen, die mit der Erstattung einer Gesundheitstechnologie in einem speziellen Gesundheitssystem im Zusammenhang stehen." – Koch, K., Dintsios, C.-M., Sawicki, P. T. (2008), S. 299.
2009	„Budget Impact analyses (BIAs) estimate the financial consequences of adoption and diffusion of a new health intervention within a specific healthcare setting or system context. In particular, such analyses predict how a change in the mix of pharmaceuticals and other therapies used to treat a specific disease will impact the trajectory of health spending on that condition. In contrast to a cost-effectiveness analysis (CEA), which measures the value of new interventions in terms of monetary units per additional unit of health benefit (e. g. dollars per QALY gains) to estimate their economic efficiency, BIA serves the very humble, pragmatic goal of examining ‚affordability', the chief concern of health managers everywhere." – Orlewska, E., Gulácsi, L. (2009), S. 808.
2009	„Whereas an economic evaluation allows decision makers to assess the efficiency of a health technology, a budget impact analysis examines the financial impact of the adoption and diffusion of the technology within a particular setting. Thus, a budget impact analysis considers the affordability of a technology. Specifically, a budget impact analysis explores how a change in the current mix of treatment strategies by the introduction of a new technology will impact spending on a disease." – Simoens, S. (2009), S. 2963.

Jahr	Definition
2010	„Budget Impact Analysen [..] werden durchgeführt, um den möglichen Einfluss einer neuen Gesundheitstechnologie (z. B. eines neuen Medikaments) für eine bestimmte Krankheit auf das für dieses Indikationsgebiet zur Verfügung stehende Budget abzuschätzen. Die BIA soll damit eine Aussage darüber ermöglichen, ob eine neue Gesundheitstechnologie gegenüber bestehenden (Behandlungs-)Alternativen finanziell tragbar ist." – Sindern, J., Schröder-Bernhardi, D., Slawik, L. (2010), S. 357.
2011	„BIA estimates the financial consequences of implementing a new intervention in a specific health care context. It offers information upon which to assess budgetary expenditures and the intervention's affordability in a real context. This type of analysis provides information on the opportunity cost associated with an intervention's implementation will require." – Brousselle, A., Lessard, C. (2011), S. 836.
2011	„BIA should be defined as an EE conducted: (1) according to the budget holders' perspective; (2) with a short [time horizon] (<=3 years) and within a clearly specified setting; (3) where results are expressed as an undiscounted cost differences between the new scenario (including the new technology) and the current/reference scenario; (4) taking account of the potential trade-offs in healthcare resources induced by the effectiveness of the new technology, and (5) examining the results using [sensitivity analysis] responsive to the uncertainty surrounding future market developments (like scenario analysis), and easy to understand by budget holders (like the analysis of extremes)." – Garattini, L., Vooren, K. van de (2011).
2011	„Budget impact data from a financial analysis are able to present the impact of an innovation on a national annual drug budget as well as on overall health care budgets. The purpose of a BIA is to estimate the affordability of a new health care intervention for specific health care decision-makers." – Nuijten, M. J. C., Mittendorf, T., Persson, U. (2011), S. 232.

Quelle: Eigene Darstellung.

Abgeleitet aus den vorliegenden Definitionen soll für diese Arbeit folgende Definition gelten:

Eine Budget Impact Analyse ist eine Form der gesundheitsökonomischen Evaluation, welche mit dem Zweck durchgeführt wird, die sich durch hinzufügen oder entfernen einer Maßnahme aus der gegenwärtigen Versorgungssituation ergebenden finanziellen Konsequenzen abzuschätzen.

Die Budget Impact Analyse wird dabei als ein Instrument zur Synthese der besten verfügbaren Evidenz verstanden, deren Ziel nicht die exakte Bestimmung der Budgetauswirkungen ist, sondern vielmehr die Schaffung eines validen Modells, dass dem Nutzer erlaubt, die relativen Auswirkungen seiner Entscheidung zu verstehen.

Umgesetzt wird die Analyse durch die Modellierung zweier Szenarien, wobei das Referenzszenario den Status quo und das Vergleichsszenario eine Simulation der zu treffenden Entscheidung darstellt. Die Modellparameter der Untersuchung werden dabei im konkreten Kontext der Rahmenbedingungen des jeweiligen Entscheiders festgelegt.

Abbildung 5.2: Schematische Darstellung der Budget Impact Analyse

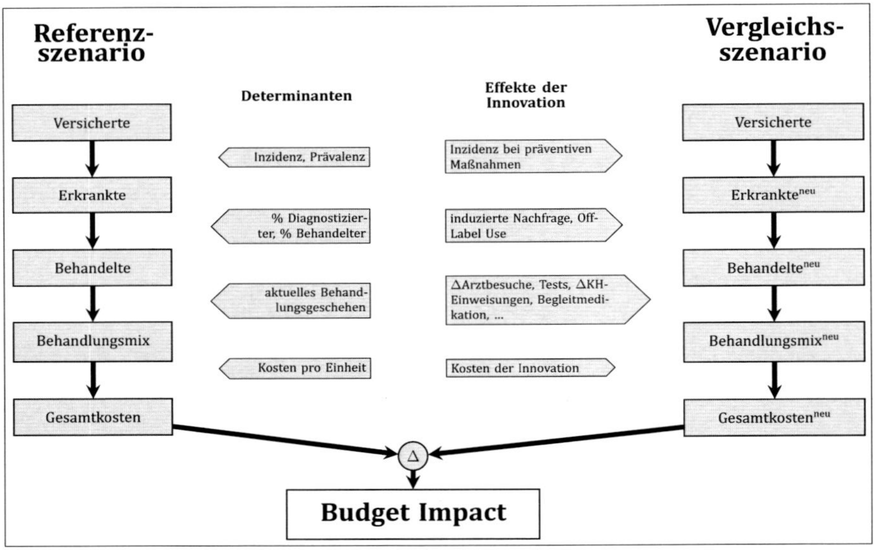

Quelle: Eigene Darstellung in Anlehnung an Mauskopf, J. A., Sullivan, S. D., Annemans, L. u. a. (2007), S. 337.

5.3.2 Verortung

5.3.2.1 HTA und Modelltheorie

Der Bezug von Budget Impact Analysen zum HTA bedarf keiner weiteren Herleitung, er ergibt sich schon aus der Definition. Es wird eindeutig unter Verwendung wissenschaftlicher Methoden auf quantitativer Basis zur Vorbereitung optimaler Entscheidungen beigetragen (s. Abschnitt 3.8). Die Einordnung von Budget Impact Modellen aus modelltheoretischer Sicht ist hingegen nicht ganz so einfach. Streng genommen handelt es sich um deskriptive Prognosemodelle zur Entscheidungsunterstützung. Nach STACHOWIAK sind sie bei den operativen Modellen einzuordnen, denn es handelt sich ohne Zweifel um die Bereitstellung von Entscheidungs- und Planungshilfen (s. Tabelle 2.1). Auch aus OR-Sicht handelt es sich um quantitative Modelle, die entscheidungsunterstützend zum Einsatz kommen. In besonderen Fällen, nämlich dann, wenn die zu untersuchenden Maßnahmen sich in ihrem Nutzen nicht unterscheiden, kann ein BIM auch ein Entscheidungsmodell sein.[335] Dieser Sonderfall dürfte in der Praxis allerdings nur sehr selten anzutreffen sein. Ob Entscheidungsmodell oder nicht, hängt letztlich also von der gewählten Definition und Abgrenzung ab. Im Kontext von HTA, wo es um eine ganzheitliche Bewertung einer Maßnahme geht, ist die Einordnung als Entscheidungsmodell allerdings eher abzulehnen.

5.3.2.2 Studienformen

Möchte man BIA in den Kanon gesundheitsökonomischer Studienformen (s. Tabelle 2.6) einordnen, so stößt man unweigerlich auf einige Schwierigkeiten. Die Frage nach dem Vergleich mehrerer Alternativen kann eindeutig bejaht werden, es handelt sich um eine vergleichende Studienform. Allerdings findet kein Vergleich von einzelnen Maßnahmen, sondern vollständiger Szenarien statt. Fasst man die Definition des vergleichenden Charakters jedoch insofern enger, dass der Vergleich auch zwischen Kosten und Nutzen stattfinden muss, dann folgt für BIAs, dass es sich um eine nicht vergleichende Studienform handelt, da die Betrachtung des Nutzens ja per Definition ausgeschlossen wird.[336]

Nähert man sich nun mit der Frage, ob Kosten und Nutzen (auch ökonomischer Nutzen) untersucht werden, wird es noch komplizierter. Per Definition werden nur Kosten betrachtet. Lehnt man zusätzlich den vergleichenden Charakter ab, dann sind BIAs bei Kostenbeschreibungen einzuordnen. Gesteht

[335] Sofern man die Entscheidung dann allein vom Budget Impact abhängig macht. Im Prinzip entspricht die BIA dann einer Kosten-Kosten-Studie (s. Tabelle 2.6).

[336] Vgl. Cohen, J., Stolk, E., Niezen, M. (2007), S. 729; Mauskopf, J. A., Sullivan, S. D., Annemans, L. u. a. (2007), S. 339; Marshall, D. A., Douglas, P. R., Drummond, M. F. u. a. (2008), S. 481; Schöffski, O. (2012), S. 52.

man ihnen diesen hingegen zu, so handelt es sich um eine Form des Kosten-Vergleichs. Mit dieser Feststellung konfrontiert, würden viele Praktiker, die schon BIAs durchgeführt haben, mit Sicherheit argumentieren, dass diese Einordnung der Komplexität einer BIA nicht gerecht wird.

Da viele Definitionen von BIA auf pharmazeutische Innovationen als Untersuchungsgegenstand abstellen, könnte man aber auch wie folgt argumentieren. Da ein Arzneimittel bei der Zulassung nachweisen muss, gegenüber dem aktuellen Standard nicht unterlegen zu sein, kann man unter gewissen Umständen hinsichtlich der Wirksamkeit Nutzen-Gleichheit annehmen. Dieser Argumentation folgend, wäre die BIA bei den Kosten-Kosten-Studien einzuordnen.[337]

Obwohl eine vergleichende Evaluation ganzer Szenarien durchgeführt wird, handelt es sich dennoch nur um eine partielle Evaluation. Es werden zwar Kosten und Nutzen untersucht werden, jedoch nur jene Kosten- und Nutzenkomponenten, die für den konkreten Kostenträger relevant sind. Angesichts der Widersprüche und Abgrenzungsprobleme ist es letztlich wenig zielführend, die BIA in bestehende Kategorien gesundheitsökonomischer Studienformen einzuordnen. Sinnvoller erscheint es, sie als eigenständigen Baustein in der Bewertung von Maßnahmen im Gesundheitswesen zu positionieren.

5.3.3 Abgrenzung zu Kosten-Nutzen-Analysen

In der Literatur wird auf unterschiedliche Art und Weise versucht, die BIA von der Kosten-Nutzen-Analyse (KNA)[338] und anderen Studienformen abzugrenzen. Die wichtigsten sollen hier kurz vorgestellt werden. Tabelle 5.4 stellt die wesentlichen Unterschiede nochmals übersichtlich dar.

Die Abgrenzung zur Cost-Consequence-Analysis (CCA) ist vergleichsweise klar und einfach. Die CCA stellt alle Kosten- und Nutzeneffekte disaggregiert

337 Vgl. Schöffski, O. (2012), S. 44–45, 52–53.

338 Der Begriff der Kosten-Nutzen-Analyse soll zur besseren Lesbarkeit im weiteren Verlauf allgemein als Oberbegriff für gesundheitsökonomische Evaluationen verstanden werden. Vgl. Schöffski, O. (2012), S. 58–59. Die Gründe hierfür liegen zum einen darin, dass die Feinheiten der Nutzenseite für BIA nicht von Relevanz sind und zum anderen wird in den Ergebnissen der Literaturrecherche ebenfalls keine Differenzierung hinsichtlich der vergleichenden Studienformen vorgenommen.

dar. Die Auswahl der zur Entscheidung relevanten Ergebnisse bleibt dem Entscheider vorbehalten. Die CCA eignet sich aus diesem Grund auch sehr gut als Datenbasis für Kosten-Nutzen-Analysen (KNAs) und BIAs.[339]

Nach TRUEMAN ET AL. und ORLEWSKA ET AL. liegt der Unterschied zur KNA trotz ähnlicher Datenbasis und Methoden vor allem im Umfang der Analyse und der Ergebnisdarstellung. Zusätzlich wird die Unterscheidung auch am Zweck der Untersuchung festgemacht. So beantworten KNAs die Frage nach der Effizienz und BIAs die Frage nach der Erschwinglichkeit. JOHN ET AL. sehen den Unterschied vor allem darin, dass bei KNAs die Kosten und Konsequenzen zeitlich aggregiert untersucht werden. Die BIA zeigt hingegen die Zahlungsströme im zeitlichen Verlauf, was für viele Akteure im Gesundheitswesen von hoher Relevanz ist. Ein typisches Beispiel hierfür sind präventive Maßnahmen, deren Kosten sofort anfallen und deren Nutzen erst in ferner Zukunft zum Tragen kommt. COHEN ET AL. stellen die Unterschiede in der Perspektive im Zusammenhang mit der Ergebnisdarstellung als Abgrenzung heraus. Bei KNAs wird üblicherweise die Perspektive der Gesellschaft gewählt und Inkrementalkosten als Ergebnis präsentiert. Bei BIAs ist es die Perspektive eines Kostenträgers und die Ergebnisdarstellung erfolgt in absoluten Beträgen.[340]

Als weitere Abgrenzungsmerkmale werden der Zeithorizont und der Kostenrahmen genannt. Abhängig von der definitorischen Auslegung nähert oder entfernt sich die BIA dann von der KNA. Der Umfang des Kostenrahmens kann prinzipiell verschiedene Ausprägungen annehmen. Ausgehend von den reinen Anschaffungs- bzw. Implementierungskosten können diese um eine Betrachtung im Zeitverlauf erweitert und um eine Betrachtung veränderter Ressourcenverbräuche ergänzt werden. Bei umfassender Betrachtung von Opportunitätskosten rückt die BIA dann näher an die Programme Budgeting and Marginal Analysis (PBMA).[341] Hinsichtlich der Kostenarten werden bei BIAs i. d. R. nur direkte Kosten berücksichtig, bei KNAs auch indirekte und intangible Kosten.[342]

---

339 Vgl. Wang, Z., Salmon, J. W., Walton, S. M. (2004), S. 53, 55–56.

340 Vgl. Trueman, P., Drummond, M., Hutton, J. (2001), S. 618; Orlewska, E., Mierzejewski, P. (2004), S. 2; Cleemput, I., Neyt, M., Sande, S. V. de u. a. (2012), S. 44–45; Mauskopf, J. A., Sullivan, S. D., Annemans, L. u. a. (2007), S. 337; Neumann, P. J. (2007), S. 324; Koch, K., Dintsios, C.-M., Sawicki, P. T. (2008), S. 299; Orlewska, E., Gulácsi, L. (2009), S. 808; John, J., Leidl, R. (2004), S. 224; Cohen, J., Stolk, E., Niezen, M. (2007), S. 728.

341 Vgl. Trueman, P., Drummond, M., Hutton, J. (2001), S. 614, 618.

342 Vgl. Sindern, J., Schröder-Bernhardi, D., Slawik, L. (2010), S. 357.

Weitere Abgrenzungsmerkmale sind die Modellpopulationen, hier verwenden BIAs reale Größen während die KNAs frei gewählte Kohorten untersucht. Außerdem benötigen BIAs mehr Annahmen als KNAs. Darüber hinaus besteht bei KNAs die Möglichkeit, gegen die Null-Alternative zu testen, während die BIA immer den Status quo als Referenzpunkt hat (s. Abbildung 5.2).[343]

Trotz dieser Vielzahl möglicher Unterscheidungsmerkmale haben NUIJTEN UND RUTTEN schon 2002 gezeigt, wie fließend der Übergang zwischen BIA und KNA sein kann. In ihrer Studie implementieren sie bspw. alle Kostenarten sowie die Perspektiven von Kostenträger und Gesellschaft in einem zweistufigen Prozess und verbinden BIA und KNA in einem gemeinsamen Modell. Bei der gesellschaftlichen Perspektive werden direkte, nicht-medizinische und indirekte Kosten (hier nur der Arbeitsausfall) einbezogen. Auf der ersten Stufe überprüfen sie an ihrem Modell zunächst die Konsistenz von Inzidenzen und Prävalenzen und berechnen den Budget Impact. Anschließend erweitern sie in der zweiten Stufe das Modell um eine KNA. Darüber hinaus konnten sie zeigen, dass die Verknüpfung BIM und KNA neben Synergieeffekten auch zu einer höheren Konsistenz der Analysen führt.[344]

Basierend auf den Ergebnissen NUIJTEN UND RUTTEN stellt sich die Frage, in welcher Reihenfolge BIA und KNA durchgeführt werden sollten. Die Literatur gibt hierzu keine eindeutige Empfehlung. Grundsätzlich könnte man zunächst die kosteneffektiven Maßnahmen identifizieren und anschließend deren Implementierung von ihrem Budget Impact abhängig machen. Genausogut wäre es jedoch denkbar, zunächst die Erschwinglichkeit der Maßnahme zu prüfen und erst dann die aufwändigere KNA durchzuführen.[345] Bei einigen Autoren lässt sich allerdings eine Tendenz zur Abfolge „erst KNA, dann BIA" feststellen.[346] In manchen Ländern ist die Reihenfolge auch vorgegeben. In Kanada bspw. werden BIA nur verlangt, wenn die Bewertung durch die KNA positiv ausgefallen ist und eine Empfehlung zur Aufnahme in den Erstattungskatalog ausgesprochen wurde.[347] Im Gegensatz dazu sollte aus pragmatischen Über-

343 Vgl. Garattini, L., Vooren, K. van de (2011); Cleemput, I., Neyt, M., Sande, S. V. de u. a. (2012), S. 44; Nuijten, M. J. C., Mittendorf, T., Persson, U. (2011), S. 240.

344 Vgl. Nuijten, M. J. C., Rutten, F. (2002), S. 856, 865.

345 Vgl. Orlewska, E., Mierzejewski, P. (2004), S. 2; Wang, Z., Salmon, J. W., Walton, S. M. (2004), S. 56.

346 Vgl. Mauskopf, J. A., Earnshaw, S., Mullins, C. D. (2005), S. 69; Nuijten, M. J. C., Mittendorf, T., Persson, U. (2011), S. 233.

347 Vgl. Marshall, D. A., Douglas, P. R., Drummond, M. F. u. a. (2008), S. 479, 481.

legungen und in Anlehnung an die Studie von NUIJTEN UND RUTTEN eigentlich mit der BIA begonnen werden. Dafür spricht, dass die reine Betrachtung der Kosteneffekte zunächst einmal weniger aufwendig ist, als wenn man auch noch den Nutzen betrachtet. Gleichzeitig erhält man mit der BIA ein Modell, welches sich anschließend problemlos um Nutzenaspekte erweitern lässt.

Tabelle 5.4: BIA und KNA im Vergleich

	Budget Impact Analyse	**Kosten Nutzen Analyse**
Zweck	Erschwinglichkeit (affordability)	Effizienz (value for money)
Perspektive	konkreter Kostenträger oder Entscheider	Gesellschaft, Gesundheitswesen, Patient
Kohorte	tatsächliche Population des Kostenträgers	virtuelle Population
Komperator	aktuelle Versorgungssituation	eine oder mehrere Alternativen
Kosten	direkte Kosten im Budget des Kostenträgers	direkte, indirekte und intagible Kosten
Nutzen	nur indirekt durch Einsparungen	alle Nutzenkomponenten, vor allem patientenrelevante Endpunkte
Systemeffekte	werden bei Budgetrelevanz berücksichtigt, bspw. Marktanteilsverschiebungen	—
Zeithorizont	min. 1-3 Jahre oder bis die untersuchte Maßnahme einen stabilen Marktanteil erreicht hat	unterschiedlich, i. d. R. lang genug um alle Nutzeneffekte zu berücksichtigen
Diskontierung	nicht nötig	in Abhängigkeit vom Zeitraum
Ergebnisdarstellung	Budget Impact in für den Kostenträger relevanten Zeiträumen	ICERs

Quelle: Vgl. Marshall, D. A., Douglas, P. R., Drummond, M. F. u. a. (2008), S. 489; Garattini, L., Vooren, K. van de (2011); Cleemput, I., Neyt, M., Sande, S. V. de u. a. (2012), S. 45.

5.4 Historie

Im Vergleich zu anderen gesundheitsökonomischen Studienformen wurden Budget Impact Analysen trotz ihrer Verbreitung oft vernachlässigt und wenig beachtet. Diese stiefmütterliche Behandlung überrascht angesichts der Tatsache, dass sie bereits seit den 1990er Jahren in einigen Ländern als Ergänzung zu Kosten-Nutzen-Analysen für die Aufnahme von Arzneimitteln in

Erstattungskataloge verlangt wurden. Tabelle 5.5 gibt einen Überblick über den zeitlichen Verlauf, wann in welchen Ländern Budget Impact Analysen für Erstattungsentscheidungen verlangt oder empfohlen wurden. Neben den in der Tabelle aufgeführten Ländern haben auch bspw. Israel, Italien oder Ungarn vergleichbare Leitlinien eingeführt.[348] In Deutschland enthielt bereits das GKV-WSG erste Hinweise auf BIAs, die explizite Forderung erfolgte allerdings erst im Rahmen der frühen Nutzenbewertung durch das AMNOG.[349]

Ein möglicher Erklärungsansatz könnte die oft mangelhafte Qualität gewesen sein. So waren in einer Untersuchung von 95 Erstattungsanträgen aus den Jahren 1996–1999 in British Columbia (Kanada) durch ANIS UND GAGNON BIAs zwar die am häufigsten vertretene Studienform, allerdings auch jene mit den meisten Mängeln[350]. Als Ursachen werden sowohl mangelnde Expertise als auch die unterschätzte Bedeutung vermutet.[351] An der geringen Wertschätzung hat sich im Lauf der Jahre wenig geändert, obwohl der Anteil an BIAs weiter zugenommen hat.[352]

5.5 Untersuchungsgegenstand

Gegenstand von Budget Impact Analysen sind üblicherweise Innovationen, weil vor allem bei deren Neueinführung bzw. Diffusion in ein bestehendes Gesundheitssystem besonderes Interesse an den Auswirkungen auf die verschiedenen Budgets besteht. Grundsätzlich könnte prinzipiell jede Veränderung wie bspw. Abrechnungsmodalitäten, Strukturänderungen oder aber auch die Herausnahme von Leistungen aus einem Erstattungskatalog auf ihre Budgetwirksamkeit hin untersucht werden.[353] Für die Eingangs gewählte Definition wurde daher bewusst der Begriff *Maßnahme* gewählt, um diesem Aspekt

[348] Vgl. Mauskopf, J. A., Earnshaw, S., Mullins, C. D. (2005), S. 67.

[349] Vgl. Neumann, P. J. (2007), S. 324; Marshall, D. A., Douglas, P. R., Drummond, M. F. u. a. (2008), S. 479–480; Orlewska, E., Gulácsi, L. (2009), S. 808; Mauskopf, J. A., Earnshaw, S., Mullins, C. D. (2005), S. 66, 67; Schulenburg, J.-M. Graf v. d., Vauth, C. (2007), S. 793; Gesetz zur Neuordnung des Arzneimittelmarktes in der gesetzlichen Krankenversicherung (2010).

[350] Mängel waren vor allem schlechte Methoden sowie die Industriefinanzierung.

[351] Vgl. Anis, A. H., Gagnon, Y. (2000), S. 61.

[352] Ein Update der Studie von Anis und Gagnon für die Periode von 2001–2007 ergab, dass 50% aller ökonomischen Evaluationen eine BIA enthielten. Vgl. Tarride, J.-E., McCarron, C. E., Lim, M. u. a. (2008), S. 441.

[353] Vgl. Orlewska, E., Mierzejewski, P. (2004), S. 1, 4.

Tabelle 5.5: Übersicht zur Einführung von BIA

Jahr	Land	Anmerkungen & Besonderheiten
1997/2004	UK	1997 erste Tendenzen, ab 2004 verlangen die Leitlinien Informationen über den Netto-Impact durch die Implementierung einer neuen Gesundheitstechnologie
1999/2005	Niederlande	bereits 1999 Richtlinien zur pharmakoökonomischen Evaluation erlassen, die neben der Kosteneffektivität auch die Auswirkungen auf das Budget der staatlichen Gesundheitsversorgung in die Erstattungsentscheidung einbeziehen, seit 2005 für Kostenerstattung verpflichtend
2000	USA	AMCP empfiehlt in ihren Leitlinien Erstellung von BIA
2001	Polen	verpflichtend für neue Arzneimittel
2002	Belgien	verpflichtend für alle Arzneimittel, die in die Erstattung aufgenommen werden wollen
2002	Australien	—
2003	Frankreich	—
2007	Kanada	landesweite Einführung, vorher in einzelnen Provinzen
2011	Deutschland	explizite Forderung im Rahmen des AMNOG

Quelle: Vgl. Cohen, J., Stolk, E., Niezen, M. (2007), S. 728; Cohen, J. P., Stolk, E., Niezen, M. (2008), S. 228; Mauskopf, J. A., Earnshaw, S., Mullins, C. D. (2005), S. 66, 67; Orlewska, E., Mierzejewski, P. (2004), S. 2; Cleemput, I., Neyt, M., Sande, S. V. de u. a. (2012), S. 8; Nuijten, M. J. C., Rutten, F. (2002), S. 856; Koopmanschap, M. A., Rutten, F. F. H. (2003), S48; Marshall, D. A., Douglas, P. R., Drummond, M. F. u. a. (2008), S. 480.

Rechnung zu tragen. Gerade vor dem Hintergrund des AMNOG, wonach auch der Bestandsmarkt einer Nutzenbewertung zugeführt werden kann, könnte auch der Ausschluss nicht kosten-effektiver Arzneimittel mittels BIA auf seine Budgetwirksamkeit hin untersucht werden.[354] Die Tatsache, dass fast ausnahmslos neue Maßnahmen untersucht werden, liegt unter anderem in der Finanzierungsstruktur der GKV. So werden für neue Maßnahmen normalerweise keine zusätzlichen Mittel zur Verfügung gestellt, sondern diese müssen aus dem bestehenden Budget finanziert werden. Folglich müssen Ressourcen neu verteilt und dadurch bestehende Maßnahmen ggf. abgeschafft werden. Selbst wenn diese Kannibalisierung im bestehend Budget wohlfahrtstheoretisch optimal sein sollte, so ist sie doch politisch meist nicht durchführbar.[355] Ursächlich hierfür sind aber auch unterschiedliche gesellschaftliche Zahlungsbereitschaften für neue und alte Maßnahmen.[356]

Nun wird aber nicht jede neue Maßnahme einer BIA unterzogen. In bestimmten Fällen ist dies auch gar nicht sinnvoll. Wenn bspw. eine neue Maßnahme eine alte vollständig ersetzt, dabei günstiger ist und andere Ressourcen nicht tangiert, dann erübrigt sich eine dedizierte BIA. Gleiches gilt für ähnliche gelagerte Fälle, bei denen die Auswirkungen ohne detaillierte Analyse offensichtlich sind. In den polnischen Leitlinien zur Durchführung von BIAs wird dies sogar entsprechend konkretisiert. Hier bestehen Ausnahmen für Arzneimittel, deren Wirkstoff schon erstattet wird (inkl. Generika und Parallel-Importe), sowie für Produkte, bei denen kein relevanter Budgeteinfluss erkennbar ist. Diese sind von der BIA-Pflicht ausgenommen.[357]

Folgende Überlegungen bzw. Kriterien bieten sich an, um über den Einsatz einer BIA zu entscheiden:[358]

- Ersetzungsgrad bestehender Maßnahmen – werden also überhaupt zusätzliche Mittel zur Finanzierung benötigt?
- Auswirkungen auf den Versorgungsalltag – verändert die Innovation andere Ressourcenverbräuche wie Krankenhausbetten oder Arztzeit?

---

354 Vgl. Nuijten, M. J. C., Mittendorf, T., Persson, U. (2011), S. 232.

355 Vgl. Trueman, P., Drummond, M., Hutton, J. (2001), S. 612; Schumann, A., Schöffski, O. (2006).

356 Vgl. Schöffski, O., Schumann, A., Kuhlmann, A. u. a. (2012), S. 136.

357 Vgl. Orlewska, E., Mierzejewski, P. (2004), S. 3.

358 Vgl. Trueman, P., Drummond, M., Hutton, J. (2001), S. 612; John, J., Leidl, R. (2004), S. 221–222, 224, allgemeiner dazu auch Abschnitt 3.4.2 und Tabelle 3.3.

- Größe der Zielpopulation – Massenindikationen bergen größere Risiken für Kostenausweitungen.
- Ökonomische Bedeutung der Indikation oder Innovation – für sehr günstige Maßnahmen in kleinen Indikationsgebieten wäre unter Umständen schon die Analyse selbst unwirtschaftlich.

In der Praxis konzentriert sich das Geschehen in Form einer 5. Hürde zur Kostenerstattung fast ausnahmslos auf innovative Arzneimittel, da diese allgemein als Kostentreiber im Gesundheitswesen gesehen werden. Weil für sie bereits ein sehr gut standardisierter Zulassungsprozess besteht und die Erweiterung um weitere Hürden für die Gesundheitspolitik einfach umzusetzen ist, werden sie bevorzugt gesundheitsökonomischen Evaluationen und HTAs zugeführt. Darüber hinaus sind die Ausgaben bzw. Kosten für Arzneimittel im Vergleich zu anderen Gesundheitsleistungen einfach zu erfassen. Auch die im Rahmen der eigenen Forschungstätigkeit durchgeführten BIA waren bis auf eine Ausnahme für innovative Arzneimittel.[359]

An dieser Stelle entsteht auch der konkrete Bezug der BIAs zur Situation der Pharmaindustrie (s. Kapitel 4). In gewisser Weise existiert hier ein Henne-Ei-Problem. Die starke Fokussierung der 4. und 5. Hürde auf neue Arzneimittel erhöht die Risiken für die Industrie und lässt weniger Produkte in die Erstattung. In der Folge sind die Pharmaunternehmen jedoch gezwungen, mit den verbleibenden erfolgreichen Präparaten die Fehlschläge auszugleichen. Das wiederum ist nur über die Ausweitung von Menge oder Preis möglich. Da die Menge aber grundsätzlich von der Morbidität bestimmt wird und sich der Einflussnahme der Industrie weitestgehend entzieht, bleibt nur der Preis. Höhere Preise wiederum führen bei gegebener Morbidität zu höheren Kosten bei den Kostenträgern, welche ihrerseits die Bestrebungen zur Kostenkontrolle intensivieren werden. Eine Lösung für dieses Dilemma ist in den gegenwärtigen politischen Rahmenbedingungen allerdings nicht abzusehen.

[359] Vgl. Bundesministerium für Gesundheit (Hrsg.) (2012d); Schwabe, U. (2012), S. 10–16; Trueman, P., Drummond, M., Hutton, J. (2001), S. 609; Koopmanschap, M. A., Rutten, F. F. H. (2003), S47; Tarride, J.-E., McCarron, C. E., Lim, M. u. a. (2008), S. 439–440; Orlewska, E., Gulácsi, L. (2009), S. 808, 810; Annemans, L., Cleemput, I., Simoens, S. u. a. (2010), S. 460; Nuijten, M. J. C., Mittendorf, T., Persson, U. (2011), S. 240; Jommi, C., Otto, M., Armeni, P. u. a. (2012), S. 93; Mauskopf, J. A., Earnshaw, S., Mullins, C. D. (2005), S. 77; IQWiG (2009a), S. 9; Orlewska, E., Mierzejewski, P. (2004), S. 4; Cohen, J., Stolk, E., Niezen, M. (2007), S. 727; IQWiG (2011), S. 45–46.

Neben einer Vielzahl von BIA für Arzneimittel existieren aber auch Beispiele für Behandlungsprogramme im Bereich der Depression oder für Screeningmaßnahmen bei HIV.[360] Das NICE beschreibt mögliche Untersuchungsgegenstände unter dem Begriff Gesundheitstechnologien. Dazu gehören Arzneimittel, Medizinprodukte, diagnostische Tests, chirugische Prozeduren, andere therapeutische Technologien und Präventionsmaßnahmen.[361] Zusammenfassend kann festgehalten werden, dass grundsätzliche jede Maßnahme die einem HTA zugeführt werden kann, auch als Untersuchungsgegenstand einer BIA in Frage kommt (s. Abschnitt 3.2).

5.6 Bedeutung

Es setzt sich zunehmend die Erkenntnis durch, dass für ein umfassendes HTA sowohl KNAs als auch BIAs benötigt werden. Die Ergebnisse von KNAs erlauben zwar Aussagen über die Priorisierung von Maßnahmen, nicht aber über ihre Finanzierbarkeit, weshalb in der Praxis eine Kombination beider Studienformen nötig ist. Die zunehmende Nachfrage nach BIA durch viele Kostenträger deutet ebenfalls darauf hin, dass der BI ein wichtiger Einflussfaktor ist. Aber auch bei der Analyse von Erstattungsentscheidungen lässt sich zeigen, dass der BI eine entscheidungsrelavante Größe ist.[362] Ein Beitrag zum Methodenvorschlag des IQWiG bestätigt dies auch für Deutschland: „Auch die beste Technologie muss für die deutschen Kostenträger bezahlbar bleiben. Um diesen Aspekt bewerten zu können, ist eine ökonomische Evaluation erforderlich, die den Einfluss auf die Ausgabenentwicklung prüft."[363]

---

[360] Vgl. Smith, M. W., Barnett, P. G. (2008).

[361] Vgl. Mauskopf, J. A., Earnshaw, S., Mullins, C. D. (2005), S. 67.

[362] Vgl. Trueman, P., Drummond, M., Hutton, J. (2001), S. 610, 612; Koopmanschap, M. A., Rutten, F. F. H. (2003), S47, S49; John, J., Leidl, R. (2004), S. 224; Orlewska, E., Mierzejewski, P. (2004), S. 1–2; Wang, Z., Salmon, J. W., Walton, S. M. (2004), S. 53, 56, 58; Cohen, J., Stolk, E., Niezen, M. (2007), S. 732; Greiner, W. (2007), S. 461, 462; Mauskopf, J. A., Sullivan, S. D., Annemans, L. u. a. (2007), S. 337; Koch, K., Dintsios, C.-M., Sawicki, P. T. (2008), S. 299; Smith, M. W., Barnett, P. G. (2008); Orlewska, E., Gulácsi, L. (2009), S. 808; Simoens, S. (2009), S. 2963; Annemans, L., Cleemput, I., Simoens, S. u. a. (2010), S. 459; Brousselle, A., Lessard, C. (2011), S. 832, 836; Nuijten, M. J. C., Mittendorf, T., Persson, U. (2011), S. 232; Mauskopf, J. A., Earnshaw, S., Mullins, C. D. (2005), S. 66; Schöffski, O., Schumann, A. (2007a), S. 8; Zaric, G. S., O'brien, B. J. (2005); Neumann, P. J. (2007), S. 324; Jommi, C., Otto, M., Armeni, P. u. a. (2012), S. 94.

[363] Vgl. Koch, K., Dintsios, C.-M., Sawicki, P. T. (2008), S. 298.

Trotz der Bedeutungszunahme darf die BIA aber nicht als Ersatz für KNAs verstanden werden, denn der BI allein ist natürlich keine hinreichende Entscheidungsgröße.[364] Daher sind auch Sorgen dahingehend unbegründet, dass Entscheidungen allein auf Grund der Kostenwirkung getroffen werden. Verschiedene Umfragen haben gezeigt, dass die Kosten nur einer von vielen Faktoren sind. Neben der klinischen Wirksamkeit und Sicherheit spielen auch die Schwere der Krankheit, Aspekte der Verteilungsgerechtigkeit oder die Rule of Rescue (RoR) eine Rolle. Werden zu einer Maßnahme gar keine Kosteninformationen gegeben, reagieren viele Entscheider daher ablehnender, als wenn eine Maßnahme mit hohen Kosten ausgewiesen wird. Ohne Angaben zu den Kosten gehen die Kostenträger von einem worst-case für ihr Budget aus, wohingegen sie durchaus bereit sind, zunächst hohe Kosten zu akzeptieren, wenn realistische Aussichten auf zukünftige Einsparungen bestehen.[365]

Vorab ist es ohnehin schwierig abzuschätzen, in welchem Verhältnis Budget Impact (BI) und ICER in die Entscheidung eingehen und welche anderen Parameter eine Rolle spielen. So hat Viagra® (Sildenafil) zum Beispiel ein sehr gutes Kosten-Nutzen-Verhältnis, wird wegen seines hohen BI aber trotzdem nur in wenigen Ländern in die Erstattung aufgenommen. Dem gegenüber stehen onkologische Präparate mit geringem BI aber ICERs jenseits allgemein üblicher Schwellenwerte, die dennoch erstattet werden. Zum Umgang mit diesen widersprüchlichen Aussagen existieren jedoch noch keine allgemein akzeptierten Handlungsempfehlungen. Es gibt auch Stimmen, die argumentieren, dass wegen der unterschiedlichen Fragestellungen im Prinzip auch gar keine Widerspruch existiert. Während bei KNA verschiedene Schwellenwerte bezüglich akzeptabler ICER existieren, kann es für den BI einen solchen Grenzwert gar nicht geben. Hinzu kommt, dass diese Widersprüche in der Realität ohnehin von anderen Entscheidungskriterien überlagert werden.[366]

---

364 Vgl. Anis, A. H., Gagnon, Y. (2000), S. 58; Trueman, P., Drummond, M., Hutton, J. (2001), S. 610; John, J., Leidl, R. (2004), S. 223; Orlewska, E., Mierzejewski, P. (2004), S. 2; Mauskopf, J. A., Sullivan, S. D., Annemans, L. u. a. (2007), S. 337; Marshall, D. A., Douglas, P. R., Drummond, M. F. u. a. (2008), S. 494; Brousselle, A., Lessard, C. (2011), S. 837.

365 Vgl. Smith, M. W., Barnett, P. G. (2008); Annemans, L., Cleemput, I., Simoens, S. u. a. (2010), S. 458, 460; Brousselle, A., Lessard, C. (2011), S. 833; Nuijten, M. J. C., Mittendorf, T., Persson, U. (2011), S. 232; Cleemput, I., Neyt, M., Sande, S. V. de u. a. (2012), S. 17; Cohen, J., Stolk, E., Niezen, M. (2007), S. 728, 729.

366 Vgl. Schöffski, O., Schumann, A. (2007b); Schumann, A., Schöffski, O. (2006); Koopmanschap, M. A., Rutten, F. F. H. (2003), S49; John, J., Leidl, R. (2004), S. 223; Wang, Z., Salmon, J. W., Walton, S. M. (2004), S. 52; Cohen, J. P., Stolk, E., Niezen, M. (2008), S. 230; Mauskopf, J. A., Sullivan, S. D., Annemans, L. u. a. (2007), S. 337; Neumann, P. J. (2007), S. 325; Koch, K., Dintsios, C.-M., Sawicki, P. T. (2008), S. 299; Smith, M. W., Barnett, P. G. (2008).

Für die Bedeutungszunahme der BIA lassen sich zwei Argumente ins Feld führen, nämlich die banale Tatsache, dass für viele Kostenträger ihr Budget wichtiger ist, als die Effizienz aus gesellschaftlicher Perspektive sowie die Bedeutung von Opportunitätskosten zur optimalen Ressourcenallokation unter Budgetbeschränkungen.

Die Ursachen für den Budgetfokus liegen unter anderem darin, dass auch wirksame und effiziente Maßnahmen ein bestehendes Budget sprengen können. Ein Beispiel dafür ist die Empfehlung der Statine in Großbritannien (GB) im Jahr 1997 durch das Standing Medical Advisory Council (SMAC). Diese basierte vor allem auf der damaligen klinischen Evidenz und wurde wegen der fehlenden Berücksichtigung von Effizienz und Finanzierbarkeit heftig kritisiert. Denn selbst als effiziente Maßnahme hätten die Statine bei empfohlener Anwendung 20% des Jahresbudgets beansprucht. Im Alltag ist es jedoch fast immer der Fall, dass Arzneimittel zwar als kosten-effektiv gelten, aber wegen ihres positiven ICER keine Einsparungen, sondern Mehrkosten mit sich bringen. Durch diesen Umstand begründet sich nun auch die Berechtigung für BIAs, denn aus gesundheitspolitischer Sicht ist der BI umso relevanter, als das die Finanzierbarkeit einzelner Leistungen Einfluss auf den Erhalt des Gesamtsystems hat.[367]

Eine weitere Ursache sind die so genannten Budget-Silos. Gemeint ist damit der Effekt, dass Kosten und Nutzen einer Maßnahme häufig in verschiedenen Budgets anfallen und auch selten transferiert werden können. Für viele Entscheider im Gesundheitswesen sind auf politischer Ebene verhandelte, fixe Budgets allerdings Realität mit der Folge, dass diese in ihren Entscheidungsprozessen oft nur das eigene Budget berücksichtigen. BIA lösen an dieser Stelle zwar das Problem der Silos nicht, können jedoch die Verwerfungen zwischen verschiedenen Budgets aufdecken und so frühzeitig Hinweise auf Implementierungshürden für neue Maßnahmen aufzeigen.[368]

Die dritte Ursache liegt in der mangelnden Kongruenz zwischen den Ergebnissen von KNAs und den Interessenlagen der Kostenträger. Hier gilt vor allem

367 Vgl. Cohen, J., Stolk, E., Niezen, M. (2007), S. 732; Trueman, P., Drummond, M., Hutton, J. (2001), S. 610; Greiner, W. (2007), S. 462.

368 Vgl. Trueman, P., Drummond, M., Hutton, J. (2001), S. 610-611; Koopmanschap, M. A., Rutten, F. F. H. (2003), S47; John, J., Leidl, R. (2004), S. 223–224; Neumann, P. J. (2007), S. 324; Brousselle, A., Lessard, C. (2011), S. 835–836; Nuijten, M. J. C., Mittendorf, T., Persson, U. (2011), S. 232; Jommi, C., Otto, M., Armeni, P. u. a. (2012), S. 94.

der der lange Betrachtungszeitraum in KNAs als Hinderungsgrund für ihren Einsatz. Auch an dieser Stelle können BIAs einen Beitrag leisten, um diese Lücke zu schließen und so die Akzeptanz von KNAs fördern.[369]

Das zweite Argument für die Notwendigkeit von BIAs sind die Opportunitätskosten einer Maßnahme. Sie spielen in der Praxis eine wichtige Rolle im Entscheidungsprozess, da die Mittel, welche für ein neues Medikament ausgegeben werden, nicht mehr für andere Maßnahmen zur Verfügung stehen. Effizienz entsteht dann, wenn der Nutzen maximiert *und* die Opportunitätskosten minimiert werden. Theoretisch lassen Opportunitätskosten sogar Vergleiche über das Gesundheitsbudget hinaus zu. In der Praxis ist allerdings bei der Ermittlung der Opportunitätskosten zu berücksichtigen, dass die Preise im Gesundheitswesen durch Regulierung und Monopole beeinflusst sind. Grundsätzlich reicht unter bestimmten Annahmen auch bei Budgetbeschränkung die Betrachtung der ICERs zur Maximierung des Gesundheitsnutzens. Dann könnte man entweder mit einer League Table die Maßnahmen anhand ihrer Kosten-Effektivität bis zum Aufbrauchen des Budgets erstatten oder aber einen Schwellenwert berechnen und alle Maßnahmen unterhalb des Schwellenwerts erstatten. Allerdings sind die dafür nötigen Annahmen – perfekte Teilbarkeit und konstante Skalenerträge – in der Realität nur selten anzutreffen.[370]

Cohen et al. zeigen zudem, dass selbst unter Idealbedingungen bestimmte Effekte dazu führen, dass die Grenzopportunitätskosten einer Maßnahme zunehmen, was wiederum die Betrachtung des BI zur optimalen Ressourcenallokation notwendig macht. Dies kann an folgenden drei Beispielen verdeutlicht werden:[371]

Größe der Patientenpopulation Wenn das neue Arzneimittel Mehrkosten verursacht, dann spielt die Größe der Zielpopulation eine Rolle in der Erstattungsentscheidung, denn ein positives ICER bedeutet, dass die Mittel, die für die aktuelle Maßnahme aufgewendet werden, nicht zur Finanzierung der neuen Maßnahme ausreichen. Als Beispiel kann hier der

369 Vgl. Trueman, P., Drummond, M., Hutton, J. (2001), S. 611; John, J., Leidl, R. (2004), S. 223–224; Smith, M. W., Barnett, P. G. (2008).

370 Vgl. Schumann, A., Schöffski, O. (2006); Cohen, J., Stolk, E., Niezen, M. (2007), S. 730, 732; Annemans, L., Cleemput, I., Simoens, S. u. a. (2010), S. 461; Brousselle, A., Lessard, C. (2011), S. 832, 834, 836; Schöffski, O., Schumann, A. (2007a), S. 7; IQWiG (2009a), S. 7.

371 Vgl. Cohen, J., Stolk, E., Niezen, M. (2007), S. 730–731.

Wirkstoff Clopidogrel®in den Niederlanden angeführt werden. Trotz vorteilhafter Kosten-Effektivität hatte sich das Gesundheitsministerium entschlossen, den Wirkstoff wegen seines hohen potentiellen BI überhaupt nicht in die Erstattung aufzunehmen, obwohl die beratende Behörde eine Aufnahme unter strengen Kriterien für die Anwendung empfohlen hatte.

Unsicherheit Bei der Einführung von Arzneimitteln sind die Kosten-Effektivitäts-Berechnungen meist mit Unsicherheit behaftet. Je nachdem wie hoch diese Unsicherheit ist, könnte sich ein risikoaverser Kostenträger dazu entscheiden, eine Maßnahme nicht in den Erstattungskatalog aufzunehmen, selbst wenn ihr ICER unterhalb des sonst akzeptierten Schwellenwertes liegt. Dieser Effekt verstärkt sich noch, wenn der Druck auf die Kostenträger zur Budgeteinhaltung besonders hoch ist und hohe Gesamtkosten für das Arzneimittel zu erwarten sind.

Krankheitslast Es gibt überzeugende Hinweise darauf, dass bei Erstattungsentscheidungen ein starker Zusammenhang zwischen Krankheitslast und akzeptiertem BI besteht. So werden Arzneimittel mit hohem BI für Indikationen mit geringer Krankheitslast tendenziell häufiger nicht erstattet. Bestes Beispiel hierfür ist Viagra®, das in den Niederlanden wegen seines möglichen hohen BI von der Erstattung ausgeschlossen wurde, obwohl es als sehr kosten-effektiv gilt. In Großbritannien wurde die Erstattung zumindest für eine sehr kleine Subgruppe bewilligt. Weitere Wirkstoffe sind zum Beispiel Vardenafil, Norelgestromin, Orlistat, Terbenafine oder Bupropion. Vor allem so genannte Lifestyle-Medikamente[372] sind betroffen. Das andere Extrem sind Orphan Drugs, deren ICER oft oberhalb allgemein akzeptierter Schwellenwerte liegt, die aber wegen ihres geringen BI dennoch erstattet werden bzw. wo andere Kriterien höher als die Kosten-Effektivität gewichtet werden. Es scheint, dass die Grenzopportunitätskosten mit abnehmender Krankheitslast ansteigen und sich so der Schattenpreis für bestimmte Arzneimittel erhöht.[373]

---

[372] Dazu gehören bspw. Arzneimittel zur Gewichtsreduktion, Verhütungsmittel, Haarwuchsmittel, Hustensäfte, Vitamine oder Nikotinpflaster.

[373] Vgl. Cohen, J., Stolk, E., Niezen, M. (2007), S. 729–730; Nuijten, M. J. C., Mittendorf, T., Persson, U. (2011), S. 232; Simoens, S. (2009), S. 2963.

5.7 Methoden

5.7.1 Allgemein

Die Methoden, nach denen gesundheitsökonomische Evaluationen durchgeführt werden, sind von außerordentlicher Bedeutung. Ohne einheitliche Qualitätsstandards läuft man Gefahr, schlechte Entscheidungen zu treffen und in der Folge knappe Ressourcen zu verschwenden. Für den Nachweis der klinischen Effizienz und für KNAs wurde in den letzten Jahrzehnten die Entwicklung von Richtlinien und Methoden stark vorangetrieben, sodass hier international etablierte Standards existieren. Für BIAs wurde die Entwicklung spezieller Methoden, trotz des steigenden Bedarfs, allerdings vernachlässigt. Glücklicherweise können auf Grund der Eingangs angeführten Gemeinsamkeiten zwischen BIA und KNA die Leitlinien für letztere als Anhaltspunkte zur Entwicklung spezieller Methoden für BIA dienen. Trotz der Fortschritte in den letzten Jahren, sind einheitliche Standards zur Durchführung von BIA bisher nur begrenzt verfügbar und der Prozess der Methodenentwicklung ebensowenig abgeschlossen. Der Großteil bestehender Richtlinien zur Erstellung von BIA ist begrenzt, uneinheitlich und bleibt vor allem bezüglich der finanziellen Analyse meist unklar.[374]

Der erste umfassende Ansatz für ein allgemeingültiges Framework zur Entwicklung von BIA wurde 2001 von TRUEMAN ET AL. vorgestellt.[375] Im Jahr 2007 wurde dann von der International Society for Pharmacoeconomics and Outcomes Research (ISPOR) unter Leitung von Josephine Mauskopf ein sehr umfassendes Framework zur Erstellung von BIA vorgestellt. Der Methodenvorschlag der ISPOR beschreibt jedoch, ähnlich wie die Arbeit von TRUEMAN ET AL., grundlegende und allgemeine Aspekte von BIAs und lässt Länderspezifika aussen vor.[376] Diese Flexibilität ist auch sinnvoll, da zu enge Vorgaben für BIAs nicht zielführend sind. Ihr Nutzen entfaltet sich ja gerade in der An-

---

[374] Vgl. Orlewska, E., Mierzejewski, P. (2004), S. 1–2, 8; Nuijten, M. J. C., Mittendorf, T., Persson, U. (2011), S. 232, 240; John, J., Leidl, R. (2004), S. 222; Schulenburg, J.-M. Graf v. d., Vauth, C. (2007), S. 790–791; Marshall, D. A., Douglas, P. R., Drummond, M. F. u. a. (2008), S. 479–480, 490; Mauskopf, J. A., Earnshaw, S., Mullins, C. D. (2005), S. 66, 67; Trueman, P., Drummond, M., Hutton, J. (2001), S. 612–614; Mauskopf, J. A., Sullivan, S. D., Annemans, L. u. a. (2007), S. 337–338; Orlewska, E., Gulácsi, L. (2009), S. 808.

[375] Vgl. Trueman, P., Drummond, M., Hutton, J. (2001).

[376] Vgl. Mauskopf, J. A., Sullivan, S. D., Annemans, L. u. a. (2007).

passung an lokale, spezifische Budgets. Daher reicht die Beschränkung auf grundsätzliche gute Praktiken und Handlungsanweisungen für den Umgang mit besonders kritischen Parametern.[377]

Die Lücke füllen dann die Leitlinien der einzelnen Länder, die überwiegend auf den ISPOR-Leitlinien aufbauen und um konkrete Anforderungen der jeweiligen Nationalstaaten ergänzt werden. Außerdem werden häufig zusätzlich Anforderungen aus bereits bestehenden Leitlinien anderer Länder adaptiert. Die ersten ausführlicheren Leitlinien stammen vom PBAC in Australien.[378] Die polnischen Leitlinien wurden von ORLEWSKA ET AL. entwickelt.[379] Diese machen sehr spezifische Vorgaben zu den Methoden und vereinen die besten Ansätze aus allen bis dahin vorhandenen Leitlinien. So entstammen bspw. der epidemiologische Ansatz, die Vorgaben zum Zeithorizont und die Berechnungsformeln aus den australischen Leitlinien. Die Berechnungen für den Einfluss auf das Leistungsgeschehen wiederum wurden beim NICE entliehen.[380] Bei der Entwicklung der kanadischen Leitlinien wurde, basierend auf den bisherigen Erfahrungen, der Ansatz verfolgt, zunächst die Anforderungen an die Leitlinien festzulegen.[381] Hierbei standen folgende Aspekte im Vordergrund:

- auf Benutzerfreundlichkeit, Einfachheit und Interaktivität achten;
- ein Grundmodell entwickeln, das von der Industrie gerne verwendet wird;
- keine Eingangsdaten verlangen, die noch gar nicht vorliegen können;
- strenge und eindeutige Vorgaben machen;
- Verständlichkeit gewährleisten, vor allem seitens der Entscheider;
- Spezifität für einzelne Zuständigkeitsbereiche schaffen.

Die gegenwärtig umfangreichsten Leitlinien kommen aus Belgien. Neben dem hohen Detailgrad werden sogar Quellen und Annahmen für bestimmte Eingangsdaten vorgeben und Berechnungsbeispiele zur Kostenerfassung gemacht. Entsprechend stark sind diese auf das belgische Gesundheitswesen begrenzt. Der allgemein Teil zu BIA ist zwar sehr ausführlich, erfolgt allerdings

---

[377] Vgl. Trueman, P., Drummond, M., Hutton, J. (2001), S. 614.

[378] Vgl. Marshall, D. A., Douglas, P. R., Drummond, M. F. u. a. (2008), S. 490; Trueman, P., Drummond, M., Hutton, J. (2001), S. 613.

[379] Vgl. Orlewska, E., Mierzejewski, P. (2004).

[380] Vgl. Mauskopf, J. A., Earnshaw, S., Mullins, C. D. (2005), S. 67; Mauskopf, J. A., Sullivan, S. D., Annemans, L. u. a. (2007), S. 338.

[381] Vgl. Marshall, D. A., Douglas, P. R., Drummond, M. F. u. a. (2008), S. 480.

auch nur in Form einer Erweiterung und Spezifizierung der allgemeinen Methoden zur gesundheitsökonomischen Evaluation.[382] Eine Überarbeitung der ISPOR Leitlinien findet gegenwärtig statt, die endgültigen Ergebnisse werden jedoch nicht mehr vor Abschluss dieser Arbeit vorliegen und können daher nicht berücksichtigt werden.

Da für Deutschland noch keine speziellen Leitlinien zur Erstellung von BIAs vorliegen, soll im weiteren Verlauf der Arbeit neben einer Zusammenfassung des aktuellen Standes der internationalen Leitlinien auch eine Spezifizierung hinsichtlich der Besonderheiten des deutschen Gesundheitswesens erfolgen. Die Ergebnisse stellen dann eine Empfehlung für die Durchführung von BIA in Deutschland dar. Das methodische Vorgehen orientiert sich dabei an der Leitlinienentwicklung in Polen, Kanada und durch die ISPOR.[383] Die Systematik des Ablaufs erfolgt in Anlehnung an die Entwicklung einer Budget Impact Analyse (s. Abbildung 5.3). Für die Konkretisierung im Kontext deutscher Erstattungsentscheidungen werden zudem die Allgemeinen Methoden sowie die Arbeitspapiere zur Kostenbestimmung und Modellierung des IQWiG berücksichtigt.[384] Auf die Wiedergabe allgemein bekannter Konzepte und Methoden in Länge und Breite wird bewusst verzichtet, da der Fokus auf den Spezifika von Budget Impact Analysen und Budget Impact Modellen liegt.

5.7.2 Auftraggeber, Finanzierung und Durchführung

Als Auftraggeber einer BIA kommen grundsätzlich die Arzneimittelhersteller selbst, HTA-Organisationen, Zulassungsbehörden bzw. zentrale Einrichtungen, die über die Aufnahme von Arzneimitteln in einen Erstattungskatalog entscheiden, sowie jeder einzelne Kostenträger einer Maßnahme in Frage. In der Praxis überlassen viele Länder die Durchführung den Anbietern bzw. Herstellern. So sehen zum Beispiel auch die polnischen Leitlinien den Anbieter als Verantwortlichen für die Erstellung einer BIA. Andere Länder, wie die Niederlande führen aber auch eigene Analysen durch. Die Verantwortung für die BIA den Herstellern zu überlassen, hat jedoch auch den Nachteil, dass die

---

[382] Vgl. Cleemput, I., Neyt, M., Sande, S. V. de u. a. (2012).

[383] Vgl. Marshall, D. A., Douglas, P. R., Drummond, M. F. u. a. (2008); Orlewska, E., Mierzejewski, P. (2004); Mauskopf, J. A., Sullivan, S. D., Annemans, L. u. a. (2007).

[384] Vgl. IQWiG (2009a); IQWiG (2009b); IQWiG (2011).

Abbildung 5.3: Ablauf einer Budget Impact Analyse

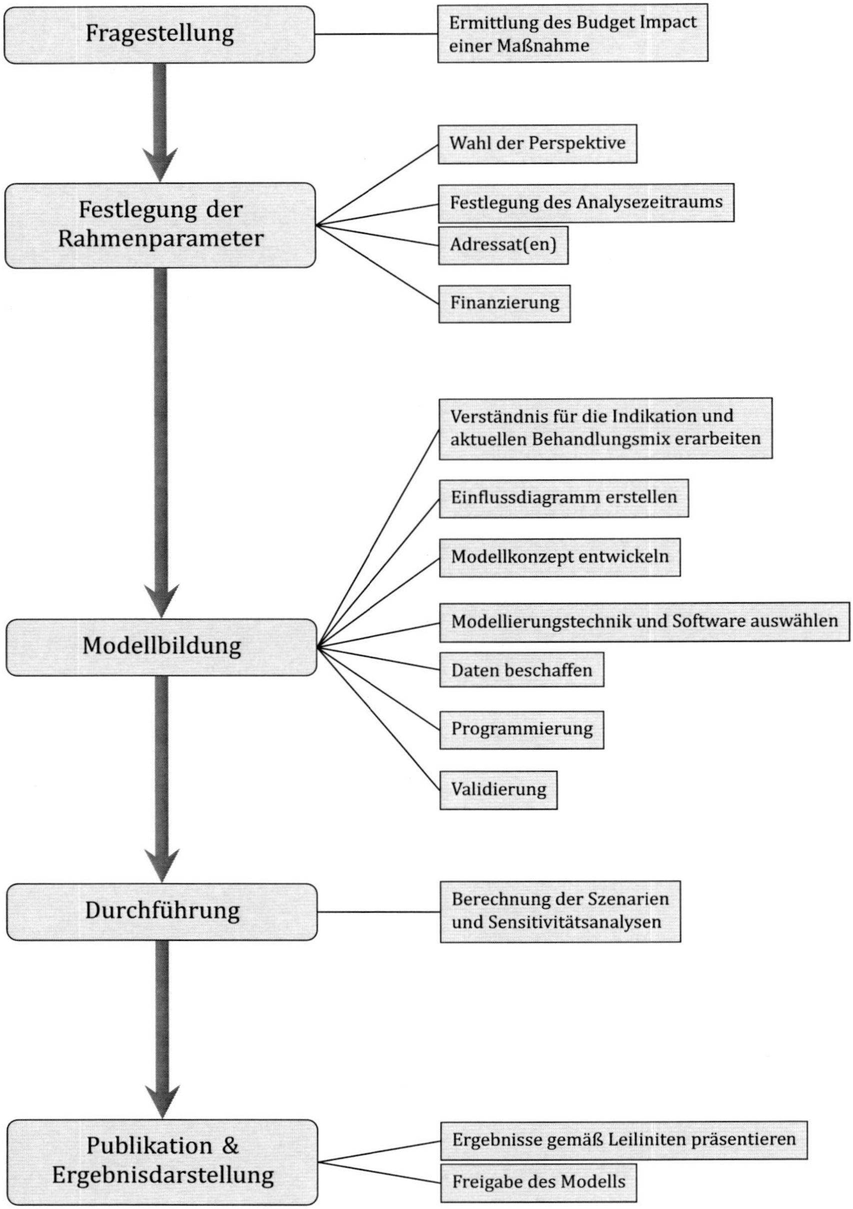

Quelle: Eigene Darstellung.

Glaubwürdigkeit der Ergebnisse leidet. Dies führt in aller Regel zu verminderter Akzeptanz bei den Adressaten.[385]

Ganz ähnlich ist die Situation bei der Finanzierung. So werden in den polnische Leitlinien die Kosten der Durchführung dem Anbieter auferlegt. Ein systematischer Review von ORLEWSKA ET AL. kam zu dem Ergebnis, dass 58% der untersuchten BIAs durch die Industrie finanziert waren. Aber auch die Finanzierung von gesundheitsökonomischen Evaluationen durch die Industrie wird von vielen Entscheidern kritisch gesehen, fürchten sie doch Einfluss auf Validität, Umsetzung und Ergebnisse. Daran können auch Richtlinien für industriefinanzierte Modelle nur wenig ändern, da ein gewisses Grundmistrauen immer bleibt.[386]

Obwohl die Kostenträger die Analysen also eigentlich besser selbst finanzieren sollten, so erklärt sich bei näherer Betrachtung, warum diese gerne ausgelagert werden. Neben der eigentlichen Analyse fallen natürlich zusätzliche Kosten für administrative Prozesse und das Projektmanagement an. Dies bei den Herstellern abzuladen erscheint dann der bequemere Weg zu sein. Außerdem hält sich der Kostenträger die Option offen, nicht genehme Ergebnisse anzuzweifeln, was bei Eigenproduktionen wesentlich schwerer wäre. Es sollte jedoch auch berücksichtigt werden, dass letzten Endes die Kosten auf die eine oder andere Art vom Kostenträger übernommen werden, wenn der Hersteller seine Mehrkosten auf die Preise seiner Produkte aufschlägt. Neben diesen finanziellen und politischen Aspekten, hat die Durchführung durch den Anbieter dennoch einen ganz entscheidenden Vorteil. Da die Bereitstellung von Informationen zur Entscheidung ohnehin zeitkritisch ist, wäre es wenig sinnvoll, die Evaluationen erst nach Antragstellung durch den Anbieter zu vergeben. Der Hersteller aber kann schon lange vor dem Antrag auf Erstattung mit der Entwicklung von KNA und BIA beginnen, da er zu seinem Produkt einen Wissensvorsprung hat.

Während es also für die Verantwortung und Finanzierung durchaus plausi-

---

[385] Vgl. Schulenburg, J.-M. Graf v. d., Vauth, C. (2007), S. 791; Mauskopf, J. A., Sullivan, S. D., Annemans, L. u. a. (2007), S. 337–338; Neumann, P. J. (2007), S. 325; Orlewska, E., Mierzejewski, P. (2004), S. 4; Wang, Z., Salmon, J. W., Walton, S. M. (2004), S. 56; Zaric, G. S., O'brien, B. J. (2005), S. 793–794; Neumann, P. J. (2007), S. 325; Marshall, D. A., Douglas, P. R., Drummond, M. F. u. a. (2008), S. 494.

[386] Vgl. Orlewska, E., Mierzejewski, P. (2004), S. 3, 4; Orlewska, E., Gulácsi, L. (2009), S. 810; Brousselle, A., Lessard, C. (2011), S. 835; Brennan, A., Akehurst, R. (2000), S. 447.

ble Gründe gibt, diese dem Anbieter zu überlassen, sieht die Situation bei der Durchführung anders aus. Zwar wird in der Mehrzahl aller Länder auch die Durchführung von Analysen und insbesondere Modellierungen den Anbietern überlassen oder auferlegt, die Qualität der Ergebnisse lässt dann jedoch stark zu wünschen übrig, mit meist negativen Folgen für das Produkt. Die Unternehmen sind also gut beraten, wenn sie die Durchführung unabhängigen wissenschaftlichen Institutionen überlassen. Dadurch kann auch in Grenzen dem Mistrauen der Adressaten entgegen gewirkt werden. Außerdem erhöhen sich die Chancen, dass die etablierten Methoden eingehalten werden und sich in der Folge die valideren Ergebnisse positiv auf den Erfolg des Produktes auswirken.[387]

5.7.3 Adressaten und Perspektive

Als Adressaten kommen prinzipiell auch alle in Tabelle 3.1 genannten Adressaten von HTA in Frage. Der wichtigste Adressat sind jedoch die Kostenträger einer Maßnahme, denn sie haben ein direktes wirtschaftliches Interesse an den Informationen über die Budgetauswirkungen neuer Produkte. Die Gruppe der Kostenträger lässt sich zunächst in staatliche und private Institutionen unterscheiden. Auf staatlicher Seite wiederum kommen sowohl die Kostenträger selbst als auch ausgelagerte Institutionen wie das NICE oder IQWiG als Adressat in Frage. Im privaten Sektor sind es entweder private Krankenversicherer oder aber kleinere Einheiten wie zum Beispiel Praxisnetze welche Budgetverantwortung übernommen haben. In Polen ist der Adressat der Gesundheitsminister, in Australien das PBAC und die Regierung und in den USA Managed Care Organisationen und vergleichbare Gesundheitsdienstleister.[388]

In Abhängigkeit vom jeweiligen Adressaten unterscheiden sich dann auch die konkreten Fragestellungen. In Kanada werden BIAs erst nach der Empfehlung zur Aufnahme in den Erstattungskatalog durchgeführt und dienen als reine Information über die erwarteten Kosten. Die Managed Care Organisationen

387 Vgl. Anis, A. H., Gagnon, Y. (2000), S. 59; Schulenburg, J.-M. Graf v. d., Vauth, C. (2007), S. 791.

388 Vgl. Trueman, P., Drummond, M., Hutton, J. (2001), S. 614; Mauskopf, J. A., Sullivan, S. D., Annemans, L. u. a. (2007), S. 337; Greiner, W. (2007), S. 454–455; Orlewska, E., Mierzejewski, P. (2004), S. 3, 4; Wang, Z., Salmon, J. W., Walton, S. M. (2004), S. 50; Cohen, J., Stolk, E., Niezen, M. (2007), S. 728; Marshall, D. A., Douglas, P. R., Drummond, M. F. u. a. (2008), S. 490, 491.

in den USA interessieren sich hingegen vor allem für mögliche Einsparungen bei anderen Leistungen.[389]

Die Festlegung der Perspektive ist bei jeder gesundheitsökonomischen Evaluation ein wichtiger Schritt mit wesentlichem Einfluss auf die späteren Ergebnisse. Bei KNAs wird normalerweise die Perspektive der Gesellschaft eingenommen. Sie ist die umfassendste Perspektive, die sämtliche Kosten mit einschließt, egal von wem sie getragen werden. In jedem Fall muss die gewählte Perspektive klar herausgestellt sein. Bei BIA wird es sich in der Regel um die des lokalen Budgetverantwortlichen handeln, wie bspw. in Kanada die einzelne Provinz. Die lokalen Besonderheiten bestimmen dann letztlich auch die genaue Ausgestaltung der Perspektive. Wie das konkret aussieht, soll an den folgenden Beispielen aus den internationalen Vorgaben und Leitlinien kurz verdeutlicht werden.[390]

In den polnischen Leitlinien beschränkt sich die Perspektive einmal nur auf das Arzneimittelbudget und einmal auf das gesamte Gesundheitsbudget, wobei grundsätzlich die Perspektive des Kostenträgers einzunehmen ist.[391] In Kanada wird die Beschränkung auf das Arzneimittelbudget verlangt.[392] Die belgischen Leitlinien verlangen die Perspektive der Kostenträger, wobei hier alle tatsächlichen Träger der Kosten gemeint sind, also Staat, Krankenkassen und Patienten mit ihren Zuzahlungen. Entsprechend ist auch neben dem globalen Impact der Impact für jeden einzelnen Kostenträger separat auszuweisen.[393] Die niederländischen Leitlinien empfehlen die Perspektive der Gesellschaft.[394] Die ISPOR Leitlinien geben vor, dass die BIA die nötige Flexibilität haben sollten, bei Bedarf verschiedene Perspektiven innerhalb eines Modells darzustellen.[395] Systematische Untersuchungen haben gezeigt, dass in

389 Vgl. Marshall, D. A., Douglas, P. R., Drummond, M. F. u. a. (2008), S. 490.

390 Vgl. Anis, A. H., Gagnon, Y. (2000), S. 58; Trueman, P., Drummond, M., Hutton, J. (2001), S. 611, 614; Orlewska, E., Mierzejewski, P. (2004), S. 2; Nuijten, M. J. C., Mittendorf, T., Persson, U. (2011), S. 232; IQWiG (2009a), S. 1; Wang, Z., Salmon, J. W., Walton, S. M. (2004), S. 56; Mauskopf, J. A., Sullivan, S. D., Annemans, L. u. a. (2007), S. 339; Sindern, J., Schröder-Bernhardi, D., Slawik, L. (2010), S. 357; Garattini, L., Vooren, K. van de (2011); Cleemput, I., Neyt, M., Sande, S. V. de u. a. (2012), S. 45.

391 Vgl. Orlewska, E., Mierzejewski, P. (2004), S. 4; Mauskopf, J. A., Earnshaw, S., Mullins, C. D. (2005), S. 67.

392 Vgl. Marshall, D. A., Douglas, P. R., Drummond, M. F. u. a. (2008), S. 479.

393 Vgl. Cleemput, I., Neyt, M., Sande, S. V. de u. a. (2012), S. 17, 48.

394 Vgl. Koopmanschap, M. A., Rutten, F. F. H. (2003), S48.

395 Vgl. Mauskopf, J. A., Sullivan, S. D., Annemans, L. u. a. (2007), S. 339.

der Praxis die Empfehlungen zur Perspektive sehr gut umgesetzt werden. Erweiterungen um weitere Perspektiven als die des Kostenträgers scheinen jedoch eher die Ausnahme zu sein. Das untersuchte Budget ist überwiegend das gesamte Gesundheitsbudget.[396]

Im Kontext der Perspektive steht insbesondere bei BIA die Problematik der Budget-Silos innerhalb des Gesundheitswesens und Sozialversicherungssystems, aber auch zwischen förderalen Bundesstaaten und dem Bund. So können zum Beispiel Präventionsmaßnahmen Kosten bei den Bundesländern verursachen, deren Nutzen fällt aber auf Ebene des Bundes an.[397] Noch problematischer sind vermiedene Produktivitätsverluste, deren Vermeidung zwar den Arbeitgebern etwas nützt, nicht aber dem Kostenträger im Gesundheitswesen. Innerhalb der Sozialversicherungssysteme nützen Einsparungen in anderen Sektoren dem Kostenträger in Bezug auf sein Budget nichts, wenn diese nicht übertragen werden können. Maßnahmen, die im Bereich der Krankenversicherung anfallen und Reha-Aufenthalte vermeiden, sparen Kosten beim Rentenversicherungsträger, nicht aber bei der Krankenkasse. Aber auch innerhalb der Krankenversicherung selbst sind derartige Effekte zu beobachten, auch hier herrscht ein Silo-Denken zwischen ambulanten und stationärem Sektor sowie Arzneimitteln.[398]

KNAs kennen aufgrund der gesellschaftlichen Perspektive die Problematik der Silos nicht, BIAs berücksichtigen diese jedoch mindestens in der Ergebnispräsentation.[399] An dieser Stelle können BIAs einen wertvollen Beitrag leisten, die Akzeptanz gesundheitsökonomischer Evaluationen zu steigern, weil die Silo-Mentalität einer der größten Hinderungsgründe für ihre breite Anwendung ist.[400] Eine zu strikte Beschränkung der Perspektive in den Leitlinien für BIAs wäre aus diesem Grund sehr kontraproduktiv und würde den Nutzen von BIAs in unnötiger Art und Weise mindern. Ein pragmatischer Lösungsansatz könnte daher sein, die Perpektive der BIA möglichst weit zu wählen und erst in der Darstellung der Ergebnisse nach einzelnen Trägern zu un-

[396] Vgl. Orlewska, E., Gulácsi, L. (2009), S. 821.
[397] Vgl. Koopmanschap, M. A., Rutten, F. F. H. (2003), S48; Wang, Z., Salmon, J. W., Walton, S. M. (2004), S. 56; Simoens, S. (2009), S. 2962–2963; Garattini, L., Vooren, K. van de (2011); Cleemput, I., Neyt, M., Sande, S. V. de u. a. (2012), S. 48.
[398] Vgl. Trueman, P., Drummond, M., Hutton, J. (2001), S. 611; Koopmanschap, M. A., Rutten, F. F. H. (2003), S48; Orlewska, E., Mierzejewski, P. (2004), S. 5.
[399] Vgl. Mauskopf, J. A., Earnshaw, S., Mullins, C. D. (2005), S. 66.
[400] Vgl. Jommi, C., Otto, M., Armeni, P. u. a. (2012), S. 99.

tergliedern. So können die verschiedenen Silos dargestellt werden und möglicherweise ergeben sich daraus dann weitere Ansätze zum Abbau der Silo-Mentalität. Nichtsdestotrotz muss bei der Darstellung der Kosten und Effekte natürlich die gewählte Perspektive konsequent eingehalten werden und bei Abweichungen, also der Aufnahme von Kosten und Einsparungen außerhalb der Perspektive, diese klar gekennzeichnet sein und wenn möglich separat ausgewiesen werden.[401]

Konträr zu dieser Argumentation postulieren GARRATINI ET AL., dass BIA nur die Kosten des Gesundheitswesens berücksichtigen sollten.[402] Damit widersprechen sie aber den Leitlinien, nach denen sich der Kostenrahmen an den Anforderungen des konkreten Adressaten orientieren soll. Danach ist eine a priori Beschränkung nicht sinnvoll. Entsprechend argumentieren auch ORLEWSKA ET AL. für einen eher hohen Freiheitsgrad in der Wahl der Perspektive. Da häufig ein Großteil des Gesundheitsbudgets von der breiten Masse der Bevölkerung finanziert wird, kann unter Umständen die Erweiterung der Perspektive sinnvoll sein. Dies gilt insbesondere dann, wenn Produktivitätsverluste oder direkte, nicht medizinische Kosten wie die Pflege durch Angehörige besonders hoch sind.[403] Diese Sicht steht im Einklang mit den Empfehlungen der ISPOR.[404]

Für Deutschland ist die Perspektive im Prozess der frühen Nutzenbewertung ebenfalls vorgegeben. Das Gesetz verlangt nach §35a Abs. 1, S. 1–3 SGB V die Kosten für die GKV. Für Kosten-Nutzen-Bewertungen von Arzneimitteln wird in §35b hingegen die Perspektive der GKV-Versichertengemeinschaft vorgegeben. In dieser sind sowohl die von der GKV übernommenen krankheitsbezogenen Leistungen als auch alle durch die Versicherten selbst aufzubringenden Kosten zu erfassen. Dagegen sind in der reinen GKV-Perspektive nur direkte erstattungsfähige Kosten und Transferleistungen zu berücksichtigen. Offensichtlich haben sich der Gesetzgeber und die ihm nachgeordneten Organe der Selbstverwaltung noch nicht abschließend entschieden, aus welcher Perspektive sie Kosten und Nutzen von Arzneimitteln bewerten wollen. Dem Entwickler von BIAs kann daher nur empfohlen werden, beide Perspektiven

[401] Vgl. Trueman, P., Drummond, M., Hutton, J. (2001), S. 614.
[402] Vgl. Garattini, L., Vooren, K. van de (2011).
[403] Vgl. Orlewska, E., Mierzejewski, P. (2004), S. 4–5.
[404] Vgl. Mauskopf, J. A., Sullivan, S. D., Annemans, L. u. a. (2007), S. 339.

in der Modellierung zu berücksichtigen. Darüber hinaus wird eine Erweiterung der Perspektive vom IQWiG nicht grundsätzlich ausgeschlossen.[405]

5.7.4 Zeithorizont und Zeitpunkt der Analyse

Für BIAs muss sowohl die Länge der Zeitachse als auch die Einteilung der Intervalle auf ihr festgelegt werden. Bezüglich der Länge ist der kleinste gemeinsame Nenner „kürzer als bei KNAs", was angesichts der langen Zeiträume bei KNAs immer noch viel Spielraum lässt.[406] Zur Auswahl des richtigen Zeitraums für die Analyse gibt es einige Anhaltspunkte, an denen sich der Analyst orientieren kann.

Im Vordergrund sollten zunächst die Anforderungen der Adressaten stehen. Für Budgetverantwortliche ist im Normalfall der Zeitraum von Bedeutung für den Budgets geplant werden, wohingegen Lebenszeitbetrachtungen aus KNAs eine eher untergeordnete Rolle spielen. Dieser Sachverhalt kann erneut am Beispiel der Statine verdeutlicht werden. Die Kosten für die Arzneimittel fallen ab der Aufnahme in den Erstattungskatalog sofort für jedes Jahr an. Die Einsparungen durch vermiedene kardiovaskuläre Ereignisse allerdings erst in vielen Jahren und das auch nicht in jedem Fall. Die Kostenträger können jedoch üblicherweise keine Kredite aufnehmen, um solch langfristige Investitionen zu stemmen, sondern müssen mit ihrem jährlichen Budget auskommen. Daneben spielt auch die Wirkweise der neuen Maßnahme eine Rolle und zu welchem Zeitpunkt sie ihre Wirkung entfaltet. Aber auch die erwarteten Diffusionsraten sollten Eingang in die Bestimmung des Zeithorizonts haben.[407]

Die Leitlinien äussern sich zu den Zeiträumen etwas heterogen. Für Großbritannien wird die Modellierung für einen Zeitraum von zwei bis fünf Jahren mit verschiedenen Diffusionsraten sowie für den stabilen Endzustand empfohlen.[408] Das PBAC empfiehlt mindestens zwei Jahre ab Aufnahme in die

---

[405] Vgl. Fünftes Buch Sozialgesetzbuch - Gesetzliche Krankenversicherung (2011); IQWiG (2009a), S. 1–2.

[406] Vgl. Anis, A. H., Gagnon, Y. (2000), S. 58.

[407] Vgl. Mauskopf, J. A., Sullivan, S. D., Annemans, L. u. a. (2007), S. 340; Orlewska, E., Mierzejewski, P. (2004), S. 5; Trueman, P., Drummond, M., Hutton, J. (2001), S. 612.

[408] Vgl. Orlewska, E., Mierzejewski, P. (2004), S. 8.

Erstattung.[409] In Kanada werden drei Jahre empfohlen.[410] In Belgien sind es mindestens drei Jahre.[411] Die polnischen Leitlinien verlangen als Untergrenze zwei Jahre nach Aufnahme in den Erstattungskatalog.[412] Die ISPOR-Leitlinien geben keinen konkreten Zeitraum vor, sondern empfehlen lediglich bis zu dem Zeitpunkt zu modellieren, an dem die Maßnahme einen stabilen Marktanteil erreich hat.[413] In der Praxis werden Modellierungszeiträume von 100 Tagen bis hin zu 15 Jahren beobachtet, wobei sich der Großteil der BIA auf ein Jahr beschränkt und damit deutlich von den Leitlinien abweicht.[414] Das IQWiG empfiehlt als Untergrenze den Zeitraum, der auch im Rahmen der klinischen Studien abgebildet wurde. Bei chronischen Erkrankungen ist ein längerer Zeithorizont zu wählen, insbesondere wenn Lebenszeitgewinne erwartet werden. Diese Angaben beziehen sich allerdings auf KNAs, für BIAs werden keine konkreten Empfehlungen abgegeben.[415]

Die Festlegung der Intervalle ist im Vergleich wesentlich einfacher. Wiederum empfiehlt sich die Orientierung an der Indikation und den Budgetzeiträumen des Kostenträgers, falls die Leitlinien nicht wie in Kanada konkrete Vorgaben machen (12-Monats-Abschnitte).[416] In der Praxis ist die Einteilung aber auch davon abhängig, auf welchen gemeinsamen Nenner die Eingangsdaten gebracht werden können. Sobald diese kleinere Abschnitte ermöglichen, sollte dies im Modell auch genutzt werden. Die Zusammenfassung in größere Abschnitte für die Ergebnisdarstellung ist mit aktueller Software ohne weiteres möglich.

Bei der Festlegung des Untersuchungszeitraums muss auch diskutiert werden, wie mit Langzeiteffekten umgegangen werden soll. Obwohl sie eigentlich nicht zentraler Gegenstand von BIAs sind, werden sie in vielen Leitlinien und der Literatur aus verschiedenen Gründen dennoch häufig diskutiert. Da wäre zum einen das Bedürfnis des Herstellers, auch längere Zeiträume zu berück-

---

409 Vgl. Trueman, P., Drummond, M., Hutton, J. (2001), S. 612; Mauskopf, J. A., Earnshaw, S., Mullins, C. D. (2005), S. 66.

410 Vgl. Marshall, D. A., Douglas, P. R., Drummond, M. F. u. a. (2008), S. 482.

411 Vgl. Cleemput, I., Neyt, M., Sande, S. V. de u. a. (2012), S. 48; Mauskopf, J. A., Earnshaw, S., Mullins, C. D. (2005), S. 66, 75.

412 Vgl. Orlewska, E., Mierzejewski, P. (2004), S. 5.

413 Vgl. Orlewska, E., Mierzejewski, P. (2004), S. 5; Mauskopf, J. A., Sullivan, S. D., Annemans, L. u. a. (2007), S. 340.

414 Vgl. Orlewska, E., Gulácsi, L. (2009), S. 821–822.

415 Vgl. IQWiG (2009a), S. 7.

416 Vgl. Marshall, D. A., Douglas, P. R., Drummond, M. F. u. a. (2008), S. 482.

sichtigen, wenn die Effekte seines Arzneimittels erst nach einigen Jahren zum Tragen kommen. Hier gilt jedoch die Empfehlung der Leitlinien, sich an den Anforderungen des Kostenträgers zu orientieren.[417] Die lange Frist wird ja ohnehin im Rahmen der KNAs berücksichtigt.

Ein weiterer Grund ist der Umstand, dass viele innovative Medikamente zu einer Chronifizierung bisher akuter Krankheiten führen. Ein Beispiel hierfür sind verschiedene Krebserkrankungen, bei denen sich, wie in Abbildung 5.4 ersichtlich, die 5-Jahres-Überlebensraten deutlich verbessert haben.[418] In diesen Fällen verursachen die Maßnahmen indirekt weitere Folgekosten, weil Patienten, die bisher verstorben sind und keine Kosten mehr verursacht haben, weiterhin Gesundheitsleistungen konsumieren. Diese Folgekosten einer Innovation bei der Erstattungsentscheidung anzulasten, ist mit Sicherheit strikt abzulehnen, denn es ist ja die originäre Aufgabe des Gesundheitswesens, Leben zu verlängern bzw. dessen Qualität zu erhöhen. Das Preis-Leistungs-Verhältnis wird im Rahmen der KNA bestimmt und daran sollte sich der Entscheider auch maßgeblich orientieren. Dennoch sind die sich ergebenden Kosteneffekte für den Kostenträger von großer Bedeutung, denn wie bereits ausgeführt, sind die Gesamt- und Opportunitätskosten relevant für den Erhalt des Gesamtsystems, für welches der Kostenträger durch Einhaltung seiner Budgets Mitverantwortung trägt. Zur Budgetplanung sollten diese Effekte daher berücksichtigt werden, sofern sie in signifikantem Ausmaß zu erwarten sind.

Bei sehr langen Zeiträumen müsste je nach Indikation auch die Lebenserwartung berücksichtigt werden. Um das Jahr 1900 lag sie in Deutschland bei nur ca. 50 Jahren und ist seitdem deutlich angestiegen. In den letzten 25 Jahren lag die Steigerung für Frauen und Männern bei vier bzw. fünf Jahren. Der Anteil, den Arzneimittel daran haben, wird auf 40% geschätzt.[419] Möchte man derart lange Zeiträume tatsächlich berücksichtigen, dann müssen auch Preisentwicklungen einbezogen werden. Gerade Arzneimittel werden irgendwann generisch und ein Preisverfall setzt ein. Sehr eindrucksvoll konnten LINDGREN UND JÖNSSON dies am Beispiel der Statine zeigen. Trotz zunächst hoher Monopolpreise unter Patentschutz ergab sich über den gesamten Lebenszyklus eine positive Rendite für Staat und Gesellschaft.[420] Da solche Effekte kaum

[417] Vgl. Trueman, P., Drummond, M., Hutton, J. (2001), S. 617.
[418] Vgl. Verband Forschender Arzneimittelhersteller e. V. (Hrsg.) (2012), S. 6.
[419] Vgl. Verband Forschender Arzneimittelhersteller e. V. (Hrsg.) (2012), S. 3–4.
[420] Vgl. Lindgren, P., Jönsson, B. (2011).

Abbildung 5.4: 5-Jahres-Überlebensraten bei ausgewählten Krebserkrankungen im Vergleich

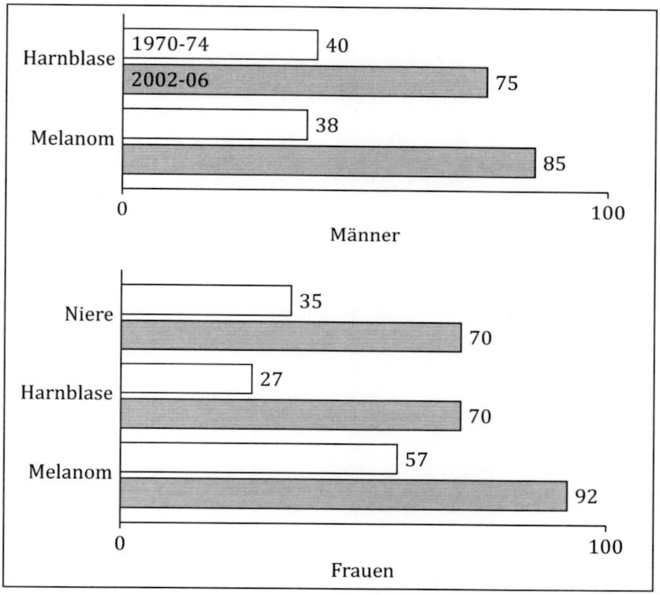

Quelle: Vgl. Verband Forschender Arzneimittelhersteller e. V. (Hrsg.) (2012), S. 6–7.

mit hinreichender Genauigkeit zur Markteinführung modellierbar sind, sollten sie jedoch nicht Gegenstand der eigentlichen BIA sein. Gegen eine Diskussion am Rande ist dagegen nichts einzuwenden. Zusammenfassend kann im Einklang mit den Leitlinien festgehalten werden, dass Langzeiteffekte in BIAs berücksichtigt werden können, diese jedoch separat ausgewiesen werden sollten.[421]

Für den Zeitpunkt der Analyse gilt die Devise „so früh wie möglich", da die Informationen zur Markteinführung benötigt werden. Zu diesem Zeitpunkt entscheiden die Kostenträger über eine Aufnahme in den Erstattungskatalog und entsprechend haben viele Pharmaunternehmen inzwischen damit begon-

[421] Vgl. Trueman, P., Drummond, M., Hutton, J. (2001), S. 612; Mauskopf, J. A., Sullivan, S. D., Annemans, L. u. a. (2007), S. 340.

nen, gesundheitsökonomische Fragestellungen mit in den Entwicklungsprozess einzubinden.[422] Allerdings besteht hier noch viel Raum für Verbesserungen.

Da es bei der BIA darum geht, die zu einem bestimmten Zeitpunkt verfügbare Evidenz zusammen zu führen und dem Entscheider zur Verfügung zu stellen, sollte der Zeitpunkt auch nicht vom Vorliegen bestimmter Daten abhängig gemacht werden.[423] Fakt ist aber auch, dass je früher man den Zeitpunkt wählt, desto mehr Modellierung wird benötigt und die Ergebnisse sind mit größerer Unsicherheit behaftet.[424] Darüber hinaus gelten die bereits in Abschnitt 3.7 angesprochenen grundsätzlichen Probleme der Bewertung neue Technologien auch für BIAs.

5.7.5 Modellbildung

5.7.5.1 Allgemeines Vorgehen

Während die grundsätzlichen Anforderungen an Modelle und den Modellierungsprozess (s. Abbildung 2.6) bereits in Abschnitt 2.2 vorgestellt wurden, soll dieses Unterkapitel die Brücke zu den Besonderheiten der Budget Impact Modelle schlagen. Hintergrund dieses Vorgehens ist die Tatsache, dass in den Leitlinien für BIAs ebenfalls nur auf andere Leitlinien für Modellierungen wie bspw. die der ISPOR[425] verwiesen wird.[426] Um den Bezug zu Deutschland zu wahren, orientiert sich die Beschreibung des Ablaufs am Methodenpapier für Modellierungen des IQWiG und wird an gegebener Stelle um die Positionen der ISPOR ergänzt. Dieses Vorgehen erscheint insofern angebracht, als dass die Standpunkte des IQWiG maßgeblich für die Bewertung von Studien und Modellierungen im Erstattungsprozess von Arzneimitteln in Deutschland

[422] Vgl. Wang, Z., Salmon, J. W., Walton, S. M. (2004), S. 52.
[423] Vgl. Mauskopf, J. A., Sullivan, S. D., Annemans, L. u. a. (2007), S. 338.
[424] Vgl. Schulenburg, J.-M. Graf v. d., Vauth, C. (2007), S. 802.
[425] Online abzurufen unter der URL http://www.ispor.org/workpaper/practices_index.asp. Maßgeblich sind hier folgende drei Publikationen: Caro, J. J., Briggs, A. H., Siebert, U. u. a. (2012); Roberts, M., Russell, L. B., Paltiel, A. D. u. a. (2012); Weinstein, M. C., O'Brian, B., Hornberger, J. u. a. (2003).
[426] Vgl. Brennan, A., Akehurst, R. (2000), S. 456; Nuijten, M. J. C., Rutten, F. (2002), S. 866; Mauskopf, J. A., Sullivan, S. D., Annemans, L. u. a. (2007), S. 341.

sind. Pharmazeutische Unternehmer sind daher gut beraten, sich an den Vorstellungen des IQWiG zu orientieren, selbst wenn diese nicht immer mit internationalen Standards vereinbar sind.[427]

Ausgangspunkt der Modellbildung ist die Definition der Fragestellung, die durch das Modell beantwortet werden soll. Im vorliegenden Fall ist es die Ermittlung des Budget Impact einer Maßnahme. Es folgt der Entwurf des Einflussdiagramms, einer graphischen Darstellung aller Einflussfaktoren und deren Zusammenhänge. Darauf aufbauend wird das Modellkonzept entwickelt und präzisiert. Es dient später als Bauplan für das eigentliche Modell und stellt die Zusammenhänge der Effekte und Ressourcenverbräuche unter Berücksichtigung der Zeitkomponente dar. Darüber hinaus konkretisiert es die im Einflussdiagramm festgehaltenen Beziehungen zwischen den Faktoren hinsichtlich Wirkrichtung und -stärke. Aus der Analyse des fertigen Modellkonzepts erschließt sich später dann die Auswahl der Modellierungstechnik.

Der nächste Schritt ist die Datenbeschaffung, welche im folgenden Abschnitt 5.7.6 ausführlich dargestellt wird. Das IQWiG besteht in seinem Methodenpapier darauf, erst das Modellkonzept zu entwickeln und die Datenbeschaffung anzuschließen, selbst wenn durch dieses Vorgehen die Erhebung von Primärdaten notwendig werden sollte. In den Leitlinien der ISPOR wird allerdings diskutiert, ob es tatsächlich sinnvoll ist, die Entwicklung eines Modells um die verfügbaren Daten herum so konsequent abzulehnen. Einige Wissenschaftler argumentieren, dass es wenig nützlich ist, unter großem Ressourceneinsatz Modelle zu entwickeln, die anschließend nicht mit Daten gefüllt und benutzt werden können. Andererseits kann das eigentlich methodisch bessere Vorgehen, zuerst das Modellkonzept zu entwerfen, auch dazu führen, dass die Suche nach Daten intensiver erfolgt und Daten zu Tage fördert, die man sonst übersehen hätte. Im Umkehrschluss gilt übrigens auch, dass bloß weil viele Daten vorhanden sind, noch lange kein Grund besteht, unnötig komplexe Modelle zu entwickeln.[428]

Sobald das Modellkonzept feststeht und die Daten beschafft sind, folgt die Entwicklung der funktionalen Zusammenhänge in Abhängigkeit der verfügbaren Daten und der gewählten Modellierungstechnik. Dabei ist die vollständige Dokumentation aller Beziehungen von außerordentlicher Bedeutung. Sollten

[427] Vgl. IQWiG (2009b).
[428] Vgl. Caro, J. J., Briggs, A. H., Siebert, U. u. a. (2012), S. 802.

Tabelle 5.6: Modellierungstechniken im Überblick

		Cohort/aggregate level/counts		Individual Level	
		Expected value, continuous state, deterministic	Markovian, discrete state, stochastic	Markovian, discrete state, individuals	Non-Markovian, discrete state, individuals
No Interaction Allowed	Untimed	Decision tree rollback	Simulated decision tree (SDT)	Individual sampling model (ISM): Simulated patient-level decision tree (SPLDT)	
	Timed	Markov model (evaluated deterministically)	Simulated Markov model (SMM)	Individual sampling model (ISM): Simulated patient-level Markov model (SPLMM) (variations as in quadrant below for patient level interaction)	
Interaction Allowed	Discrete Time	System dynamics (finite difference equations, FDE)	Discrete time Markov chain model (DTMC)	Discrete time individual event history model (DT, IEH)	Discrete individual simulation (DT, DES)
	Continuous time	System dynamics (ordinary differential equations, ODE)	Continuous time Markov chain model (CTMC)	Continuous time individual event history model (CT, IEH)	Discrete event simulation (CT, DES)

Quelle: Vgl. Brennan, A., Chick, S. E., Davies, R. (2006a), S. 1297.

außerdem neue Gleichungen mittels statistischer Verfahren entwickelt werden, muss auch deren Entwicklung dokumentiert werden. Da das Modell den wesentlichen Kern einer BIA darstellt, ist die Auswahl der adäquaten Modellierungstechnik enorm wichtig. Hauptkriterium bei der Auswahl der Modellierungstechnik sollte die Eignung zur Umsetzung des Modellkonzepts sein.[429]

In den Sozialwissenschaften finden viele Techniken Verwendung, in der Gesundheitsökonomie sind bisher jedoch vor allem Markov-Modelle und Entscheidungsbäume anzutreffen. In den letzten Jahren haben sich die Modellierungstechniken allerdings analog zur verfügbaren Rechenleistung moderner Computer rasant entwickelt, sodass immer häufiger auch komplexere Ansätze wie Discrete Event Simulation (DES)[430] und Agent-Based-Modelling (ABM)[431] zum Einsatz kommen. Trotzdem sind viele Modellierungen auch heute noch lediglich aufwendigere Tabellenkalkulationen. Was die innere

[429] Vgl. Buxton, M. J., Drummond, M. F., Hout, B. A. van u. a. (1997), S. 224; Mauskopf, J. A., Sullivan, S. D., Annemans, L. u. a. (2007), S. 338; Orlewska, E., Gulácsi, L. (2009), S. 809; Marshall, D. A., Douglas, P. R., Drummond, M. F. u. a. (2008), S. 481.
[430] Vgl. zum Beispiel Caro, J. J. (2005).
[431] Vgl. zum Beispiel Macal, C., North, M. (2010).

Komplexität der Modelle angeht, besteht in der Praxis über alle Techniken hinweg eine große Bandbreite.[432] Tabelle 5.6 gibt einen Überblick über die gebräuchlichsten Techniken in Abhängigkeit davon, ob Kohorten oder Individuen betrachtet werden sollen, ob Interaktionen zwischen Akteuren relevant sind und wie die Zeitkomponente eingebunden wird. In Anhang C findet sich noch eine alternative Auswahlmethode, dargestellt als Entscheidungsbaum.

Nachdem das Modellkonzept validiert, die Daten beschafft, die funktionalen Zusammenhänge entwickelt und die Modellierungstechnik ausgewählt wurde, kann mit der Implementierung bzw. Programmierung begonnen werden. Hierfür steht neben der Möglichkeit zur Eigenentwicklung eine Vielzahl an Softwarelösungen am Markt zu Verfügung. Tabelle 5.7 zeigt eine Auswahl weit verbreiteter Anwendungen, ohne jedoch Anspruch auf Vollständigkeit zu erheben. Schon während der Implementierung sollte die technische Validierung beginnen. Abgeschlossen wird sie aber erst zusammen mit der Plausibilitätskontrolle. Nach der Validierung kann das Modell dann für Berechnungen verwendet werden.[433]

Tabelle 5.7: Übersicht Modellierungssoftware

Spezialanwendungen	**Mathematik- und Statistiksoftware**
Treeage	Tabellenkalkulationen
AutoMod	Excel mit Plugins wie @Risk, CrystalBall, PopTools
Modgen	Maple
Anylogic	R/Splus
Powersim	Mathematica
Consideo Modeler	Matlab

Die hier genannten Anwendungen stellen eine beliebige Auswahl dar. Eine wesentlich umfangreichere Sammlung unter Berücksichtigung der Eignung für bestimmte Modellierungstechniken findet sich unter der URL: http://faculty.insead.edu/stephen-chick/research/online-companion-29.

Quelle: Vgl. Brennan, A., Chick, S. E., Davies, R. (2006b).

Den Abschluss der Modellbildung stellt ein ausführlicher Bericht dar, der die Entwicklungsschritte und Ergebnisse zusammenfasst. Zusätzlich zum Bericht

432 Vgl. Müller-Bohn, T., Ulrich, V. (2000), S. 178; Tarride, J.-E., McCarron, C. E., Lim, M. u. a. (2008), S. 441; Brennan, A., Akehurst, R. (2000), S. 446, 447; Mauskopf, J. A., Earnshaw, S., Mullins, C. D. (2005), S. 75.

433 Zur Validierung siehe auch Abschnitt 2.2.2.

fordert das IQWiG auch ein vollständig funktionsfähiges und zugängliches elektronisches Modell. Außerdem muss es öffentlich zur Verfügung gestellt werden, um Transparenz und Vertrauen zu fördern. Dieser Punkt wird ebenfalls in den ISPOR-Leitlinien kontrovers diskutiert. Grundsätzlich wird auch hier eine vollständige Veröffentlichung befürwortet. Andererseits hat man ebenfalls Verständnis für die Modellentwickler und deren berechtigtes Interesse ihr geistiges Eigentum zu schützen.[434]

Da die Entwicklung leitliniengerechter Modelle sehr aufwendig ist, empfiehlt das IQWiG die Verwendung bereits validierter Modelle. An dieser Stelle sei bspw. auf die PROSIT Arbeitsgruppe an der Uni Heilbronn hingewiesen.[435] Hier werden in einem Open-Source-Ansatz Krankheitsmodelle entwickelt (bspw. für Diabetes mellitus Typ2) und im Internet veröffentlicht. Diese können dann bspw. für die Populationssimulation in BIMs eingebunden werden. Darüber hinaus plant das IQWiG den Aufbau einer Datenbank mit validierten Modellen.

Was die Anforderungen an gesundheitsökonomische Modelle im Detail betrifft, muss an dieser Stelle auf die Leitlinien der ISPOR und des IQWiG verwiesen werden. Einerseits sind viele Aspekte nur in bestimmten Fällen relevant, sodass es nicht sinnvoll ist, alle Leitlinien hier zu wiederholen. Andererseits entwickeln sich gerade die speziellen Methoden stetig in hohem Tempo weiter, sodass das hier Geschriebene allzu schnell veralten würde. Daneben existieren jedoch einige zeitlose und allgemeingültige Anforderungen an anwendungsorientierte Modelle, von denen eine – die nach der Einfachheit – aufgrund ihrer enormen Bedeutung hier herausgestellt werden soll. Tabelle 5.8 zeigt exemplarisch zwei Anforderungsprofile aus unterschiedlichen Bereichen und Entstehungszeiten.[436] Beim Vergleich fällt auf, dass die erste Forderung jene nach der Einfachheit ist. Aber auch schon im modelltheoretischen Teil war diese Forderung ein zentraler Gegenstand und man findet sie ebenfalls in fast allen Leitlinien zur Erstellung von BIMs.[437]

---

[434] Vgl. Caro, J. J., Briggs, A. H., Siebert, U. u. a. (2012), S. 802–803.

[435] Zu finden unter der URL: http://www.prosit.de/index.php/Main_Page.

[436] Vgl. in diesem Zusammenhang auch Eddys' Prüfliste zur Qualitätssicherung von Modellen (Tabelle 5.14).

[437] Vgl. Mauskopf, J. A., Sullivan, S. D., Annemans, L. u. a. (2007), S. 339; Neumann, P. J. (2007), S. 324; Marshall, D. A., Douglas, P. R., Drummond, M. F. u. a. (2008), S. 481; Cleemput, I., Neyt, M., Sande, S. V. de u. a. (2012), S. 40–41.

Tabelle 5.8: Modellanforderungen

Modelle mit Anwendungscharakter (Buxton)

- Einfachheit, damit die Ergebnisse verständlich sind
- transparente Ergebnissdarstellung
- Beachtung der Datenqualität (Fakten und Annahmen trennen)
- Unsicherheit darstellen und Robustheit durch Sensitivitätsanalysen testen
- Validierung durch Vergleiche mit anderen Modellergebnissen oder Studien
- Bereitstellung von Aktualisierungen, wenn neue Daten verfügbar werden

Grundsätze für die Konstruktion quantitative Marketingmodelle (Little)

- Einfachheit (leicht verständlich, Vernachlässigung unwesentlicher Faktoren)
- Robustheit (Ausschluss unsinniger Lösungen)
- Kontrollierbarkeit
- Adaptionsfähigkeit
- Vollständigkeit hinsichtlich relevanter Größen
- Kommunikationsfähigkeit

Quelle: Vgl. Buxton, M. J., Drummond, M. F., Hout, B. A. van u. a. (1997), S. 225; Little, J. D. C. (2004).

Der Grundsatz der Einfachheit ist deshalb so wichtig, weil die Komplexität gesundheitsökonomischer Evaluationen von Vielen als eine der größten Barrieren für ihre breitere praktische Anwendung gesehen wird.[438] Der Grundsatz der Einfachheit bedeutet dabei natürlich nicht, wahllos zu vereinfachen. Vielmehr geht es darum, nach dem Prinzip von Ockhams Rasiermesser, jenes Modell zu wählen, dass zur Zielereichung die wenigsten Annahmen und Hypothesen benötigt. Oder einfach ausgedrückt: *so komplex wie nötig, so einfach wie*

[438] Vgl. Brousselle, A., Lessard, C. (2011), S. 835.

möglich.[439] Die ISPOR Arbeitsgruppe schreibt dazu: „We do not suggest that finding the balance between simplicity of modeling and avoidance of oversimplification is easy, but it is perhaps the most important skill a modeler can learn if a model is to truly fulfill its potential as a communication tool. Excessive detail and complexity reduce transparency and can lead to distrust in models and in the modeling community among those we seek to inform."[440]

5.7.5.2 Besonderheiten der Modellbildung bei BIMs

Für BIMs hängt die Auswahl der Modellierungstechnik von der Indikation (akut, chronisch), dem Interventionstyp (präventiv, kurativ, palliativ), der Anwendungsfrequenz (einmalig, permanent, periodisch), der Modellierungsebene (Patient, Kohorte), den vorhandenen Daten sowie den Auswirkungen der Innovation ab. In den publizierten BIAs kommen bei akuten Krankheiten oft auch nur einfache, deterministische Berechnungen zum Einsatz. In Fällen, bei denen der zeitliche Verlauf eine große Rolle spielt, finden sich vor allem Markov Modelle und DES. In der Praxis hängt die Auswahl aber auch stark von der Verfügbarkeit von Daten, den Präferenzen der Adressaten und Auftraggebern sowie der vorhandenen Evidenz ab. In jedem Fall ist es wichtig, dass die Auswahl hinreichend begründet wird.[441]

Zur Erstellung von Budget Impact Modellen empfehlen die ISPOR-Leitlinien die Verwendung von Tabellenkalkulationsprogrammen wie zum Beispiel Microsoft Excel.[442] In Kanada wird sogar ein fertiges Excel-Template zur Verfügung gestellt bzw. ein Modell in Excel-Form erwartet.[443] In anderen Ländern wie Belgien wird die Wahl der Software aber dem Antragsteller überlassen.[444] Die Verwendung von Excel bietet verschiedene Vorteile gegenüber anderen Lösungen. So ist Excel weit verbreitet und daher bei vielen Kostenträgern und

---

439 Vgl. Mauskopf, J. A., Sullivan, S. D., Annemans, L. u. a. (2007), S. 339; Cleemput, I., Neyt, M., Sande, S. V. de u. a. (2012), S. 41; Marshall, D. A., Douglas, P. R., Drummond, M. F. u. a. (2008), S. 481.

440 Caro, J. J., Briggs, A. H., Siebert, U. u. a. (2012), S. 802.

441 Vgl. Brennan, A., Akehurst, R. (2000), S. 447; Nuijten, M. J. C., Rutten, F. (2002), S. 860; Orlewska, E., Gulácsi, L. (2009), S. 822; Mauskopf, J. A., Earnshaw, S., Mullins, C. D. (2005), S. 72; Mauskopf, J. A., Sullivan, S. D., Annemans, L. u. a. (2007), S. 339.

442 Vgl. Mauskopf, J. A., Sullivan, S. D., Annemans, L. u. a. (2007), S. 345.

443 Vgl. Marshall, D. A., Douglas, P. R., Drummond, M. F. u. a. (2008), S. 480–481.

444 Vgl. Cleemput, I., Neyt, M., Sande, S. V. de u. a. (2012), S. 41.

Adressaten installiert und diese Vertrautheit kann sich unter Umständen auch auf die Akzeptanz der Ergebnisse auswirken. Darüber hinaus bieten die aktuellen Versionen viele Möglichkeiten zur ansprechenden Visualisierung der Ergebnisse sowie deren Integration in die ebenso weit verbreiteten Programme Word und Powerpoint. Weiterhin können verschiedene Übersichten und Teilaspekte übersichtlich auf verschiedene Arbeitsblätter aufgeteilt werden. Auf einem Tabellenblatt werden dann die Einstellungen für die Population vorgenommen, auf einem anderen die für die Marktentwicklung, ein weiteres erlaubt die Festlegung notwendiger Annahmen usw. Ebenso werden dann die Ergebnisse, Methoden und Quellen präsentiert, während die Berechnungen im Hintergrund erfolgen. Dieser modulare Aufbau fördert die Transparenz und Verständlichkeit.[445]

Sollen Simulationen durchgeführt werden oder probabilistische Techniken zur Anwendung kommen, ist Excel jedoch weniger geeignet. Hierzu müssten vom Anwender eigene Module programmiert werden oder die Fähigkeiten als externes Plug-in hinzugefügt werden. Die eigene Programmierung dürfte häufig an den Kenntnissen der Analysten scheitern und ist auch wenig sinnvoll, wenn andere Anwendungen hier ein umfangreiches Repertoire an Werkzeugen bieten (s. Tabelle 5.7). Plug-ins wie @Risk oder CrystalBall wiederum haben den Nachteil, dass diese kosten- und linzensierungspflichtig sind und daher normalerweise beim Adressaten nicht verfügbar sind. Darüber hinaus muss mit Abstrichen hinsichtlich Kompatibilität und Performanz gegenüber spezialisierten Anwendungen gerechnet werden.

Da Verständlichkeit und Komplexität zwei gegenläufige Eigenschaften von Modellen sind (s. Abschnitt 2.2.3), wird auch für BIMs grundsätzlich empfohlen, die Forderung nach Einfachheit zu berücksichtigen. Mit unnötig komplexen Techniken besteht bloß die Gefahr, Entscheider falsch zu informieren, mit der Folge ineffizienter Ressourcenallokation. Dies kann aber weder im Interesse der Modellierer noch der Adressaten sein. Entwickler von BIMs sollten sich daher nicht von Moden und Trends leiten lassen, sondern sich konsequent an der Fragestellung des Adressaten orientieren.[446]

Eine weitere Forderung ist die nach Transparenz. In erster Linie ist damit der

---

[445] Vgl. Mauskopf, J. A., Earnshaw, S., Mullins, C. D. (2005), S. 75; Brennan, A., Chick, S. E., Davies, R. (2006b).

[446] Vgl. Brousselle, A., Lessard, C. (2011), S. 833.

freie Zugang zu den Formeln und Berechnungen im Modell gemeint.[447] Die belgischen Leitlinien geben hierfür sogar eine Tabelle vor, in der alle verwendeten Modellvariablen aufgelistet werden müssen. Zum Umfang der Tabelle gehört neben dem Namen und der Quelle der Variable eine Beschreibung sowie Angaben zu Mittelwert, Wertebereich und Verteilung. Ebenso sollte das Modell konsistent sein, also die interne Modellstruktur den realen Zusammenhängen zwischen den Variablen und Gesundheitszuständen entsprechen. Aber auch im Bezug zu parallel durchgeführten Kosten-Nutzen-Analysen sollte inhaltliche Konsistenz herrschen.[448]

Von vielen Leitlinien, insbesondere aber von der ISPOR Task Force wird Flexibilität und Interaktivität des Modells gefordert. In der bisherigen Beschreibung der Methoden war wiederholt festzustellen, dass in vielen Aspekten zwar Empfehlungen bestehen, gleichzeitig in bestimmten Rahmenbedingungen aber Abweichungen davon erlaubt sind. Oft wird im gleichen Atemzug daher auch der Anspruch an das Modell gestellt, diese Variabilität der Leitlinien abbilden zu können. So wird von den Adressaten oft die Anpassungsfähigkeit an lokale Subgruppen und Budgets oder gar der Perspektivenwechsel auf Knopfdruck gewünscht. Für das neue Arzneimittel müssen verschiedene Diffusionsraten oder veränderte Behandlungsprävalenzen darstellbar sein (s. Abbildung 5.5). In der Indikation Multiple Sklerose (MS) verzichten zum Beispiel manche Patienten wegen der Nebenwirkungen bestehender Therapien auf eine medikamentöse Behandlung. Sollte hier ein neues Arzneimittel mit besserem Nebenwirkungsprofil auf den Markt kommen, ist folglich mit höheren Behandlungsprävalenzen zu rechnen. Wie hoch diese Steigerung aber ausfallen wird, ist nicht abzusehen, sodass es in einem interaktiven Modell möglich sein muss, diesen Wert flexibel anzupassen. Darüber hinaus gibt die Task Force auch zu bedenken, dass vor allem bei chronischen Erkrankungen unter Umständen die Simulation längerer Zeiträume notwendig sein könnte. Eine entsprechende Anpassungsfähigkeit des Modells gehört ebenfalls zur notwendigen Flexibilität.[449]

---

447 Vgl. Koch, K., Dintsios, C.-M., Sawicki, P. T. (2008), S. 298; Marshall, D. A., Douglas, P. R., Drummond, M. F. u. a. (2008), S. 481.

448 Vgl. Cleemput, I., Neyt, M., Sande, S. V. de u. a. (2012), S. 40, 49.

449 Vgl. Trueman, P., Drummond, M., Hutton, J. (2001), S. 614; Mauskopf, J. A., Earnshaw, S., Mullins, C. D. (2005), S. 67, 75; Mauskopf, J. A., Sullivan, S. D., Annemans, L. u. a. (2007), S. 340, 345; Orlewska, E., Mierzejewski, P. (2004), S. 4; Marshall, D. A., Douglas, P. R., Drummond, M. F. u. a. (2008), S. 481.

Abbildung 5.5: Beispiel für ein interaktives BIM

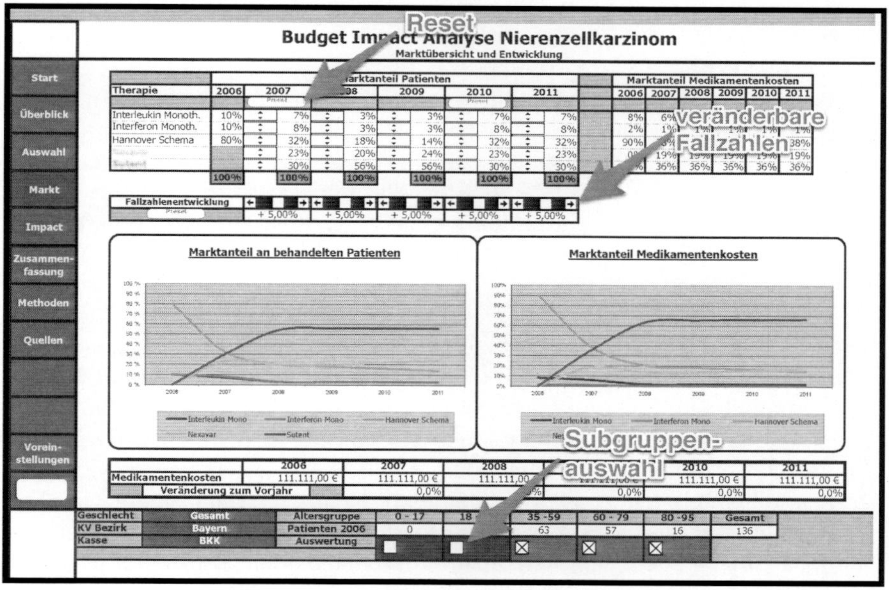

Quelle: Eigene Darstellung, Werte sind frei erfunden.

Gemäß den ISPOR Leitlinien sollten folgende Parameter im BIM auf jeden Fall variabel gestaltet werden:[450]

Patientenpopulation Da sich diese zwischen verschiedenen Kostenträgern unterscheiden kann, sollte vor allem eine Auswahl oder Einschränkungen hinsichtlich Inzidenzen, Prävalenzen, Alter, Geschlecht und anderer populationsspezifischer Variablen möglich sein.

Ressourcenverzehr Parameter wie Anzahl der Arztbesuche oder Krankenhaustage sollten einstellbar sein um sie ggf. an eigene Daten des Kostenträgers anpassen zu können.

Kosten und Preise Hier können ebenfalls Unterschiede zwischen verschiedenen Kostenträgern bestehen.

Arzneimittelpreise Unterschiedliche Rabatte führen bei verschiedenen Kostenträgern zu unterschiedlichen Kostenbelastungen. So deuten inoffizielle Zahlen bei patentgeschützten Präparaten je nach Krankenkasse auf Rabattspannen zwischen 30% bis 70% hin.

Sonstige Parameter des Behandlungsmix Wenn Kostenträger unterschiedliche Annahmen zu den Diffusionsraten o. ä. haben, dann sollte das ebenfalls interaktiv einstellbar sein.

In engem Zusammenhang zur Flexibilität steht bei interaktiven BIMs die Nutzerfreundlichkeit. So könnten bspw. von Beginn an verschiedene Perspektiven zur Auswahl stehen und Beispielszenarien hinterlegt sein. Auch könnte die Durchführung eigener Sensitivitätsanalysen ermöglicht werden. Zur Nutzerfreundlichkeit gehört aber auch eine übersichtliche Darstellung, gute Lesbarkeit und ein Resetknopf, also die Möglichkeit den Ursprungszustand des Modells einfach wiederherstellen zur können, nachdem Parameter geändert wurden. Abbildung 5.5 zeigt an einem Beispiel, wie das umgesetzt werden kann. Den Abschluss eines guten Modells sollte dann eine zugehörige Anleitung darstellen. In Kanada, wo das komplette Modell einzureichen ist, wird die Beigabe einer ausführlichen Anleitung erwartet.[451]

[450] Vgl. Mauskopf, J. A., Earnshaw, S., Mullins, C. D. (2005), S. 75.
[451] Vgl. Mauskopf, J. A., Sullivan, S. D., Annemans, L. u. a. (2007), S. 345; Marshall, D. A., Douglas, P. R., Drummond, M. F. u. a. (2008), S. 481.

5.7.6 Eingangsdaten

5.7.6.1 Methoden der Datenbeschaffung

Die Datenbeschaffung und Aufbereitung gilt gemeinhin als umfangreichste Aufgabe im Rahmen der Modellbildung. In Deutschland sollte sich die Datenbeschaffung an den Methoden des IQWiG orientieren, um in der späteren Verwendung der Ergebnisse die nötige Akzeptanz zu erreichen.[452]

Zunächst einmal lassen sich alle Daten grob Primär- und Sekundärdaten unterscheiden.[453] Bei Primärdaten handelt es sich um Daten, die extra für die durchzuführende Analyse erhoben werden. Sekundärdaten hingegen sind solche, die ursprünglich für einen anderen Zweck erfasst wurden. Allerdings ist die Abgrenzung nicht immer ganz einfach. Werden bspw. im Rahmen einer Meta-Analyse verschiedene Studienergebnisse zusammengeführt und daraus Eingangsparameter für das BIM generiert, so werden aus Sekundärdaten neue Primärdaten erschafft. Ob es sich dabei nun tatsächlich um neue Primärdaten handelt oder nur um aufbereitete Sekundärdaten ist dann Auslegungssache.[454]

Für BIAs werden, wie für KNAs auch, Primärdaten nur selten erhoben, sodass die Modelle oft auf den Ergebnissen von Sekundädatenanalysen basieren. Für BIAs muss man, ausgehend von den Suchstrategien im HTA, oft noch ein Schritt weiter gegangen werden. Dazu gehört auch die Konsultation von Datenquellen niedrigerer Evidenzklassen (s. Tabelle 5.9) und grauer Literatur, um das Modell mit möglichst vielen Eingangsdaten bestücken zu können. Aber selbst durch diese Abschwächung der Anforderungen wird man nicht immer alle benötigten Eingangsdaten finden können, mit der Folge, dass in der Praxis öfter als einem lieb sein kann, das vorhandene Datenmaterial den Umfang der Analyse bestimmt. Ultima ratio sind dann Annahmen auf Basis von Panelbefragungen und Einzelmeinungen.[455]

---

[452] Vgl. Homburg, C. (1998), S. 271; IQWiG (2011), S. 107–114.

[453] Vgl. Simoens, S. (2009), S. 2953.

[454] Vgl. Pirk, O., Schöffski, O. (2012), S. 197–199, 221–221; Zeidler, J., Braun, S. (2012), S. 243–246.

[455] Vgl. Zeidler, J., Braun, S. (2012), S. 245.

Tabelle 5.9: Übersicht Evidenzklassen

1	Stärkste Evidenz: systematischer Review auf Basis methodisch hochwertiger randomisierter kontrollierter Studien
2	mindestens eine ausreichend große, methodisch hochwertige randomisierte kontrollierte Studie
3	methodisch hochwertige Studien ohne Randomisierung oder nicht prospektiv
4	mehr als eine methodisch hochwertige, nichtexperimentelle Studie
5	Schwächste Evidenz: Meinungen und Überzeugungen von Experten oder beschreibende Studien

Quelle: Vgl. Pirk, O., Schöffski, O. (2012), S. 218.

Ausgangspunkt sollte jedoch in jedem Fall eine systematische Literaturrecherche zu den benötigten Eingangsdaten sein. Die Ergebnisse können dann anhand ausgewählter Prüflisten und standardisierter Bewertungsverfahren in Meta-Analysen oder Evidenztabellen zusammengefasst werden. Die Durchführung muss nach den Grundsätzen der Transparenz und Nachvollziehbarkeit erfolgen und wird später auch im Anhang des Modells aufgeführt. Gerade für Basisdaten wie zum Beispiel Inzidenzen, Prävalenzen und Ressourcenverbräuche ist dieses Vorgehen aussichtsreich und zur Erhebung valider Daten geeignet.[456]

Eine weitere Möglichkeit ist der Einkauf benötigter Daten. Oft ist das jedoch mit hohen Kosten verbunden, da die Anbieter in der Regel an große Gesundheitskonzerne mit entsprechendem Budget liefern. Für unabhängige Forscher sind die hier üblichen Preise normalerweise nicht zu bezahlen, sodass der Zugriff auf entsprechende Daten nur über Beziehungen oder Win-Win-Situationen möglich ist.[457]

[456] Vgl. Pirk, O., Schöffski, O. (2012), S. 221–222; Greiner, W. (2007), S. 454–456; Emmert, M., Huber, M., Schöffski, O. (2011); Greiner, W. (2007), S. 456; Nuijten, M. J. C., Rutten, F. (2002), S. 857; Orlewska, E., Mierzejewski, P. (2004), S. 4.

[457] Eine typische Win-Win-Situation wäre zum Beispiel die gemeinsame Publikation mit Mitarbeitern des Unternehmens. Diese können so ihre eigene Karriere fördern und der Datenschatz des Unternehmens lässt sich zugleich wirkungsvoll präsentieren.

Neben der Beschaffung aus externen Quellen können bestimmte Daten auch auf einer höheren Ebene als der Meta-Analyse selber generiert werden. Mit Hilfe eines *Modells im Modell* können bspw. verschiedene Inzidenz- und Prävalenzdaten mittels Simulation einer virtuellen Population so angepasst und validiert werden, dass die Ergebnisse als Eingangsdaten für die zu untersuchende Population des Kostenträgers verwendet werden können.[458]

Gemäß dem Zweck von BIA, zu einem effizienten Ressourceneinsatz beizutragen, sollte auch bei der Datenbeschaffung nach ökonomischen Prinzipien vorgegangen werden. Der Aufwand zur Beschaffung besserer Daten muss auch immer in einem sinnvollen Verhältnis zur gewonnenen Genauigkeit des Modells stehen.[459]

5.7.6.2 Herkunft und Qualität

Damit das BIM der Perspektive des konkreten Kostenträgers gerecht wird, sollten soweit möglich auch landesspezifische Daten verwendet werden. Wenn diese nicht vorliegen bzw. nur Daten aus internationalen Zulassungsstudien vorhanden sind[460], dann muss geprüft werden, inwieweit eine Anpassung an die jeweilige Situation des Adressaten möglich ist.[461]

Zur Übertragbarkeit äußern sich die verschiedenen Leitlinien sehr unterschiedlich, sodass im Einzelfall zu prüfen ist, ob diese gegeben ist. Für Grundrisiken und Einzelkosten wird die Übertragbarkeit abgelehnt, wohingegen Wirkeffekte akzeptiert werden. Die Anpassung der Daten kann zum Beispiel durch Modellierungen oder auch Delphi-Befragungen erfolgen. In jedem Fall muss die Datenherkunft beschrieben und die Verwendung begründet werden. Im Methodenpapier zur Kostenbestimmung weißt das IQWiG lediglich darauf

[458] Vgl. Nuijten, M. J. C., Rutten, F. (2002).
[459] Vgl. Marshall, D. A., Douglas, P. R., Drummond, M. F. u. a. (2008), S. 484.
[460] Typischerweise handelt es sich dabei um wichtige Eingangsparameter wie Daten zur Effektstärke der Wirksamkeit, Mortalitätsraten oder Häufigkeiten von Nebenwirkungen.
[461] Vgl. Orlewska, E., Mierzejewski, P. (2004), S. 4; Mauskopf, J. A., Sullivan, S. D., Annemans, L. u. a. (2007), S. 338–341; Mauskopf, J. A., Earnshaw, S., Mullins, C. D. (2005), S. 67.

hin, beim internationalen Transfer von Daten besondere Vorsicht walten zu lassen und verweist zur Konkreten Durchführung auf andere Quellen.[462]

Bezüglich der Datenqualität sollten die Evidenzhierarchien (s. Tabelle 5.9) beachtet werden und immer die beste verfügbare Evidenz im Modell Verwendung finden. Grundsätzlich kommen als ultima ratio jedoch alle verfügbaren Daten in Betracht, um sinnvolle Annahmen und Wertebereiche für die Eingangsparameter treffen zu können. Mit Blick auf die spätere Auswertung und Ergebnisdarstellung ist bei den Daten auf möglichst hohe Spezifität zu achten. So sollten bspw. Inzidenzen und Prävalenzen nach Alter und Geschlecht vorliegen. Für die Repräsentativität und Qualität von Daten privater, professioneller Anbieter wie IMS Health oder Insight Health ist für die Anwendung in BIAs in Deutschland inzwischen ein Nachweis erbracht worden. In der Auswertung publizierter BIAs hat sich gezeigt, dass diese Empfehlungen umgesetzt werden und die Verwendung bestmöglicher Daten die Regel darstellt.[463]

Eigene Erfahrungen in der Entwicklung von BIM und anderer gesundheitsökonomischer Evaluationen haben jedoch gezeigt, dass bei genauerem Hinschauen viele der in Deutschland verfügbaren Daten häufig von schlechter Qualität sind. Dies gilt vor allem für Abrechnungs- und Diagnosedaten aus dem ambulanten Bereich, die schon des Öfteren bei einem Abgleich mit den Realitäten vor Ort schon eklatante Mängel zum Vorschein brachten. Dabei ist es nun nicht so, dass die Daten nicht plausibel wären, vielmehr liegt die Problematik darin, dass sie nicht immer das tatsächliche Geschehen in der Praxis adäquat widerspiegeln. Als Analyst ist man daher gut beraten, sich im Rahmen der Modellentwicklung auch mit Praktikern auszutauschen und das Bild, dass einem die Daten liefern kritisch zu hinterfragen. Darüber hinaus wurden auch Fehler in Daten gefunden, die primär für klinische Zulassungsstudien erhoben wurden. Hier wurde in der Sekundärdatenanalyse festgestellt, dass sich während der Übertragung von den Patientenakten in die Datenbank viele Fehler eingeschlichen hatten, mit der Folge, dass die Daten für die Verwendung im BIM verworfen werden mussten. Ersatz war in diesem konkreten

[462] Vgl. Trueman, P., Drummond, M., Hutton, J. (2001), S. 614; Orlewska, E., Mierzejewski, P. (2004), S. 4; Barbieri, M., Drummond, M., Rutten, F. u. a. (2010); Nuijten, M. J. C., Mittendorf, T., Persson, U. (2011), S. 235; Pirk, O., Schöffski, O. (2012), S. 235–241; IQWiG (2009a), S. 28–29.

[463] Vgl. Mauskopf, J. A., Sullivan, S. D., Annemans, L. u. a. (2007), S. 341–342; Sindern, J., Schröder-Bernhardi, D., Slawik, L. (2010), S. 357; Marshall, D. A., Douglas, P. R., Drummond, M. F. u. a. (2008), S. 486; Orlewska, E., Gulácsi, L. (2009), S. 823.

Fall dann trotz erheblichem Mitteleinsatz des Auftraggebers auch nach mehreren Jahren nicht zu beschaffen. Der Grund des Scheiterns was die Tatsache, dass es nicht möglich war, die Daten über alle Sektoren und Behandler hinweg patientenindividuell zu erfassen. Aber auch bei Diagnosedaten aus dem stationären Bereich und von Krankenkassen muss bedacht werden, dass diese teilweise durch Up-/Rightcoding verzerrt sein können.

Bei der Modellentwicklung muss daher immer überlegt werden, inwieweit diese Mängel in den Daten Auswirkungen auf die Ergebnisse haben. Kleine Veränderungen im Behandlungsgeschehen haben bei pauschalierter Vergütung normalerweise keinen Einfluss auf das Budget des Adressaten, sodass hier Annahmen zur Vergleichbarkeit statthaft sind. Sollte das Arzneimittel jedoch Effekte aufweisen, die im Alltag weitreichendere Veränderungen hervorrufen, dann muss auch überprüft werden inwieweit die vorhandenen Daten geeignet sind, diese budgetgerecht zu modellieren.

5.7.6.3 Datenquellen

Allgemein An dieser Stelle sollen exemplarisch einige wichtige Anlaufstellen zur Datengewinnung vorgestellt werden, ohne jedoch einen Anspruch auf Vollständigkeit zu erheben. Tabelle 5.10 gibt zur Orientierung einen groben Überblick über die Datenquellen, die vom IQWiG für die Kostenseite von gesundheitsökonomischen Evaluationen als relevant eingestuft werden.

Tabelle 5.10: Datenquellen für gesundheitsökonomische Evaluationen

Datenquelle	Beispiele
Studien	Klinische Studien, Beobachtungsstudien, Reviews
Administrative Daten	Krankenkassen, Private Krankenversicherung, Rentenversicherung, Pflegeversicherung, Kassenärztliche Bundesvereinigung, Deutsche Krankenhausgesellschaft, Krankenhäuser
Sonstige Daten	Offizielle Statistiken, Register, Surveys, Leitlinien, Befragungen, Expertenmeinungen

Quelle: Vgl. IQWiG (2009a), S. 28.

Systematische Literaturrecherche Wie schon ausgeführt sollten wissenschaftliche Suchmaschinen und bibliografische Datenbanken erste Anlaufstelle zur Datengewinnung sein und in systematischer Art und Weise abgefragt werden. Zu den etablierten Suchmaschinen und Datenbanken gehören unter anderem Pubmed, The Cochrane Library, Excerpta Medica Database (EMBASE), Health Economic Evaluations Database (HEED), NHS Economic Evaluation Database (NHSEED), Deutsches Institut für Medizinische Dokumentation und Information (DIMDI).

Als Ergebnisse sind vor allem Studien zur Epidemiologie, dem aktuellen Behandlungsmix, Krankheitsverläufen sowie Zulassungsstudien zum untersuchten Arzneimittel zu erwarten. Bei der Verwendung von Ergebnissen aus klinischen Studien ist darauf zu achten, dass durch das Studienprotokoll verursachte Kosten nicht mit in die Analyse einbezogen werden. Darüber hinaus sollten bei Bedarf die Ergebnisse der Literaturrecherche noch erweitert werden, indem weitere Daten bei den Autoren einzelner Publikationen angefragt werden oder auch gezielt in Kongressbänden oder Fachzeitschriften gesucht wird.[464]

Öffentliche Quellen Im Bereich der öffentlichen Quellen sind neben Bibliotheken (für medizinische Fachbücher) vor allem Registerdaten, Statistiken und Publikationen verschiedener Institute sowie öffentlich zugängliche Dokumente von Zulassungsbehörden von Relevanz.[465]

Als Beispiel für die Registerdaten können die Krebsregister der deutschen Bundesländer dienen.[466] Zwar werden viele Ergebnisse aus solchen Registern ohnehin in wissenschaftlichen Journalen publiziert und sollten somit durch die systematische Recherche abgedeckt sein. Da der Prozess der Veröffentlichung mit Verzögerungen verbunden ist, schadet der Blick auf entsprechende Webseiten aber sicher nicht.

Eine weitere Anlaufstelle sind die Webseiten und Portale der GKV und PKV sowie veschiedener Forschungsinstitute. Hier veröffentlichte Studien sind

464 Vgl. Orlewska, E., Mierzejewski, P. (2004), S. 4; IQWiG (2011), S. 111.

465 Vgl. IQWiG (2011), S. 109–111; IQWiG (2009a), S. 9.

466 Einen Überblick bietet die Gesellschaft der epidemiologischen Krebsregister in Deutschland e. V. (GEKID) auf ihrer Webseite www.gekid.de. Dort finden sich auch eine Übersicht laufender Studien und veröffentlichter Publikationen.

normalerweise nicht in den wissenschaftlichen Datenbanken enthalten. Hier muss die Suche über Internet-Suchmaschinen wie Google oder den direkten Zugriff erfolgen. Bekannte Institute sind zum Beispiel das Wissenschaftliches Institut der AOK (WIdO), das Wissenschaftliches Institut der PKV (WIP), das Wissenschaftliches Institut der TK für Nutzen und Effizienz im Gesundheitswesen (WINEG) oder das IGES.

Gute Basisdaten für die Modell-Population und das allgemeine Behandlungsgeschehen liefern öffentliche Statistiken. Für Deutschland sind das Statistische Bundesamt (DESTATIS) und die Gesundheitsberichterstattung des Bundes (GBE-Bund) von Bedeutung.[467] Hier finden sich vor allem aggregierte Daten aus Routinestatistiken wie bspw. Sterbetafeln zur Bevölkerungsfortschreibung sowie umfangreiche Übersichten nach ICD-Codes für den ambulanten und stationären Sektor.[468] Internationale Mortalitätsraten werden in der Human Mortality Database gesammelt, einem Gemeinschaftsprojekt der University of California, Berkeley (USA) und dem Max Planck Institute for Demographic Research (Germany).[469]

In Großbritannien erfolgt die Impact-Berechnung im Rahmen von HTA-Reports für das NICE und es werden notwendige Daten für die Versichertenpopulation des NHS zur Verfügung gestellt. In Deutschland existiert mit der KM6-Statistik ein vergleichbares Instrument. Diese wird vom BMG zur Verfügung gestellt und enthält eine Übersicht über die Versichertenverteilung der GKV gegliedert nach Kassenart und KV-Bezirk.[470] Innerhalb dieses Rasters erfolgt zudem eine Unterteilung in verschiedene Altersklassen. Die Datei wird jährlich aktualisiert und kann auf der Webseite des BMG abgerufen werden.[471] Die Bereitstellung als Excel-Datei ermöglicht zudem die einfache Einbindung in ein Excel-basiertes Modell. Auch eine Verwendung in anderen Umgebungen stellt kein Problem dar, da sich die Excel-Daten ohne großen Aufwand in andere Formate exportieren und umwandeln lassen. Nachteile sind die grobe Einteilung der Altersklassen und die Gliederung nach Kassenart, sodass einzelne Kassen nicht abgebildet werden können. Im Modell kann dieses Problem insoweit umgangen werden, dass man die Mög-

467 Die Internetauftritte finden sich unter www.destatis.de und www.gbe-bund.de.
468 Vgl. Zeidler, J., Braun, S. (2012), S. 245.
469 Zugang unter der URL: www.humanmortality.de.
470 Vgl. Bundesministerium für Gesundheit (Hrsg.) (2013).
471 Die URL lautet: www.bmg.bund.de/krankenversicherung/zahlen-und-fakten-zur-kranken versicherung.html

lichkeit zur Hinterlegung eigener Populationen schafft. Dies hat weiterhin den Vorteil, dass die Analysen sowohl für Subgruppen einzelner Kassen, als auch für Ärztenetze, PKV-Anbieter oder Klinikketten, durchgeführt werden können.[472] Die Anpassung der Altersgruppen kann bei Bedarf mittels Statistiken der allgemeinen Bevölkerungsverteilung auf einzelne Jahre geschätzt werden.[473]

Im Bestreben, für mehr Vergleichbarkeit zwischen verschiedenen Studien zu sorgen, werden sogenannte Standardkostenlisten entwickelt. In manchen Ländern wie zum Beispiel Belgien sind diese sogar in den Leitlinien enthalten. Auch das IQWiG verweist im Methodenpapier Kostenbestimmung auf die Arbeitsgruppe Methoden der gesundheitsökonomischen Evaluation (AG MEG) der DGSMP, die Standardkosten für die wichtigsten Gesundheitsleistungen und Ressourcen bereitstellt.[474]

Private Quellen Bei der Entwicklung von BIA wird man regelmäßig auch Daten aus nicht öffentlichen Quellen verwenden. Obwohl diese in der Qualität grundsätzlich den anderen Datenquellen nicht unterlegen sein müssen, wird in der Regel doch das Problem bestehen, dass man dem Anbieter ein gewisses Vertrauen entgegen bringen muss. Das Geschäftsmodell privater Anbieter beruht normalerweise darauf, mit Spezialwissen Daten aufzubereiten. Folglich wird kein Anbieter seine Methoden zugänglich und damit überprüfbar machen. Aus der fehlenden Möglichkeit zur Überprüfung folgt aber grundsätzlich immer eine gewisse Angreifbarkeit der Ergebnisse.

Eine Ausnahme besteht bei der Verwendung von Daten, die vom Adressaten der Analyse selbst stammen.[475] Auf Deutschland bezogen sind dies vor allem Abrechnungsdaten der Sozialversicherungsträger (GKV, Pflegeversicherung, Rentenversicherung, Unfallversicherung) oder Sonderauswertungen der Leistungserbringer.[476] Ähnlich ist die Situation in den USA, dort werden

[472] Sofern diese auch in der Lage sind, eine Übersicht ihrer Klienten nach Alter und Geschlecht zu exportieren.

[473] Eigene Untersuchungen haben gezeigt, dass die sich dadurch ergebenden Abweichungen im Endergebnis unter 1% liegen. Trotzdem muss zwischen Genauigkeit und Detailgrad im Einzelfall abgewogen werden.

[474] Vgl. Cleemput, I., Neyt, M., Sande, S. V. de u. a. (2012); IQWiG (2009a), S. 14–15.

[475] Vgl. Mauskopf, J. A., Sullivan, S. D., Annemans, L. u. a. (2007), S. 341.

[476] Vgl. Zeidler, J., Braun, S. (2012), S. 245; IQWiG (2009a), S. 9.

BIMs üblicherweise für einzelne Health Maintenance Organisations (HMOs) oder Versicherer erstellt, die dann im Regelfall die benötigten Versichertendaten vorliegen haben.[477] Diese Daten sind dann besonders gut für Behandlungsprävalenzen und den aktuellen Behandlungsmix geeignet.

Das folgende Beispiel verdeutlicht die Vorteile der Verwendung von Kassendaten. Eine Besonderheit der Indikation MS ist die eindeutige Zuordnung von Arzneimittel zu Indikation. Das bedeutet, dass Präparate zur Behandlung der MS ausschließlich in dieser Indikation verwendet werden. Weiterhin haben die Patienten im Prinzip nur die Wahl zwischen den zur Verfügung stehenden Präparaten oder gar keiner medikamentösen Behandlung. Diese Besonderheit war in einem eigenen Forschungsprojekt bei der Beschaffung der Behandlungsprävalenzen von enormen Vorteil. So wurde bei einer der größten deutschen Krankenkassen eine Analyse in Auftrag gegeben, bei der im Datenbestand der Kasse nach allen Patienten gesucht wurde, die eines der in Frage kommenden MS-Präparate erhalten haben. Die gefunden Patientendaten wurden dann nach Alter und Geschlecht exportiert und in Relation zum gesamten Versichertenpool der Kasse gesetzt. So konnten in kurzer Zeit repräsentative und valide Behandlungsprävalenzen für die Indikation MS erhoben werden.

Eine weitere Quelle privaten Ursprungs ist der Anbieter des neuen Arzneimittels. Von diesem wird man in der Regel die besten Daten zur erwarteten Marktanteilsentwicklung bzw. Diffusion erhalten. Darüber hinaus kann er das Global Value Dossier (GVD) zur Verfügung stellen. Es beschreibt das zentrale Nutzenversprechen sowie die Produktpositionierung. Meist enthält es zudem die gesamte vorhandene Evidenz zum Arzneimittel und kann daher im Modellbildungsprozess genutzt werden. Für konkrete Projekte im Rahmen von Erstattungsfragen ist es jedoch auf Grund seiner internationalen Ausrichtung nur selten verwendbar.[478] Grundsätzlich muss aber davon ausgegangen werden, dass den Unternehmensdaten mit großem Mistrauen begegnet wird. Die Ursachen dafür sind vor allem in der historischen Entwicklung zu sehen.[479] Allerdings zeigen aktuelle Geschehnisse, wie die Auseinandersetzungen zwischen Pfizer und dem IQWiG um Studiendaten, dass diese Probleme gegenwärtig noch nicht gelöst sind. Persönliche Erfahrungen und Gespräche mit

[477] Vgl. Wang, Z., Salmon, J. W., Walton, S. M. (2004).
[478] Vgl. Preuß, K.-J., Ecker, T. (2011), S. 9–11.
[479] Vgl. Anis, A. H., Gagnon, Y. (2000), S. 59–60.

Industrievertretern deuten aber auf ein Umdenken im Umgang mit der Datentransparenz hin.

Daneben existiert auch noch eine Vielzahl gewinnorientierter Anbieter wie zum Beispiel Statista, MediPlus, Insight Health oder IMS Health.[480] Wie umfangreich deren Datenbanken sein können, verdeutlicht folgendes Zitat zum IMS HEALTH Analyzer®. „Erfasst werden tagesgenau Diagnosen (nach ICD10-GM), Laborwerte, Krankenhauseinweisungen, Überweisungen, Krankschreibungen, ausgestellte Rezepte für GKV- und PKV-Patienten sowie die Teilnahme an Disease Management Programmen oder Integrierter Versorgung. IMS HEALTH ergänzt die Einträge durch relevante Zusatzinformationen (z. B. aktuelle Medikamentenpreise gemäß Lauer-Taxe in Apothekenverkaufspreisen (AVP), ATC- und New-Form-Code (NFC)). Verfügbar sind ebenso die Arztstammdaten (u. a. Fachgruppe, Alter, Geschlecht, Region, Gemeindegröße) sowie die Patientenstammdaten (Alter, Geschlecht, Versicherungsstatus, Krankenkasse). Damit sind Longitudinalanalysen von Krankheits- und Therapieverläufen individueller, anonymisierter Patienten möglich. Die Datenbank verfügt hierfür über eine Auswertungsoberfläche. Patientenhistorien können für einzelne Patienten bis maximal 1989 zurückverfolgt werden."[481]

5.7.6.4 Umfang benötigter Daten

Vereinfacht ausgedrückt bestimmen drei Größen den Budget Impact, die Kostendifferenz pro Patient, die Menge an Patienten und der Zeithorizont der Betrachtung.[482] Während der Zeithorizont extern vorgegeben wird (s. Abschnitt 5.7.4), ergeben sich die anderen Determinanten erst aus der Analyse. Für die Kostendifferenz muss allerdings zur Indikation des untersuchten Arzneimittel der gegenwärtige Behandlungsmix erfasst werden. Dazu gehören andere Arzneimittel, Behandlungsmethoden wie chirurgische Eingriffe, beobachtendes Abwarten oder auch gar keine Behandlung.[483] Zur genauen Berechnung müssen folgende sechs Datenblöcke mit Inhalt gefüllt werden:[484]

---

[480] Vgl. Sindern, J., Schröder-Bernhardi, D., Slawik, L. (2010), S. 357.

[481] Sindern, J., Schröder-Bernhardi, D., Slawik, L. (2010), S. 358.

[482] Vgl. Nuijten, M. J. C., Mittendorf, T., Persson, U. (2011), S. 234.

[483] Vgl. Nuijten, M. J. C., Rutten, F. (2002), S. 856; Orlewska, E., Mierzejewski, P. (2004), S. 3, 4; Orlewska, E., Gulácsi, L. (2009), S. 808; Nuijten, M. J. C., Mittendorf, T., Persson, U. (2011), S. 238.

[484] Vgl. Mauskopf, J. A., Sullivan, S. D., Annemans, L. u. a. (2007), S. 341.

1. Größe und Merkmale der betroffenen Population;
2. Behandlungsmix Referenzszenario;
3. Kosten des aktuellen Behandlungsmix;
4. Behandlungsmix Vergleichsszenario;
5. Kosten des neuen Behandlungsmix[485];
6. Inanspruchnahme und Kosten anderer Gesundheitsleistungen, die im Zusammenhang mit der Indikation oder Innovation stehen.

Zur Komplexitätsreduktion kann die Betrachtung innerhalb des Behandlungsmix auf die Bereiche beschränkt werden, die durch das neue Arzneimittel potentiell beeinflusst werden. Ausgangspunkt der Analyse sollte daher die Indikation und das neue Arzneimittel sein. Der Analyst muss die typischen Krankheitsverläufe verstehen und sich in die Indikation einfinden. Dazu gehört auch, sich ein tiefergehendes Verständnis über den aktuellen Behandlungsmix anzueignen. Valide Anhaltspunkte hierfür stellen bspw. Leitlinien dar oder besser noch Auswertungen von Kostenträgerdaten.[486] Nur mit fundierten Kenntnissen kann er darüber urteilen, an welchen Stellen das neue Arzneimittel Veränderungen hervorrufen wird. Wenn das neue Arzneimittel in Konkurrenz zu bereits im Markt befindlichen Arzneimitteln tritt[487], dann sollte besonderes Augenmerk auf die direkten Wettbewerber gelegt werden. Im Budget Impact Modell wird der Behandlungsmix dann oft in den Arzneimittel-Markt an sich und einen Korb aller übrigen Maßnahmen unterteilt. Für die vom IQWiG präferierte Perspektive der Versichertengemeinschaft der GKV zeigt Tabelle 5.11 beispielhaft, welche Ressourcen je Kostenkategorie zu berücksichtigen sind.[488]

---

485 In den neuen Behandlungsmix gehen dann die Kosten des neuen Arzneimittels, die Marktverschiebungen, aber auch die Einsparungen durch die Innovation ein. Vgl. Mauskopf, J. A., Earnshaw, S., Mullins, C. D. (2005), S. 69.

486 Vgl. Marshall, D. A., Douglas, P. R., Drummond, M. F. u. a. (2008), S. 483; Mauskopf, J. A., Earnshaw, S., Mullins, C. D. (2005), S. 67; IQWiG (2009a), S. 8.

487 Das ist der typische Fall für BIAs und wird in den folgenden Erläuterungen auch als Standardfall angenommen. Wenn das Arzneimittel heutzutage die erste medikamentöse Therapieoption in einer Indikation ist, dann wird es sich normalerweise um ein Orphan Drug handeln. Für diese erübrigen sich BIAs üblicherweise auf Grund der im Verhältnis zum Arzneimittelbudget geringen zu erwartenden Kosten. Ähnlich ist die Situation bei neuen Arzneimitteln, die on top gegeben werden. Hier wird ebenfalls eine etwas einfachere Kostenschätzung ausreichen.

488 Vgl. IQWiG (2009a), S. 25, 27.

Tabelle 5.11: Ressourcen aus der Perspektive der Versichertengemeinschaft der GKV

Kostenkategorie	**Ressourcen**
Direkte medizinische Kosten (erstattungsfähig und nicht erstattungsfähig)	Ambulante Arztkontakte Prozeduren und Diagnostik Medikamente* Heilmittel* Hilfsmittel* Krankenhausaufenthalte* Rehabilitation* Dienstleistungen*
Direkte nicht medizinische Kosten	Fahrtkosten Overheadkosten (bspw. Verwaltung)

* inkl. Zuzahlungen

Quelle: Vgl. IQWiG (2009a), S. 25.

5.7.6.5 Daten zur Population

Allgemein Für die Berechnung der Population werden zweierlei Informationen benötigt. Zum einen jene, die Aufschluss über die zum Zeitpunkt null der Untersuchung bestehende Anzahl an Patienten geben und zum anderen Informationen darüber, wie sich die Populationen in beiden Szenarien im Untersuchungszeitraum entwickeln werden. Im Gegensatz zu KNAs muss für BIAs die Population offen sein. Darunter versteht man die Möglichkeit, dass in jedem Untersuchungszeitraum Patienten hinzukommen oder wegfallen können. Diese Forderung der Leitlinien wird in den publizierten BIA jedoch bisher nur unzureichend umgesetzt.[489]

Über die in der Zulassung genannte Indikation hinaus sollte eine BIA prinzipiell alle potentiellen Empfänger des neuen Arzneimittel umfassen. Um zur Ausgangspopulation zu gelangen, stehen zwei Wege zur Verfügung, der epi-

[489] Vgl. Orlewska, E., Gulácsi, L. (2009), S. 822.

demiologische Ansatz oder die direkte Verwendung von Diagnose- und Abrechnungsdaten des Kostenträgers (s. Abbildung 5.6).[490]

Abbildung 5.6: Populationsberechnung

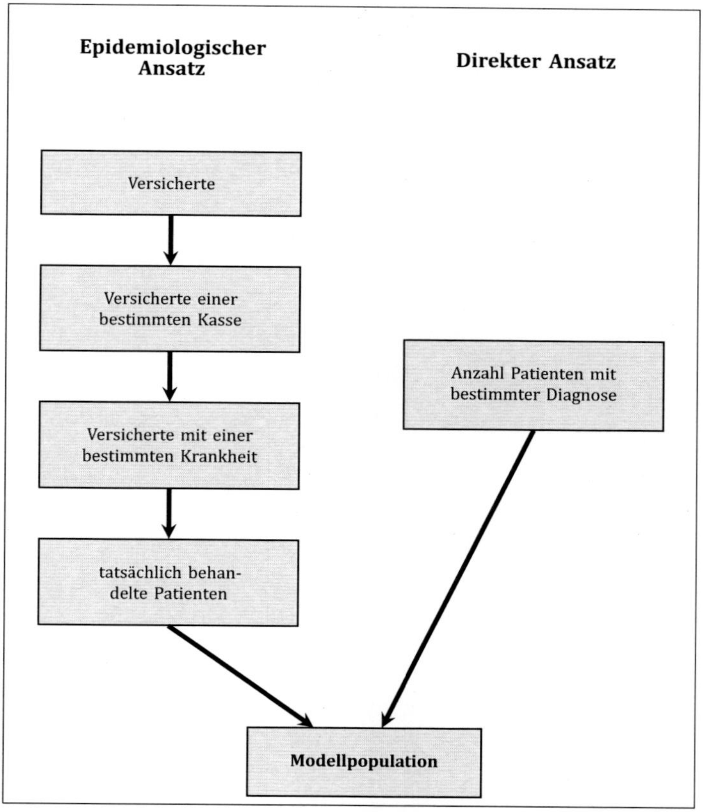

Quelle: Vgl. Marshall, D. A., Douglas, P. R., Drummond, M. F. u. a. (2008), S. 485.

[490] Vgl. Mauskopf, J. A., Sullivan, S. D., Annemans, L. u. a. (2007), S. 339–340; Marshall, D. A., Douglas, P. R., Drummond, M. F. u. a. (2008), S. 482; Cleemput, I., Neyt, M., Sande, S. V. de u. a. (2012), S. 45–46; Mauskopf, J. A., Earnshaw, S., Mullins, C. D. (2005), S. 69; Pirk, O., Schöffski, O. (2012), S. 197; Marshall, D. A., Douglas, P. R., Drummond, M. F. u. a. (2008), S. 482; Nuijten, M. J. C., Mittendorf, T., Persson, U. (2011), S. 236.

Beim epidemiologischen Verfahren werden Inzidenzen und Prävalenzen zur betreffenden Indikation benötigt. In Verbindung mit der Grundgesamtheit (in Deutschland bspw. die KM6-Statistik) kann dann die Untersuchungspopulation berechnet werden. Falls Inzidenzen oder Prävalenzen nicht mit ausreichender Genauigkeit vorliegen, können diese mit einfachen Modellen (z. Bsp. Markov-Modelle) auf Plausibilität geprüft und angepasst werden. In Nischenindikationen kann die Beschaffung epidemiologischer Daten allerdings sehr schwierig sein. In solchen Fällen bietet sich die Verwendung von Daten des Kostenträgers an. In den publizierten Studien wird überwiegend der epidemiologischer Ansatz mit anschließender Simulation von Kohorten verwendet.[491]

Eine seltene Alternative kann auch die Verwendung bereits vorhandener simulierter Populationen sein. Dies ist vor allem dann sinnvoll, wenn andere Auswertungen zur untersuchten Indikation oder Innovation ebenfalls darauf aufbauen. Hier wäre wegen der höheren Vergleichbarkeit diesen Daten der Vorzug zu geben.[492]

Ob für den Verlauf ein Inzidenz- oder Prävalenz-Ansatz verfolgt wird, hängt maßgeblich von der Indikation ab. Bei akuten Krankheiten sind eher Inzidenzen relevant, bei chronischen Krankheiten die Prävalenzen.[493] Es wird in diesem Zusammenhang bei akuten Krankheiten auch von statischen BIAs und bei chronischen von dynamischen BIAs gesprochen.[494]

Für die Simulation sind aber noch viele weitere Aspekte zu berücksichtigen. So müssen für den zeitlichen Verlauf Geburtenraten und Mortalität beachtet werden. Für die Versichertenpopulation können dazu allgemeine Sterbetafeln (in Deutschland beim Statistischen Bundesamt erhältlich) verwendet werden. Für die Patienten sind allerdings krankheitsspezifische Mortalitätsraten nötig.

Ebenso gilt es, Veränderungen in den Inzidenzen und Prävalenzen zu antizi-

[491] Vgl. Nuijten, M. J. C., Rutten, F. (2002), S. 856; Orlewska, E., Mierzejewski, P. (2004), S. 6; Mauskopf, J. A., Sullivan, S. D., Annemans, L. u. a. (2007), S. 341; Nuijten, M. J. C., Mittendorf, T., Persson, U. (2011), S. 236; Orlewska, E., Gulácsi, L. (2009), S. 822.

[492] Vgl. Marshall, D. A., Douglas, P. R., Drummond, M. F. u. a. (2008), S. 486.

[493] Vgl. Orlewska, E., Mierzejewski, P. (2004), S. 6; Nuijten, M. J. C., Mittendorf, T., Persson, U. (2011), S. 233–234; Mauskopf, J. A., Earnshaw, S., Mullins, C. D. (2005), S. 66.

[494] Vgl. Mauskopf, J. A., Earnshaw, S., Mullins, C. D. (2005), S. 69.

pieren. So kann die Inzidenz ansteigen, wenn Screening-Programme eingeführt werden (mit gleichzeitiger Verschiebung hin zu leichteren Fällen) oder das neue Arzneimittel zu steigender Nachfrage führt, weil bisher unbehandelte Patienten erreicht werden. Anstiege in der Prävalenz sind vor allem dann zu erwarten, wenn das neue Arzneimittel oder andere Maßnahmen im Untersuchungszeitraum lebensverlängernd wirken.[495]

Auch Erstattungseinschränkungen können sich auf die Anzahl der potentiellen Empfänger des neuen Arzneimittels auswirken. So existieren vor allem im onkologischen Bereich einige Arzneimittel, die erst als 2nd- oder 3rd-Line Therapie zugelassen sind, nachdem andere Therapien bereits versagt haben. Bei anderen wiederum müssen vorab bestimmte Tests durchgeführt werden, die sich natürlich auch auf das Budget des Kostenträgers auswirken.[496]

Theoretisch müssten in Deutschland darüber hinaus auch Kassenwechsel und Migrationsbewegungen berücksichtigt werden, wenn die Modellierung für einzelne Krankenkassen durchgeführt wird. Um solche Effekte abbilden zu können, sind kasseneigene Daten allerdings unverzichtbar. Außerdem sollte gerade in diesem Beispiel geprüft werden, ob solch eine Genauigkeit überhaupt notwendig ist.

Subgruppenanalysen Falls in der breiten Masse keine signifikanten Ergebnisunterschiede zu sehen sind, werden für neue Arzneimittel in der KNA immer häufiger Subgruppenanalysen durchgeführt, um zu überprüfen, ob das Arzneimittel zumindest für einen Teil der Patienten einen deutlichen Zusatznutzen bietet.[497] Als Auswahlparameter für Subgruppenanalysen eigenen sich bspw. Alter, Geschlecht, Krankheitsstadien, Komorbiditäten, Schweregrade oder auch Therapieversagen. Da diese Entwicklung auch in den Leitlinien für BIAs berücksichtigt wird, muss schon bei der Aufbereitung der Eingangsdaten für die Population an relevante Subgruppen gedacht werden.[498] In be-

[495] Vgl. Cleemput, I., Neyt, M., Sande, S. V. de u. a. (2012), S. 46; Orlewska, E., Mierzejewski, P. (2004), S. 6.

[496] Vgl. Nuijten, M. J. C., Mittendorf, T., Persson, U. (2011), S. 236.

[497] So geschehen bspw. in der frühen Nutzenbewertung von Brilique™ (Ticagrelor). Vgl. Bausch, J. (2012).

[498] Vgl. Trueman, P., Drummond, M., Hutton, J. (2001), S. 616; Nuijten, M. J. C., Rutten, F. (2002), S. 856; John, J., Leidl, R. (2004), S. 222–223; Orlewska, E., Mierzejewski, P. (2004), S. 5, 8; Mauskopf, J. A., Sullivan, S. D., Annemans, L. u. a. (2007), S. 340; Cleemput, I., Neyt, M., Sande, S. V. de u. a. (2012), S. 46.

reits publizierten BIA sind Subgruppenanalysen bisher allerdings eine Seltenheit.[499]

Für Kostenträger sind Subgruppenanalysen vor allem dann interessant, wenn sie die Erstattung entsprechend einschränken können. Dies steht natürlich im Widerspruch zum Interesse des Herstellers, der an einer möglichst breiten Verwendung interessiert ist. Im Zweifel wird er sich aber den Anforderungen des Kostenträgers beugen müssen.[500] Um nicht gleichzeitig Opfer einer Salami-Taktik zu werden, verlangen die belgischen Leitlinien trotzdem die Berechnung des BI für alle in der Fachinformation (FI) genannten Indikationen.[501] Das bedeutet für das BIM, dass zwar Subgruppenanalysen in der Ergebnisdarstellung möglich sein sollen, es aber nicht statthaft ist, BIMs nur für Subgruppen zu entwickeln.

Off-Label Use Bei Off-Label Use von Arzneimitteln müssen verschiedene Formen unterschieden werden. Neben dem Einsatz des Arzneimittels außerhalb der zugelassenen Indikation ohne jegliche Evidenz ist vor allem die Verwendung bei Patientengruppen, die nicht in den Zulassungsstudien eingeschlossen waren (bspw. Säuglinge, Kinder, Multimorbide, ältere Patienten) und in Indikationen, für die das Unternehmen aus wirtschaftlichen Überlegungen keine Zulassung beantrag hat, zu erwarten. Je nach Arzneimittel und Indikation ist der zu erwartende Off-Label Use somit eine wichtige Größe für den BI. Bestes Beispiel hierfür sind moderne Krebsmedikamente, die durch ihre Wirkprinzipien potentiell bei vielen Krebsarten eingesetzt werden können, normalerweise aber zunächst nur in einer Indikation zugelassen werden.[502] Die Herausforderung für den Analysten besteht darin, dass zum erwarteten Off-Label Use so gut wie keine verlässlichen Informationen vorhanden sein werden. Auch in den bestehenden Leitlinien finden sich außer der Feststellung der Budgetrelevanz noch keine allgemeinen Empfehlungen. Der Konsens beschränkt sich darauf, dass wenn ein relevanter Off-Label Use zu erwarten

[499] Vgl. Orlewska, E., Gulácsi, L. (2009), S. 822.
[500] Vgl. Trueman, P., Drummond, M., Hutton, J. (2001), S. 616–617; Orlewska, E., Mierzejewski, P. (2004), S. 5; Mauskopf, J. A., Sullivan, S. D., Annemans, L. u. a. (2007), S. 340; Marshall, D. A., Douglas, P. R., Drummond, M. F. u. a. (2008), S. 482.
[501] Vgl. Cleemput, I., Neyt, M., Sande, S. V. de u. a. (2012), S. 46.
[502] Vgl. American Society of Clinical Oncology (2006).

ist, zumindest ein entsprechend Basisszenario mit plausiblen Annahmen im Modell hinterlegt werden sollte.[503]

5.7.6.6 Daten zum Behandlungsmix

Arzneimittelmarkt Zur Berechnung des Arzneimittelmarktes werden alle relevanten Informationen über das neue Arzneimittel und seine Wettbewerber benötigt.[504] Besonders wichtig sind dabei Anwendungsdauer, Dosierung und die Wirkstärken/Packungsgrößen-Kombinationen.[505] Letztere deshalb, weil sie Einfluss auf die Bezugshäufigkeit und damit die Vertriebskosten haben. Wenn die untersuchten Arzneimittel die Gabe weiterer Arzneimittel in Form von Begleitmedikation erfordern, dann muss dies in der BIA ebenfalls berücksichtigt werden.[506] Darüber hinaus sollte die BIA auch die Handelsnamen, ATC-Codes, Zulassungsdaten, Informationen zur Wirksamkeit und Sicherheit sowie weitere zugelassene Indikationen enthalten.

Auch Compliance- bzw. Adherenceraten müssen berücksichtigt werden, sofern diese budgetrelevant sind. Zwar spielt die Compliance für den Kostenträger keine große Rolle, da eingelöste Rezepte so oder so Kosten verursachen. Sobald sich aus der mangelnden Compliance jedoch eindeutig kausale Folgekosten ableiten lassen, so muss die Compliance auch in der BIA berücksichtigt werden.[507] In der Praxis wird die Herausforderung vor allem darin bestehen, die notwendigen Informationen über die Effektstärken der (Non-)Compliance zu beschaffen (s. Abschnitt 2.4.3.2). Hier muss mit dem Adressaten der BIA abgestimmt werden, inwieweit eine Darstellung über Annahmen oder Sensitivitätsanalysen erfolgen soll. Bei vertretbarem Aufwand sollte die Möglichkeit zur Modellierung auf jeden Fall eingeplant werden.

---

[503] Vgl. Cleemput, I., Neyt, M., Sande, S. V. de u. a. (2012), S. 46; Mauskopf, J. A., Sullivan, S. D., Annemans, L. u. a. (2007), S. 339, 340; Nuijten, M. J. C., Mittendorf, T., Persson, U. (2011), S. 239; Orlewska, E., Mierzejewski, P. (2004), S. 5; Mauskopf, J. A., Earnshaw, S., Mullins, C. D. (2005), S. 72.

[504] Vgl. Nuijten, M. J. C., Rutten, F. (2002), S. 856; Orlewska, E., Mierzejewski, P. (2004), S. 6; Mauskopf, J. A., Sullivan, S. D., Annemans, L. u. a. (2007), S. 338.

[505] Vgl. Koopmanschap, M. A., Rutten, F. F. H. (2003), S49.

[506] Vgl. Orlewska, E., Mierzejewski, P. (2004), S. 7.

[507] Vgl. Mauskopf, J. A., Sullivan, S. D., Annemans, L. u. a. (2007), S. 342.

Die Parameter mit der größten Unsicherheit sind die Diffusionsraten und Marktentwicklung. Für die Entwicklung des Marktanteils des neuen Arzneimittels bietet sich die Verwendung der Anbieterdaten an, auch wenn diese oft als unglaubwürdig kritisiert werden.[508] Bei näherer Betrachtung ist dies allerdings nicht nachvollziehbar. Bisher ist es üblicherweise so, dass wenn eine BIA verlangt bzw. durchgeführt wird, eine vorangegangene KNA schon positiv ausgefallen ist und die Aufnahme in den Erstattungskatalog somit sehr wahrscheinlich ist. Dann ist es plausibel anzunehmen, dass der Marktanteil größer null sein wird. Weiterhin kann angenommen werden, dass die meisten neuen Arzneimittel keine Jahrhundertdurchbrüche sind und damit in der kurzen Frist auch kein Marktanteil von über 50% zu erwarten ist. Je nach Indikation lässt sich schon durch solch einfach Überlegungen der Wertebereich einschränken. Da auch die Indikation, die relative Performance der Innovation und die historische Entwicklung der Wettbewerber bei Markteintritt bekannt sind, lässt sich der zu erwartende Marktanteil in den ersten Jahren der Markteinführung sehr gut abschätzen. In der Summe ist es also möglich, in der überwiegenden Zahl der Fälle sehr wohl ein realistisches Bild der Marktanteilsentwicklung zeichnen, sodass die Kritik im Grunde genommen unbegründet ist. Eigene Erfahrungen in der Zusammenarbeit mit Herstellern haben zudem gezeigt, dass diese darauf bedacht sind, möglichst realistische Zahlen zu verwenden, um das Instrument der BIA gegenüber Kostenträgern nicht zu diskreditieren.

Einen theoretischen Lösungsansatz für den Umgang mit Anbieterdaten aus Kostenträgersicht haben ZARIC ET AL. im Jahr 2005 vorgestellt. So können Risk-Sharing-Verträge dazu beitragen, die Informationsasymetrie durch entsprechende Anreize aufzuheben. Das Risiko extremer Mengenausweitungen liegt dann nicht mehr allein beim Kostenträger und der Anbieter hat keinen Anreiz mehr einen zu niedrigen BI auszuweisen. Ihr Modell hat aber auch gezeigt, dass diese Anreizsituation nicht immer Bestand hat und Kostenträger im Einzelfall passende Risk-Sharing-Modelle adaptieren müssen, um zum gewünschten Ergebnis zu gelangen.[509] In Kanada werden entsprechende Risk-Sharing-Abkommen schon umgesetzt, um Anreize für möglichst genaue Angaben zu setzen.[510]

---

[508] Vgl. Trueman, P., Drummond, M., Hutton, J. (2001), S. 616; Orlewska, E., Mierzejewski, P. (2004), S. 6; Nuijten, M. J. C., Mittendorf, T., Persson, U. (2011), S. 237; Zaric, G. S., O'brien, B. J. (2005), S. 793–794.

[509] Vgl. Zaric, G. S., O'brien, B. J. (2005).

[510] Vgl. Marshall, D. A., Douglas, P. R., Drummond, M. F. u. a. (2008), S. 492.

Für die Entwicklung der Marktanteile sind vor allem die Substitutionsrate und die induzierte Nachfrage verantwortlich. Bei der Substitution sind grundsätzlich alle relevanten Alternativen zu betrachten. Es muss darauf geachtet werden, dass die angenommene Substitution auch den medizinisch-klinischen Realitäten entspricht. Hier gilt es insbesondere die Dosis-Wirkung-Beziehungen der verschiedenen Arzneimittel zu berücksichtigen, als auch die unterschiedlichen Preise. Die induzierte Nachfrage kann sowohl eine Ausweitung des Gesamtvolumens als auch Verschiebungen innerhalb des Marktes bewirken. Hier ist vor allem mit Veränderungen durch das Pharmamarketing im Launchprozess zu rechnen, welches das Verschreibungsverhalten der Ärzte beeinflussen kann. Aber auch mündige und durch das Internet informierte Patienten fragen verstärkt innovative Produkte nach. Diese Effekte sind jedoch in den USA, wo die Möglichkeit zur Endkundenwerbung besteht, ausgeprägter als im Rest der Welt.[511]

In jedem Fall muss die Marktentwicklung mit realistischen und belastbaren Werten modelliert werden, damit der Vergleich der Szenarien zu sinnvollen Ergebnissen führt. Wenn bereits vergleichbare Produkte eingeführt wurden, kann man von diesen gegebenenfalls Rückschlüsse ziehen. Bei echten Innovationen ist die Vorhersage schwieriger. Im Zweifel muss ein plausibles Basisszenario verwendet werden und die Unsicherheit mit Sensitivitäts- und Szenarioanalysen behandelt werden. Relativ gute Unternehmensdaten sollten jedoch meist verfügbar sein, da es für ein Unternehmen essentiell ist, den Bedarf so genau wie möglich zu vorherzusagen. Gerade zur Preisfindung sowie Produktions- und Finanzplanung werden unternehmensintern entsprechende Daten benötigt.[512]

Neben der Modellierung der bereits im Markt befindlichen Produkte und dem untersuchten Arzneimittel muss auch geprüft werden, ob während des Untersuchungszeitraumes die Einführung weiterer neuer Arzneimittel zu erwarten ist. Hierfür ist ein Blick in die Datenbanken für klinische Studien bei der FDA

---

[511] Vgl. Trueman, P., Drummond, M., Hutton, J. (2001), S. 612, 616; Nuijten, M. J. C., Rutten, F. (2002), S. 856; Orlewska, E., Mierzejewski, P. (2004), S. 7; Mauskopf, J. A., Sullivan, S. D., Annemans, L. u. a. (2007), S. 339; Nuijten, M. J. C., Mittendorf, T., Persson, U. (2011), S. 237–238; Cleemput, I., Neyt, M., Sande, S. V. de u. a. (2012), S. 45–46; Mauskopf, J. A., Earnshaw, S., Mullins, C. D. (2005), S. 72; Marshall, D. A., Douglas, P. R., Drummond, M. F. u. a. (2008), S. 487.

[512] Vgl. Mauskopf, J. A., Sullivan, S. D., Annemans, L. u. a. (2007), S. 339, 343; Marshall, D. A., Douglas, P. R., Drummond, M. F. u. a. (2008), S. 485–486; Zaric, G. S., O'brien, B. J. (2005), S. 793–794; Trueman, P., Drummond, M., Hutton, J. (2001), S. 616, 619.

oder European Medicines Agency (EMA) sinnvoll. Die Suche kann aber auf späte Phase II und Phase III Entwicklungen beschränkt werden. Darüber hinaus besteht natürlich auch die Möglichkeit, dass Arzneimittel vom Markt genommen werden oder Konkurrenten generisch werden. Ob überhaupt und wie weit solche Game Changer in die Analyse mit aufgenommen werden, muss im Einzelfall überlegt und begründet werden. Eine allgemein gültige Empfehlung ist wegen der Vielzahl möglicher Konstellation unmöglich.[513]

Veränderte Ressourcenverbräuche In den Leitlinien wird eine umfassende und konsequente Berücksichtigung aller budgetwirksamen, veränderten Ressourcenverbräuche durch das neue Arzneimittel empfohlen.[514] Neben naheliegenden Veränderungen wie Begleitmedikamenten oder zusätzlichen Laboruntersuchungen betrifft dieser Bereich den Nutzen des neuen Arzneimittels, der direkt zu Einsparungen führt. Die australischen Leitlinien zum Beispiel geben vier Stufen zur Berechnung vor:[515]

- medizinische Kosten zur Behandlung von Nebenwirkungen der Innovation addieren;
- medizinische Kosten zur Behandlung von Nebenwirkungen verdrängter Arzneimittel abziehen;
- Einsparungen bei medizinischen Kosten die nicht Arzneimittel sind;
- Einsparungen bei medizinischen Kosten durch die Wirkung der Innovation.

Wie das in der Praxis aussehen kann, soll am folgenden Beispiel der Insuline verdeutlicht werden. Nehmen wir an, dass bestehende Insuline nur eine Wirkdauer von 4 Stunden haben und der Patient somit alle 4 Stunden eine erneute Blutzuckermessung durchführen muss. Für diese Blutzuckermessung werden Teststreifen benötigt, die wiederum Kosten verursachen. Wenn das neue, teurere Arzneimittel den Zeitraum bis zur nächsten Messung auf 12 Stunden ausdehnt, fallen zwei Messungen weg. Die dadurch gesparten Kosten müssen somit der Innovation zugerechnet werden und verringern dadurch deren Impact. Die Realität ist natürlich wesentlich komplexer, vor allem dann wenn sowohl Mehrkosten als auch Einsparungen nur bei einem Teil der Patienten an-

513 Vgl. Marshall, D. A., Douglas, P. R., Drummond, M. F. u. a. (2008), S. 481, 487–488; Nuijten, M. J. C., Mittendorf, T., Persson, U. (2011), S. 237; Murphy, T. (2012).

514 Vgl. Cleemput, I., Neyt, M., Sande, S. V. de u. a. (2012), S. 46; Trueman, P., Drummond, M., Hutton, J. (2001), S. 612; Marshall, D. A., Douglas, P. R., Drummond, M. F. u. a. (2008), S. 487.

515 Vgl. Mauskopf, J. A., Earnshaw, S., Mullins, C. D. (2005), S. 67.

fallen. Man denke hier an Krebsmedikamente, die zusätzliche diagnostische Tests nach sich ziehen, dafür aber andere therapeutische Maßnahmen obsolet machen. Letztlich finden über die veränderten Ressourcenverbräuche alle Nutzenaspekte des neuen Arzneimittels, die kausal belegbar zu Kostenveränderungen führen, auch Eingang in die BIA.[516]

Wenn es durch das neue Arzneimittel zu veränderten Ressourcenverbräuchen kommt, diese aber für den Kostenträger keinen monetären Einfluss haben, so können sie trotzdem im Rahmen der BIA an gesonderter Stelle ausgewiesen werden. Die Ressourcenallokation ist für den Entscheidungsträger ja unabhängig vom BI für zukünftige Planungen von Bedeutung. Ein Beispiel hierfür ist die Komplexpauschale für Hausärzte im ambulanten Bereich der GKV, mit der auch wiederholt anfallende Infusionen an einem Patienten innerhalb eines Quartals abgegolten sind. Ein neues Arzneimittel, dass die gleiche Wirkung mit weniger Infusionen erreicht, aber mehr kostet, hat folglich einen positiven Budget Impact, obwohl beim Arzt die Ressource Behandlungszeit frei wird. Diese ist aus Sicht des Kostenträgers aber nicht direkt budgetrelevant, sodass sie in die Berechnungen des BIM nicht einfliesst.[517]

Kostenbestimmung In der gesundheitsökonomischen Evaluation unterscheidet man zwischen direkten, indirekten und intangiblen Kosten, wobei letztere in der BIA keine Rolle spielen. Die indirekten Kosten können in Ausnahmefällen berücksichtigt werden. Dies gilt zum einen, wenn die gesellschaftliche Perspektive in stark steuerfinanzierten Gesundheitssystemen eingenommen wird oder wenn diese in bestimmten Versicherungsstrukturen für den Kostenträger relevant sind. Davon abgesehen besteht in den Leitlinien dahingehend Einigkeit, dass für BIAs die budgetwirksamen, direkten Kosten zu betrachten sind.[518] Die belgischen Leitlinien zum Beispiel empfehlen im Referenz-Szenario nur direkte medizinische Kosten einzubeziehen, andere

[516] Vgl. Mauskopf, J. A., Sullivan, S. D., Annemans, L. u. a. (2007), S. 341–342; Mauskopf, J. A., Earnshaw, S., Mullins, C. D. (2005), S. 67; IQWiG (2009a), S. 9.

[517] Vgl. Mauskopf, J. A., Sullivan, S. D., Annemans, L. u. a. (2007), S. 340; Bierbaum, M., Schöffski, O. (2013).

[518] Vgl. Wang, Z., Salmon, J. W., Walton, S. M. (2004), S. 53; Mauskopf, J. A., Sullivan, S. D., Annemans, L. u. a. (2007), S. 340, 341; Sindern, J., Schröder-Bernhardi, D., Slawik, L. (2010), S. 357; Mauskopf, J. A., Earnshaw, S., Mullins, C. D. (2005), S. 67; John, J., Leidl, R. (2004), S. 220; IQWiG (2009a), S. 2–3.

Kostenarten können aber separat ausgewiesen werden.[519] Tabelle 5.12 zeigt, welche Kostenarten je nach gewählter Perspektive relevant sein können.

Tabelle 5.12: Kostenarten in Abhängigkeit der Perspektive

		Kostenkategorien					
		Direkte erstattungsfähige medizinische Kosten	Direkte nicht erstattungsfähige medizinische Kosten	Direkte nicht medizinische Kosten	Kosten bei anderen Sozialversicherungen	Transferleistungen	Indirekte Kosten
Perspektive	Gesellschaft	☒	☒	☒	☒	☐	☒
	Sozialversicherung	☒	☐	☐	☒	☒	☐
	Versicherten-gemeinschaft	☒	☒	☒	☐	☐	☐
	GKV	☒	☐	☐	☐	☒	☐

Quelle: Vgl. IQWiG (2009a), S. 2.

Für BIA können noch weitere Kostenarten relevant werden, die sich jedoch stärker im Bereich Medizintechnik und Prozeduren auswirken als im Arzneimittelbereich. In der Gerätemedizin sind dies vor allem Beschaffungskosten, die sich initial auf das Budget auswirken. Implementierungskosten hingegen fallen an, wenn zunächst Qualifikationen erworben, Personal geschult oder zusätzliche Infrastruktur aufgebaut werden muss. Sollte dies bei der betrachteten Maßnahme notwendig sein, so müssen diese Zusatzkosten zumindest in ihrer Gesamtheit mit ausgewiesen werden.[520]

Zur Kostenerfassung kommen sowohl micro-costing- als auch macro-costing Ansätze in Frage, es können aber auch beide innerhalb einer Analyse kombiniert werden. Micro-costing sollte vor allem dort zum Einsatz kommen, wo die größten Unterschiede zu erwarten sind, da es eine hohe Präzision bietet, aber auch sehr zeit- und kostenintensiv ist. Macro-costing sollte der Vorzug gegeben werden, wenn keine großen Unterschiede oder starker Einfluss auf das Ergebnis der Analyse zu erwarten ist. Beim Macro-costing werden die Kostendaten auf aggregierter Ebene erhoben. Dies hat den Vorteil, dass sich die Ergebnisse leichter verallgemeinern und mit anderen Studien vergleichen lassen.[521] Die belgischen Leitlinien machen ganz konkrete Vorgaben und empfehlen das macro-costing, um näher an der Versorgungs- und Abrechnungsrea-

519 Vgl. Cleemput, I., Neyt, M., Sande, S. V. de u. a. (2012), S. 25.

520 Vgl. Orlewska, E., Mierzejewski, P. (2004), S. 6; Cleemput, I., Neyt, M., Sande, S. V. de u. a. (2012), S. 47; Mauskopf, J. A., Sullivan, S. D., Annemans, L. u. a. (2007), S. 342; IQWiG (2009a), S. 5.

521 Vgl. IQWiG (2009a), S. 11–13.

lität aus Kostenträgersicht zu sein. In begründeten Fällen erlauben sie aber auch micro-costing.[522] Zur Entscheidung, welchen Ansatz man verwendet, bieten die Antworten auf folgende zwei Fragen einen guten Anhaltspunkt:[523]

- Welche Arten von Ressourcenverbrauch sind für die untersuchte Indikation/Intervention relevant?
- Bis zu welchem Detailgrad ist eine Analyse und Bewertung notwendig?

Die Kostenbewertung selbst soll sich am tatsächlichen Behandlungsgeschehen orientieren und zur gewählten Perspektive passen. Das bedeutet, dass genau jene Kosten mit einbezogen werden, die auch tatsächlich vom betroffenen Kostenträger internalisiert werden.[524] Für Deutschland sind somit Abrechnungskataloge wie der Einheitliche Bewertungsmaßstab EBM und die Gebührenordnung Ärzte (GOÄ) für den ambulanten und Diagnosis Related Groups (DRGs) für den stationären Sektor relevant.[525] Angaben zu bewerteten Ressourcenverbräuchen können aber auch aus anderen publizierten Studien entnommen werden. Die Arzneimittel sollten zu ihren aktuellen Preisen bewertet werden.[526] Diese können in Deutschland der Lauer-Taxe entnommen werden. Dort finden sich auch Hinweise auf bestehende Rabattverträge. Aus Tabelle 5.13 wird deutlich, dass für die Perspektive des Kostenträgers solche Rabatte und die Patientenzuzahlungen berücksichtigt werden müssen. Ebenso muss auch auf Details geachtet werden, wie die Deckelung der Zuzahlungen bei Chronikern. Für die Zuzahlungen der Patienten kann es unter Umständen sinnvoll sein, einen micro-costing Ansatz zu verwenden.

Prinzipiell käme auch eine Bewertung anhand von Opportunitätskosten in Frage. In einem freien Markt mit perfektem Wettbewerb würden die Preise ohnehin den Opportunitätskosten entsprechen. Allerdings liegen im Gesundheitswesen normalerweise keine Marktpreise vor.[527] Gemäß den Leitlinien

[522] Vgl. Cleemput, I., Neyt, M., Sande, S. V. de u. a. (2012), S. 26.

[523] Vgl. Orlewska, E., Mierzejewski, P. (2004), S. 5; Simoens, S. (2009), S. 2953.

[524] Vgl. Orlewska, E., Mierzejewski, P. (2004), S. 3–5; Mauskopf, J. A., Sullivan, S. D., Annemans, L. u. a. (2007), S. 340; Cleemput, I., Neyt, M., Sande, S. V. de u. a. (2012), S. 17, 25–36; Mauskopf, J. A., Earnshaw, S., Mullins, C. D. (2005), S. 67, 69; Marshall, D. A., Douglas, P. R., Drummond, M. F. u. a. (2008), S. 482; Nuijten, M. J. C., Rutten, F. (2002), S. 856, 860; Koopmanschap, M. A., Rutten, F. F. H. (2003), S49.

[525] Vgl. IQWiG (2009a), S. 25.

[526] Vgl. Nuijten, M. J. C., Rutten, F. (2002), S. 856, 860; Koopmanschap, M. A., Rutten, F. F. H. (2003), S49.

[527] Vgl. Simoens, S. (2009), S. 2953; IQWiG (2009a), S. 7, 18–20.

Tabelle 5.13: Preisbildung verschreibungspflichtiger Arzneimittel

Herstellerabgabepreis (HAP)	**100,00 €**
Prozentualer Großhandelszuschlag (3,15%)	+ 3,15 €
Großhandelsfestzuschlag	+ 0,70 €
Apothekeneinkaufspreis (AEP)	**= 103,85 €**
Prozentualer Apothekenzuschlag (3%)	+ 3,12 €
Apothekenfestzuschlag	+ 8,35 €
Notdienstzuschlag	+ 0,16 €
Mehrwertsteuer (19%)	+ 21,94 €
Apothekenverkaufspreis (AVP) (=Listenpreis)	**= 137,42 €**
Zuzahlung des Versicherten (10% auf AVP)	- 10,00 €
Herstellerrabatt (16% auf HAP bei patentgeschützten Arzneimitteln ohne FB)	- 16,00 €
Apothekenrabatt (1,85 € je Packung)	- 1,85 €
Kosten für die GKV (=Effektivpreis)	**= 109,57 €**

Quelle: Vgl. Gesetz über den Verkehr mit Arzneimitteln (2012), §41 Abs. 1; §78 Abs. 2; Arzneimittelpreisverordnung (2013), §1 Abs. 1 und 4; §2 Abs. 1 S. 1; §3 Abs. 1 S. 1; Fünftes Buch Sozialgesetzbuch - Gesetzliche Krankenversicherung (2011), §130a.

sollen innerhalb der eigentlichen BIA ohnehin keine Opportunitätskosten zur Bewertung von Maßnahmen oder Ressourcen verwendet werden.[528] Darüber hinaus würde die Bedeutung der BIA für die Ressourcenallokation gemindert, weil ihr Nutzen ja gerade im Aufzeigen der Opportunitätskosten einer Maßnahme aus der Systemsicht liegt (s. Abschnitt 5.6).

528 Vgl. Orlewska, E., Mierzejewski, P. (2004), S. 5; Mauskopf, J. A., Sullivan, S. D., Annemans, L. u. a. (2007), S. 340.

5.7.7 Durchführung

Im Vergleich zur Datenbeschaffung und Modellbildung ist die Durchführung der trivialste Teil (s. Abschnitt 2.2.3), da die Berechnungen ja ohnehin von der Software übernommen werden. Aus den beschafften und ausgewerteten Daten werden an dieser Stelle mit dem entwickelten Modell die beiden Szenarien berechnet und der Budget Impact als Differenz der Ergebnisse ausgewiesen. Für akute Krankheiten sind die Berechnungen zwar prinzipiell einfacher als bei chronischen Krankheiten. Letztlich liegt der größte Aufwand aber immer in der Datenbeschaffung, Modellbildung und Validierung. Daher ist es wenig überraschend, dass die eigentlichen Berechnungen in publizierten BIAs korrekt durchgeführt wurden und keine Probleme bereiteten.[529]

5.7.8 Publikation und Ergebnisdarstellung

5.7.8.1 Allgemein

Zunächst soll an dieser Stelle nochmals auf die Bedeutung eines präzisen Sprachgebrauchs in der Ergebnispräsentation hingewiesen werden (s. Abschnitt 2.3.2). Nur so können wissenschaftliche Aussagen verständlich, nachvollziehbar und vergleichbar gemacht werden.[530] Ebenso sollen die Ergebnisse nicht als absolute Wahrheiten dargestellt werden, sondern die Unsicherheit der Eingangsparameter und Annahmen angemessen widerspiegeln.[531] Für das BIM ist es auch insofern nützlich, auf Nachvollziehbarkeit durch die Nutzer zu achten, als dass sich dadurch die Gefahr der Verselbständigung mindern lässt.[532] An dieser Stelle sei auch auf die Prüfliste zur Qualitätssicherung von Modellen von EDDY aus dem Jahr 1985 verwiesen, die in zeitloser Richtigkeit als Orientierungsmaßstab für alle Modellentwickler gelten kann (s. Tabelle 5.14).

[529] Vgl. Marshall, D. A., Douglas, P. R., Drummond, M. F. u. a. (2008), S. 481; Orlewska, E., Gulácsi, L. (2009), S. 822; Cleemput, I., Neyt, M., Sande, S. V. de u. a. (2012), S. 44; Mauskopf, J. A., Sullivan, S. D., Annemans, L. u. a. (2007), S. 342–343.

[530] Vgl. Zschocke, D. (1995), S. 107.

[531] Vgl. Weinstein, M. C., O'Brian, B., Hornberger, J. u. a. (2003), S. 10.

[532] Vgl. Buddensiek, W., Kaiser, F.-J., Kaminski, H. (1980), S. 98.

Tabelle 5.14: Prüfliste zur Qualitätssicherung von Modellen

Elemente die in jeder Veröffentlichung, deren Ergebnisse auf mathematischen Modellen basieren, enthalten sein sollen

- Problembeschreibung
- Beschreibung wichtiger Einflussgrößen und Ergebnisse
- Modellbeschreibung
- Beschreibung der Datenquellen mit ihren Stärken und Schwächen
- Liste aller Annahmen das Modell und die Daten betreffend
- Liste aller Variablenwerte des Basisszenarios sowie deren Konfidenzintervalle für die Sensitivitätsanalysen
- Ergebnisse des Basisszenarios
- Ergebnisse der Sensitivitätsanalysen
- Diskussion der Annahmen in Bezug auf die Ergebnisse
- Beschreibung der Validierungsmethode und -ergebnisse
- Beschreibung des Geltungsbereichs der Ergebnisse
- Benennung von Forschungsvorhaben deren Daten die Modellergebnisse beeinflussen können

Wenn eine Empfehlung ausgesprochen wird, sollen zusätzlich folgende Elemente enthalten sein

- Liste der Ergebnisparameter mit Wertung (bspw. Lebensqualität)
- Beschreibung der Erhebung und Herkunft dieser Wertungen
- Beschreibung der Sensitivität der Ergebnisse auf diese Ergebnisparameter
- Beschreibung des Geltungsbereichs der Empfehlung

Quelle: Vgl. Eddy, D. M. (1985), S. 144–175.

Im Bezug zum HTA lässt sich die allgemein verständliche Ergebnisdarstellung auch aus den Leitlinien und Gesetzestexten ableiten. Patienten und Bürgergremien werden hier explizit in den Adressatenkreis eingeschlossen und eine für Laien verständliche Darstellung der Ergebnisse verlangt. Dies gilt folglich auch für BIAs als Teil von HTA.[533] Konkret verlangt das Gesetz die „Bereitstellung von für alle Bürgerinnen und Bürger verständlichen allgemeinen Informationen zur Qualität und Effizienz in der Gesundheitsversorgung sowie zu Diagnostik und Therapie von Krankheiten mit erheblicher epidemiologischer Bedeutung."[534]

Für die Publikation der Ergebnisse in Journalen stehen normalerweise umfangreiche Richtlinien für Darstellung von Statistiken und den Aufbau der Artikel auf den Webseiten der verschiedenen Journals zur Verfügung. Allerdings muss festgestellt werden, dass BIA nur sehr selten in peer-reviewed Journals publiziert werden.[535] Die Ursache dafür liegt vor allem in der hohen Spezifität von BIA. Da diese in der Regel für konkrete Erstattungsentscheidungen entwickelt werden, erfolgt statt der Publikation die direkte Präsentation beim Entscheider oder Budget-Verantwortlichen in Form eines interaktiven Modells. Die Publikation in peer-reviewed Journals ist aber wichtig, um Anreize zur Weiterentwicklung, Überprüfung, Verbesserung und Verbreitung der Methoden zu schaffen und so die Qualität von BIA insgesamt zu erhöhen. Während nämlich die internationalen Empfehlungen zur Durchführung von BIA im Großen und Ganzen gut eingehalten werden, bestehen vor allem hinsichtlich der Ergebnisdarstellung noch enorme Defizite.[536]

5.7.8.2 Empfehlungen der ISPOR Task Force

Die Bedeutung der Ergebnispräsentation spiegelt sich auch in den detaillierte Vorgaben der ISPOR Task Force wieder, die hier kurz zusammengefasst wer-

533 Vgl. Greiner, W. (2007), S. 454–455; Koch, K., Dintsios, C.-M., Sawicki, P. T. (2008), S. 299.

534 Fünftes Buch Sozialgesetzbuch - Gesetzliche Krankenversicherung (2011), §139a Abs. 3.

535 Vgl. Mauskopf, J. A., Sullivan, S. D., Annemans, L. u. a. (2007), S. 338; Marshall, D. A., Douglas, P. R., Drummond, M. F. u. a. (2008), S. 490; Smith, M. W., Barnett, P. G. (2008); Orlewska, E., Gulácsi, L. (2009), S. 824; Mauskopf, J. A., Earnshaw, S., Mullins, C. D. (2005), S. 77.

536 Vgl. Orlewska, E., Gulácsi, L. (2009), S. 823–824; Mauskopf, J. A., Earnshaw, S., Mullins, C. D. (2005), S. 77.

den sollen.[537] Besonders wichtige Aspekte werden in den folgenden Unterkapiteln nochmals im Details besprochen.

Einleitung Die Einleitung sollte einen Überblick aller epidemiologischen, klinischen und ökonomischen Informationen zur betreffenden Indikation enthalten. Dazu gehören bei der Epidemiologe u. a. Inzidenzen, Prävalenzen, Alter und Geschlechtsverteilung sowie Risikofaktoren. Die klinischen Daten umfassen die Beschreibung der Indikation, Ursachen, Behandlungsoptionen sowie typische Verläufe. Bei der ökonomischen Bedeutung soll die aktuelle Studienlage kurz vorgestellt werden. Die Informationen zum neuen Arzneimittel beinhalten eine vergleichende Darstellung der Innovation zur vorhanden Therapie, die konkrete Indikation, Wirkweise, Wirksamkeit, Nebenwirkungen, Unerwünschte Arzneimittelwirkungen (UAW), Outcome, Adherenz sowie eine Übersicht zu den klinischen Studien inkl. Design, Population, Follow-Up und klinischem Outcome.

Zielsetzung Die Bestimmung des Budget Impact in der gewählten Perspektive.

Studiendesign und Methoden Da es sich im Regelfall um eine Modellierung handelt, sollten folgende Modellkomponenten beschrieben sein:

- **Population** Genaue Beschreibung der modellierten Population sowie aller Unterschiede zu verwendeten klinischen Studiendaten.
- **Behandlungsmix** Diskussion und Begründung der in den jeweiligen Szenarien gewählten Behandlungsmixe.
- **Zeithorizont** Darstellung und Begründung des gewählten Zeithorizonts.
- **Perspektive und Adressat** Darstellung der gewählten Perspektive(n), welche Methode der Kostenerhebung gewählt wurde und wer der Adressat ist. Unabhängig davon darf das eigentliche Modell natürlich in der Lage sein, auch Ergebnisse für andere Perspektiven und Entscheidungsträger zu generieren.
- **Modellbeschreibung** Beschreibung des Modells inklusive schematischer Darstellung.

[537] Vgl. Mauskopf, J. A., Sullivan, S. D., Annemans, L. u. a. (2007), S. 343–345.

Verwendete Daten Beschreibung der Eingangsdaten des Modells. Der Umfang sollte so gewählt sein, dass der Leser die Berechnungen des Modells damit nachvollziehen kann.

Datenquellen Beschreibung der Datenherkunft, sowie Stärken, Schwächen und möglichen Bias erörtern.

Datengewinnung Methoden der Datengewinnung beschreiben (bspw. Delphi-Befragung, Experteninterviews, systematischer Review, Datenbankabfragen u. a.). Die Protokolle oder exakte Suchterme gehören allerdings in den Anhang.

Analysen Beschreibung und Begründung der verwendeten Methoden zur Berechnung und Auswahl der Szenarien.

Ergebnisse Es sollten sowohl der absolute als auch inkrementelle Budget Impact für jede betrachtete Zeiteinheit ausgewiesen werden. Außerdem die einzelnen Kosten und Ressourcenverbräuche, letztere falls möglich aufgegliedert nach Innovation, Nebenwirkungen und Komorbiditäten. Der Budget Impact sollte als Wertebereich und nicht als Einzelwert dargestellt werden. Nutzenkomponenten können bei Rechtfertigung ausgewiesen werden. Die Ergebnisse der Szenarien werden beschrieben. Dazu gehören die Annahmen und zusätzlich zum Best Guess auch ein Best und Worst Case Szenario. Hinzu kommen die Ergebnisse der Sensitivitätsanalysen als Tornadodiagramm.

Abbildungen und Tabellen Es sollte ein Schema des Modells dargestellt werden, da es die Interpretation der Ergebnisse vereinfacht. Empfohlen werden einfache Flussdiagramme. Die Darstellung aller wesentlichen Annahmen in tabellarischer Form erhöht die Transparenz. Außerdem wird eine Tabelle mit den Ein- und Ausgangsdaten sowie die schematische Darstellung der Sensitivitätsanalysen empfohlen. Dabei sollten die Parameter mit dem größten Einfluss auf die Ergebnisse grafisch dargestellt werden, um den Lesern einen schnellen Überblick über kritische Variablen zu geben.

Anhang und Quellen Hier können relevante Dokumente (Transskripte von Experteninterviews u. ä.) können dem Report beigefügt werden.

Modell Die Leitlinien empfehlen die Veröffentlichung und Freigabe des verwendeten Modells.

5.7.8.3 Diskontierung

Grundsätzlich lauten die Empfehlungen, bei BIA nicht zu diskontieren. Bei Bedarf können jedoch akzeptierte Diskontierungsraten aus Leitlinien wie bspw. dem Hannoveraner Konsens oder aber vergleichbaren Studien entnommen werden. Für die Kosten reicht die Bandbreite von 2,5% bis 10% mit Sensitivitätsanalysen von 0 bis 15%. Der ISPOR Task Force folgend ist die Diskontierung auf Grund der disaggregierten Ergebnisdarstellung allerdings unnötig. Das Modell sollte dennoch die Möglichkeit vorhalten, einzelne Werte zu diskontieren, damit der Entscheider dies bei Bedarf tun kann.[538]

Entgegen der Empfehlungen wird in einigen Ländern wie den Niederlanden (4%) oder Polen (5%) die Diskontierung verlangt. Australien und Belgien hingegen empfehlen keine Diskontierung durchzuführen. Die kanadischen Leitlinien wiederum empfehlen eine Darstellung ohne Diskontierung (und ohne Berücksichtigung der Inflation), allerdings sollte das Modell bei Bedarf in der Lage sein, entsprechende Analysen durchzuführen. Auch in publizierten BIA, deren Untersuchungszeiträume länger als ein Jahr sind, wird häufig diskontiert. Die Diskontierungsraten betragen dabei 3%, 3,5% oder 5%. Das IQWiG gibt im Methodenpapier Kostenbestimmung keine Empfehlung für BIAs. Es sollte daher den Leitlinien der ISPOR folgend auf eine Diskontierung in BIAs verzichtet werden.[539]

5.7.8.4 Sensitivitätsanalysen

Die Unsicherheit in BIMs hat zwei Quellen, die der Variablen einerseits sowie die strukturelle und methodische des Modells andererseits. In Modellierungsstudien und damit auch in BIMs sind viele Eingangsparameter mit Unsicherheit behaftet. Dieser kann prinzipiell mit Sensitivitätsanalysen begegnet werden. Die Unsicherheit des Modells besteht bezüglich der Modellstruktur und

---

538 Vgl. Mauskopf, J. A., Sullivan, S. D., Annemans, L. u. a. (2007), S. 341; Anis, A. H., Gagnon, Y. (2000), S. 58; Schulenburg, J.-M. Graf v. d., Vauth, C. (2007), S. 791.

539 Vgl. Koopmanschap, M. A., Rutten, F. F. H. (2003), S48; Orlewska, E., Mierzejewski, P. (2004), S. 7–8; Mauskopf, J. A., Earnshaw, S., Mullins, C. D. (2005), S. 66; Cleemput, I., Neyt, M., Sande, S. V. de u. a. (2012), S. 49; Marshall, D. A., Douglas, P. R., Drummond, M. F. u. a. (2008), S. 484; Orlewska, E., Gulácsi, L. (2009), S. 823; IQWiG (2009a), S. 13–14.

des Modellierungsprozesses bzw. der Extrapolationstechniken für die Population. Diese Form der Unsicherheit kann mit Sensitivitätsanalysen nicht aufgedeckt werden. Es besteht jedoch die Möglichkeit, Mängel mit Szenarioanalysen aufzudecken. Unsichere Daten sollten im Modell grundsätzlich veränderbar hinterlegt werden und auch auf jeden Fall einer Sensitivitätsanalyse unterzogen werden. Sensitivitätsanalysen sind besonders wichtig, wenn Einsparungen ausgewiesen werden, da die Entscheider hier besonders skeptisch sind. In diesen Fällen können Sensitivitätsanalysen auch maßgeblich zu verbesserter Akzeptanz beitragen, wenn die Entscheider eigene Analysen durchführen können und sich so von der Validität der Ergebnisse selbst überzeugen.[540]

Von den deterministischen Sensitivitätsanalysen stellt eine einfache Analyse der kritischsten Variablen das absolute Minimum dar. Besser noch sollten multivariate Analysen für die wichtigen Parameter erfolgen. Außerdem sollte für kritische Variablen ein sinnvoller Wertebereich angegeben werden. Anhaltspunkte können hier beobachtete Extrema, klinische Bandbreiten oder Konfidenzintervalle sein. Alternativ können für kritische Variablen auch Break-even-Analysen durchgeführt werden.[541]

Darüber hinaus spielen bei BIMs Szenarioanalysen eine wichtige Rolle, da in Berichten oder Publikationen der interaktive Charakter von BIMs nicht darstellbar ist. Hier sollten jedoch nicht nur Best-Guess-Szenarien, sondern auch Worst- und Best-Case-Szenarien explizit in den Ergebnisse ausgewiesen werden. Dabei ist außerdem darauf zu achten, dass die den verschiedenen Szenarien zu Grunde liegenden Überlegungen transparent dargestellt werden.[542]

Probabilistische Sensitivitätsanalysen (PSAs) bieten die Möglichkeit zur simultanen Darstellung aller unsicheren Parameter.[543] Sie basieren auf Monte-Carlo-Simulationen, bei denen für jede Variable per Zufallsprinzip mehrmals

---

540 Vgl. Orlewska, E., Mierzejewski, P. (2004), S. 4, 6; Nuijten, M. J. C., Rutten, F. (2002), S. 866; Mauskopf, J. A., Sullivan, S. D., Annemans, L. u. a. (2007), S. 341; Cleemput, I., Neyt, M., Sande, S. V. de u. a. (2012), S. 42; Wang, Z., Salmon, J. W., Walton, S. M. (2004), S. 54; Trueman, P., Drummond, M., Hutton, J. (2001), S. 614; Smith, M. W., Barnett, P. G. (2008); IQWiG (2009a), S. 9–10.

541 Vgl. Marshall, D. A., Douglas, P. R., Drummond, M. F. u. a. (2008), S. 483; Orlewska, E., Mierzejewski, P. (2004), S. 6.

542 Vgl. Orlewska, E., Gulácsi, L. (2009), S. 824; Mauskopf, J. A., Sullivan, S. D., Annemans, L. u. a. (2007), S. 338, 341; Nuijten, M. J. C., Mittendorf, T., Persson, U. (2011), S. 234, 240, 243.

543 Zu PSAs allgemein vgl. Baio, G., Dawid, A. P. (2008); Oakley, J. E., O'Hagan, A. (2004).

hintereinander ein Wert aus einer gegebenen Verteilung gezogen wird. Mit diesen Werten wird dann das Modell berechnet und anschließend die Verteilung der Modellergebnisse dargestellt. Die Darstellung der PSA erfolgt in Form einer Kosten-Effektivitäts-Akzeptanzkurve. Sie stellt die Wahrscheinlichkeit dar, mit der die Maßnahme bei verschiedenen ICERs die kosteneffektivste Maßnahme darstellt.[544]

Bei den Sensitivitätsanalysen ist zu beachten, dass in gewisser Weise ein Trade-Off zwischen Verständlichkeit und Erkenntnis besteht. Bei multivariaten Analysen kann es unter Umständen schon zu Schwierigkeiten bei der Interpretation kommen. Und auch bei probabilistischen Analysen sollte darauf geachtet werden, dass bei den Adressaten der Analyse eingehendes Verständnis zur Interpretation vorhanden ist. Insbesondere die PSAs werden daher für BIAs kritisch gesehen und es ist fraglich, ob sie für die Adressaten von BIAs überhaupt von Relevanz sind.[545] „[...] there is little point to an extensive probabilistic sensitivity analysis when little is known about the degree of variability and the extent of correlation among parameteres."[546] Daher werden sie in den kanadischen Leitlinien auch explizit als nicht notwendig beschrieben.[547]

Verschiedene Untersuchungen haben gezeigt, dass die Empfehlungen der Leitlinien für Sensitivitätsanalysen in der Praxis noch nicht ausreichend umgesetzt werden. Eine Studie aus dem Jahr 2000 hat gezeigt, dass bei BIAs im Gegensatz zu KNAs die Sensitivitätsanalysen oft sogar gänzlich fehlten. Zu ähnlichen Ergebnissen kam auch ein aktueller Review, der nur in 76% der publizierten BIA entsprechende Sensitivitätsanalysen finden konnte.[548]

Allgemein kann festgehalten werden, dass bei der Auswahl der Sensitivitätsanalysen darauf geachtet werden muss, dass diese auch zur Datenqualität und den Anforderungen des Entscheidungsträgers passen. Im Speziellen sollten auf jeden Fall für die Parameter Marktanteilsentwicklungen und Diffusionsra-

---

[544] Vgl. Simoens, S. (2009), S. 2960; Nuijten, M. J. C., Mittendorf, T., Persson, U. (2011), S. 234.
[545] Vgl. zu diesem Sachverhalt auch Abschnitt 2.2.2.
[546] Mauskopf, J. A., Sullivan, S. D., Annemans, L. u. a. (2007), S. 341.
[547] Vgl. Wang, Z., Salmon, J. W., Walton, S. M. (2004), S. 54; Mauskopf, J. A., Sullivan, S. D., Annemans, L. u. a. (2007), S. 341; Nuijten, M. J. C., Mittendorf, T., Persson, U. (2011), S. 240; Marshall, D. A., Douglas, P. R., Drummond, M. F. u. a. (2008), S. 484.
[548] Vgl. Orlewska, E., Gulácsi, L. (2009), S. 823; Anis, A. H., Gagnon, Y. (2000), S. 58.

ten, die geschätzten Preise sowie die insgesamt erwartete Marktentwicklung Sensitivitätsanalysen durchgeführt werden.[549]

5.7.8.5 Transparenz

Weil der Wert von Modellen nicht nur in ihren Ergebnissen liegt, sondern auch in der Offenlegung der Verknüpfungen zwischen Eingangsparametern wie Daten und Annahmen und den Outputs in Form bewerteter Konsequenzen und Kosten, sollten Modelle auch keine *Black Box* darstellen, sondern nach den Grundsätzen von Transparenz und Nachvollziehbarkeit entwickelt werden (s. Abschnitt 2.2.1.2). Alle Annahmen und Abhängigkeiten müssen so klar ersichtlich sein, dass es dem Anwender theoretisch möglich sein sollte, alle Berechnungen mit den angegebenen Informationen selbst durchzuführen. Als Positiv-Beispiel kann hier die Arbeit von NUIJTEN UND RUTTEN in der Indikation Parkinson dienen.[550]

Zur Transparenz gehört auch die disaggregierte Darstellung der Ergebnisse, d. h. den Budget Impact für jeden analysierten Zeitraum darzustellen statt nur in einer einzelnen Ziffer. Die Aufstellung der Einzelwerte sollte dabei sowohl organisatorisch (ambulant, stationär, Pflege, Reha usw.) als auch budgetär (Arzneimittel, Personal, Verbrauchsmaterial, Kapitalkosten usw.) erfolgen. In der Praxis bestehen hier noch deutliche Mängel, denn häufig werden nur aggregierte Ergebnisse darsgestellt.[551]

Ebenso sollten die Kosten in natürlichen und monetären Einheiten dargestellt werden. Dies ermöglicht die Entdeckung von Engpässen in der Versorgung, die bei rein monetären Werten nicht offensichtlich werden. Unter Umständen

---

549 Vgl. Mauskopf, J. A., Sullivan, S. D., Annemans, L. u. a. (2007), S. 341; Marshall, D. A., Douglas, P. R., Drummond, M. F. u. a. (2008), S. 483.

550 Vgl. Weinstein, M. C., O'Brian, B., Hornberger, J. u. a. (2003), S. 10; Mauskopf, J. A., Earnshaw, S., Mullins, C. D. (2005), S. 77; Mauskopf, J. A., Sullivan, S. D., Annemans, L. u. a. (2007), S. 339; Brousselle, A., Lessard, C. (2011), S. 835–836; Trueman, P., Drummond, M., Hutton, J. (2001), S. 615; Orlewska, E., Mierzejewski, P. (2004), S. 4; Cleemput, I., Neyt, M., Sande, S. V. de u. a. (2012), S. 26, 47; Nuijten, M. J. C., Rutten, F. (2002).

551 Vgl. Mauskopf, J. A., Sullivan, S. D., Annemans, L. u. a. (2007), S. 340; Mauskopf, J. A., Earnshaw, S., Mullins, C. D. (2005), S. 67; Brousselle, A., Lessard, C. (2011), S. 836; Orlewska, E., Gulácsi, L. (2009), S. 821–822; Cleemput, I., Neyt, M., Sande, S. V. de u. a. (2012), S. 44.

sind für den Entscheider sogar die natürlichen Ressourcen wie Behandlungszeiten beim Hausarzt wichtiger als die monetären Größen.[552]

5.7.8.6 Freigabe des Modells

Da die Erstellung von BIA üblicherweise den Anbietern überlassen werden (s. Abschnitt 5.7.2), andererseits aber die Ergebnisse kritisch gesehen werden, stellt sich die Frage, das Modell zur Vertrauensbildung zu veröffentlichten bzw. dem Kostenträger zu überlassen. Die kanadischen Leitlinien empfehlen, den Quellcode für die Entscheider verfügbar zu machen, verlangen dies jedoch nicht explizit. Auch die belgischen Leitlinien verlangen auf Nachfrage die Herausgabe des Modells, versichern im Gegenzug aber Vertraulichkeit.[553]

Aus Sicht der Hersteller ist die Herausgabe des Modells allerdings mit großen Vorbehalten verbunden. Zum einen sind in den Modellen oft interne Daten enthalten, die man vor dem Zugriff durch Konkurrenten schützen möchte. Zum anderen beruht das Misstrauen zwischen Kostenträgern und Industrie auf Gegenseitigkeit. Von Auftraggebern wurde in den eigenen Projekten wiederholt die Sorge geäußert, dass Kostenträger die Flexibilität der Modelle missbrauchen würden, um extreme, für den Anbieter negative Szenarien, zu modellieren und diese Ergebnisse anschließend zur Ausübung politischen Drucks zu verwenden. In der Praxis wird letztlich wohl von Fall zu Fall entschieden werden müssen, ob man als Anbieter das Modell zur Verfügung stellt. Ein eleganter Weg um beide Seiten zufrieden zu stellen, scheint jedoch die Publikation mit den hier vorgestellten Qualitätsstandards zu sein.

5.7.9 Diskussion

In den Leitlinien existieren einige Punkte, die zwar kontrovers diskutiert werden, zu denen jedoch keine abschließende oder einheitliche Empfehlung exis-

552 Vgl. Trueman, P., Drummond, M., Hutton, J. (2001), S. 617; Orlewska, E., Mierzejewski, P. (2004), S. 5–6.

553 Vgl. Trueman, P., Drummond, M., Hutton, J. (2001), S. 618; Orlewska, E., Mierzejewski, P. (2004), S. 4; Mauskopf, J. A., Sullivan, S. D., Annemans, L. u. a. (2007), S. 339; Marshall, D. A., Douglas, P. R., Drummond, M. F. u. a. (2008), S. 484; Cleemput, I., Neyt, M., Sande, S. V. de u. a. (2012), S. 41.

tiert. Ein solcher Punkt ist die Frage, ob die Umschichtung frei gewordener Ressourcen in die BIA mit aufgenommen werden sollte oder nicht. Hintergrund ist die Tatsache, dass wenn die neue Maßnahme den Verzehr bestimmter Ressourcen wie bspw. Arzt- und Pflegezeit vermindert, dies nicht auch zwingend in geringeren Gesamtkosten für des System münden muss. Insbesondere wenn Warteschlangen bestehen, ist es sehr wahrscheinlich, dass die frei gewordenen Ressourcen anderweitig verwendet werden. Für den Anbieter der Innovation besteht aber ein starker Anreiz, mögliche Einsparungen monetärer und natürlicher Ressourcen herauszustellen. Aus diesem Grund sollte daher zumindest diskutiert werden, inwieweit die Einsparungen tatsächlich realisiert werden und zu welchem Grad frei gewordene Ressourcen anschließend nur in andere Maßnahmen umgeschichtet werden. Denn egal wie man es dreht und wendet, bei Umschichtung entstehen absolut betrachtet keine Einsparungen für den Kostenträger. Natürlich werden solche Effekte üblicherweise nur schwer oder gar nicht im Modell abzubilden sein. Die australischen und polnischen Leitlinien empfehlen daher, zumindest Angaben zur erwarteten Ressourcenumschichtung im betrachteten Zeitraum zu machen.[554]

Ungeachtet dieser Problematik darf in der BIA trotzdem von Einsparungen gesprochen werden. Betrachtet man beispielsweise den ambulanten Sektor in Deutschland und hier speziell die Entwicklung der Ausgaben und die Anzahl der Ärzte im Zeitverlauf, so kann man konstatieren, dass das Verhältnis keinen nennenswerten Schwankungen unterworfen ist. Schaut man sich nun weiter die Vergütung aus Kostenträgersicht an, stellt man fest, dass die GKV im Prinzip jedes Jahr mit einer Art Flatrate Leistungen für ihre Versicherten einkauft. Wenn nun durch eine Innovation Behandlungszeit beim Hausarzt frei wird, kann diese bei gleichem Budget für andere Versicherte verwendet werden. Die Effizienz des Systems wurde also verbessert und die Verbesserung kann der Innovation auch in vollem Umfang zugeschrieben werden, ganz gleich ob die frei gewordene Ressource Zeit nun anderweitig verwendet wird oder nicht.[555]

Ein weiterer Diskussionspunkt ist die Integration zukünftiger Kosten. Hier besteht ebenfalls kein Konsens, ob bspw. zukünftige Kosten, die durch verlänger-

554 Vgl. Trueman, P., Drummond, M., Hutton, J. (2001), S. 617; Marshall, D. A., Douglas, P. R., Drummond, M. F. u. a. (2008), S. 492; Orlewska, E., Mierzejewski, P. (2004), S. 6.
555 Vgl. Bierbaum, M., Schöffski, O. (2013).

tes Leben entstehen, mit in eine BIA einbezogen werden sollten oder nicht.[556] Für den Kostenträger sind diese so genannten *second order costs* zumindest für die zukünftige Finanzplanung relevant. Insbesondere bei Krankheiten wie Aids, kardiovaskulären Erkrankungen oder Frühgeburten wurden in den letzten Jahrzehnten enorme Fortschritte hinsichtlich der Mortalitätsraten erzielt. Diese führen jedoch zwangsläufig zu höheren Folgekosten für die Kostenträger.[557] Das IQWiG unterscheidet in seinem Methodenpapier zur Kostenbestimmung bei KNAs zwischen interventionsassoziierten und nicht interventionsassoziierten Kosten, sowie Kosten bei gegebener Lebenserwartung (unter bisheriger Therapie) und Kosten in gewonnenen Lebensjahren.[558] Bei gesundheitsökonomischen Evaluationen allgemein kann die Betrachtung grundsätzlich auf die interventionsassoziierten Kosten beschränkt werden. Die nicht interventionsassoziierten Kosten sollten für alle Interventionen innerhalb einer Analyse gleich sein und können daher vernachlässigt werden. Für interventionsassoziierte Kosten, die durch gewonnene Lebensjahre entstehen, wird empfohlen, diese zu berücksichtigen. Dies gilt zum Beispiel, wenn Cholesterinsenker lebenslang eingenommen werden müssen. Die Betrachtung nicht interventionsassoziierter Kosten hingegen ist umstritten und auch die Leitlinien äußern sich hierzu sehr unterschiedlich. Die Kosten sind zwar die Folge einer lebensverlängernden Intervention, aber man kann die Intervention nicht dafür verantwortlich machen. Darüber hinaus würden lebensverlängernde Maßnahmen benachteiligt, obwohl sicher Konsens dahingehend besteht, dass ab einer bestimmten Lebensqualität ein längeres Leben von allen Menschen gewünscht wird. Insofern erscheint es nicht sinnvoll, lebensverlängernde Maßnahmen auf diesem Weg im Entscheidungsprozess zu benachteiligen. Die abschließende Empfehlung des IQWiG lautet, im Basisszenario nur interventionsassoziierte zukünftige Kosten zu berücksichtigen und in Sensitivitätsanalysen die gesamten Versorgungskosten (soweit möglich) in gewonnenen Lebensjahren auszudrücken. Für Budget Impact Analysen widerspricht die Integration der second order costs allerdings dem eher kurzfristigen Zeithorizont der Analyse. Außerdem würde die Modellierung der langen Zeiträume weitere Annahmen und Schätzungen nach sich ziehen. Nicht ohne Grund schließen die belgischen Leitlinien die Betrachtung von second order costs daher im Basis-Szenario aus.[559] Auch in Deutschland sollte man sich an diesem

[556] Vgl. Mauskopf, J. A., Sullivan, S. D., Annemans, L. u. a. (2007), S. 340.
[557] Vgl. Mauskopf, J. A., Earnshaw, S., Mullins, C. D. (2005), S. 70.
[558] Vgl. IQWiG (2009a), S. 10–11.
[559] Vgl. Cleemput, I., Neyt, M., Sande, S. V. de u. a. (2012), S. 25.

Vorgehen orientieren. Eine argumentative Diskussion dieser Effekte steht einem Ausschluss aus der Modellierung jedenfalls nicht entgegen.

Der dritte Punkt bezieht sich nicht nur auf BIAs, sondern auf gesundheitsökonomische Evaluationen und Modellierungen allgemein. Es wird immer wieder festgestellt, dass das Modellverständnis bei Entscheidungsträgern oft nicht besonders ausgeprägt ist, sodass in der Folge Interpretation und Verständnis der Ergebnisse leiden. Hinzu kommen weitere Hürden der praktischen Anwendung. Ähnlich wie bei KNAs sind es vor allem unpassende Vergleiche, methodische Probleme in der Kosten-Nutzen-Erfassung, fehlende Übertragbarkeit, Zweifel an der Unabhängigkeit bei Finanzierung durch die Industrie sowie fehlende Expertise im Umgang mit pharmakoökonomischen Evaluationen, die den Einsatz behindern. Hier sollte versucht werden, die Adressaten frühzeitig in die Modellentwicklung und Datenbeschaffung einzubinden. So kann sichergestellt werden, dass bei der Auswahl von Wertebereichen, Annahmen und Eingangsparametern ein gemeinsamer Konsens besteht und die späteren Ergebnisse auf breite Akzeptanz stoßen. Außerdem müssen Forscher und Modellentwickler darauf achten, sich nicht zu stark auf eine bestimmte Modellierungstechnik zu beschränken, sondern eine gewisse Offenheit für unterschiedliche Ansätze zu bewahren.[560]

5.8 Empirische Analyse

5.8.1 Literaturrecherche

Nachdem im vorherigen Teil ein Überblick zum aktuellen Stand der Methoden unter Berücksichtigung deutscher Besonderheiten erarbeitet wurde, soll nun überprüft werden, inwieweit diese in Deutschland eingehalten werden. Bisherige Reviews durch MAUSKOPF und ORLEWSKA kamen zu dem Ergebnis, dass zum einen die Anzahl publizierter BIAs trotz steigendem Bedarf sehr überschaubar ist. Zum anderen werden die Leitlinien bisher kaum eingehalten; das methodische Vorgehen lässt zu wünschen übrig und die Besonderheiten

[560] Vgl. Wang, Z., Salmon, J. W., Walton, S. M. (2004), S. 49, 52; Tarride, J.-E., McCarron, C. E., Lim, M. u. a. (2008), S. 442; Marshall, D. A., Douglas, P. R., Drummond, M. F. u. a. (2008), S. 480; Simoens, S. (2009), S. 2963; Brousselle, A., Lessard, C. (2011), S. 835; Mauskopf, J. A., Sullivan, S. D., Annemans, L. u. a. (2007), S. 339, 341.

von BIAs werden nur unzureichend berücksichtigt.[561] Da die bisherigen Reviews keine Studien in deutscher Sprache berücksichtigt haben, soll diese Lücke an dieser Stelle geschlossen werden. Darüber hinaus soll überprüft werden, ob in Deutschland mehr BIAs publiziert werden, als die bisherigen Studien erwarten lassen und inwieweit die gültigen Leitlinien hier eingehalten werden.

Um den Suchraum nicht übermäßig einzuschränken, wurden auch in Englisch verfasste Studien berücksichtigt, sofern sie eine BIA innerhalb des deutschen Gesundheitswesens zum Gegenstand haben. Ergänzend zu den Suchtreffern wurden außerdem bisher nicht veröffentlichte BIAs aus der eigenen Forschungstätigkeit in die Untersuchung einbezogen. Die bisher im Rahmen der frühen Nutzenbewertung veröffentlichten Dossiers konnten nicht berücksichtigt werden, da die darin enthaltenen Berechnungen gemäß Definition keine BIAs darstellen. Es handelt sich lediglich um simple Preis-Mengen-Schätzungen.[562]

Tabelle 5.15: Datenbanken-Übersicht der Literaturrecherche Studien

Datenbank	Einschränkungen	Suchtreffer
Pubmed	nur „humans“	219
Econbiz		11
Business Source Complete	nur „Academic Journals“	43
Cochrane Library		45
Scopus	nur „germany“	24
medpilot	ohne „medline“	11

Quelle: Eigene Darstellung.

Die systematische Literaturrecherche wurde mit dem Suchbegriff {*Budget Impact*} durchgeführt. Der vom IQWiG geprägte Begriff der *Ausgaben-Einfluss-Analyse* wurde nach einem Pretest verworfen. In pubmed brachte er gar keine Treffer, in Google bzw. Google Scholar wurden 16 bzw. 4 Treffer angezeigt,

561 Vgl. Mauskopf, J. A., Earnshaw, S., Mullins, C. D. (2005), S. 72–75; Mauskopf, J. A., Sullivan, S. D., Annemans, L. u. a. (2007), S. 338; Orlewska, E., Gulácsi, L. (2009), S. 824.
562 Vgl. Schellhorn, H., Zerwes, U., Rosery, H. (2013); IQWiG (2011), S. 48–49.

die sich jedoch ausnahmslos als nicht relevant erwiesen.[563] Als generelle Einschränkungen wurde der Suchzeitraum auf die letzten 10 Jahre begrenzt und nur Artikel auf deutsch und englisch berücksichtigt. Weitere datenbankspezifische Einschränkungen der Suche sowie die Anzahl der Suchtreffer sind in Tabelle 5.15 aufgeführt.

Abbildung 5.7: Ergebnisse der Literaturrecherche Studien

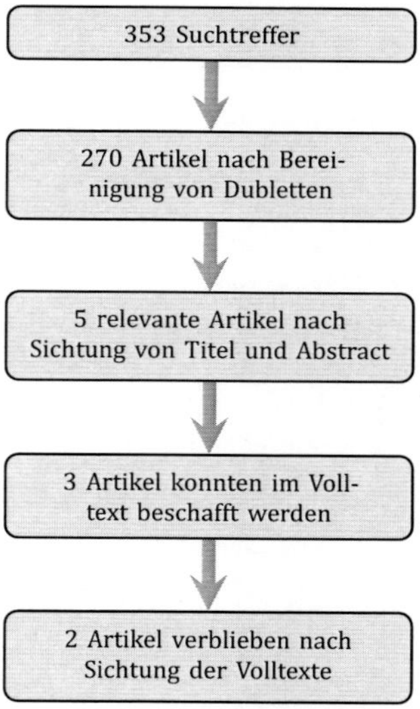

Quelle: Eigene Darstellung.

Die Suchtreffer wurden zunächst um Dubletten bereinigt und anschließend anhand von Titel und Abstract vorsortiert. Um in der weiteren Untersuchung berücksichtigt zu werden, musste es sich um einen Artikel mit konkretem Anwendungsfall einer BIA an einem Arzneimittel in Deutschland handeln. Den Einschlusskriterien entsprachen fünf Artikel, von denen drei im Volltext beschafft werden konnten (s. Tabelle 5.16). Nach Sichtung der Volltexte musste die Studie von CLOUTH ET AL. ausgeschlossen werden.[564] Es handelte sich hierbei lediglich um eine Fallstudie, mit der gezeigt werden soll, dass System

[563] Es sei an dieser Stelle angeregt, die deutsche Übersetzung des IQWiG vollständig aufzugeben, da sie sich, auch vier Jahre nach der Veröffentlichung im ersten Entwurf zu den Methoden, bisher nicht durchsetzen konnte.

[564] Vgl. Clouth, J., Knoll, S., Eichmann, F. (2009).

Dynamics Modelle (SDMs) für gesundheitsökonomische Modellierungen im Allgemeinen und BIAs im Speziellen geeignet sind. Eine dedizierte BIA findet jedoch nicht statt. Im Rahmen der eigenen Forschung sind sieben BIAs entstanden, die mit in die Auswertung eingehen.

Tabelle 5.16: Publizierte Budget Impact Analysen für Arzneimittel in Deutschland

Artikel	Volltext
Clouth, J., Knoll, S., Eichmann, F. (2009) - „Evaluating health care using system dynamics modelling a case study in Schizophrenia".	ja
Jiang, Y., Gauthier, A., Annemans, L. u. a. (2012) - „A public health and budget impact analysis of vaccinating at-risk adults and the elderly against pneumococcal diseases in Germany".	ja
Seifert, C., Lottmann, K., Chen, X. u. a. (2011) - „Budget-Impact-Analyse von Dronedaron bei Behandlung von Patienten mit nicht-permanentem Vorhofflimmern aus Perspektive der GKV in Deutschland".	ja
Elger, C. E., Gaudig, M. (2010) - „Risks and cost of generic substitution of topiramate for the German health-care system".	nein
Müller, E., Walzer, S., Krone, F. A. u. a. (2008) - „Cost savings in the treatment of renal anemia due to subcutaneous application of epoetin beta".	nein

Quelle: Eigene Darstellung.

5.8.2 Auswertung

Insgesamt gehen neun Budget Impact Analysen in die Untersuchung ein. Die eigenen Analysen sind in den Jahren 2004 bis 2010 entstanden, die beiden Publikationen stammen aus den Jahren 2011 und 2012. Untersuchungsgegenstand waren in allen Fällen Innovationen bzw. neu in den Markt eingeführte Arzneimittel. Bei den betroffenen Indikationen handelte es sich um Aufmerksamkeitsdefizit und Hyperaktivitätsstörung (ADHS), allergische Rhinitis, Osteoporose, Psoriasis, MS, Diabetes Mellitus Typ 2, Nierenzellkarzinom, nicht-permanentes Vorhofflimmern (VHF) und Pneumokokken-Impfung. Alle Analysen wurden durch Pharmaunternehmen initiiert und finanziert sowie unter Beteiligung des Auftraggebers entwickelt. Die Durchführung erfolgte durch Wissenschaftler an Universitäten und wissenschaftlichen Forschungsinstituten.

In allen Studien wurde für den Budget Impact die Perspektive der GKV eingenommen. In einer BIA wurde die Perspektive um die der Pflegeversicherung erweitert. Innerhalb der gewählten Perspektive wurden die Analysen bis auf eine Ausnahme auf die Budgets Arzneimittel, ambulanter Sektor und stationärer Sektor beschränkt. In einigen wurde auch nur das Arzneimittelbudget untersucht. In zwei Fällen erfolgte eine Erweiterung um Effizienz-Aspekte. Der untersuchte Zeithorizont lag leitlinienkonform zwischen 3 und 5 Jahren.

Zur Populationsberechnung wurde überwiegend der Prävalenzansatz gewählt, nur Jiang et al. verwendeten für die untersuchten Impfstrategien für Pneumokokkeninfektionen den Inzidenzansatz. Darüber hinaus wurden alle Populationen offen gestaltet, sodass für jedes Jahr neue Patienten zur Kohorte hinzu kommen bzw. diese verlassen konnten. Die Bevölkerungsentwicklung wurde in allen Studien berücksichtigt. Off-Label Use hingegen wurde in keiner Studie untersucht. Bei Seifert et al. wurde die Fallzahl gemäß der Fachinformation auf Patienten mit nicht-permanentem VHF eingeschränkt. Jiang et al. haben nur die Bevölkerung über 18 Jahre untersucht. In den eigenen Studien fungierte jeweils die KM6-Statistik als Ausgangsbasis. Teilweise kamen zur Auswahl der Modellpopulation mehrstufige Verfahren nach dem epidemiologischen Ansatz zum Einsatz (s. Abbildung 5.6). So wurde zunächst mit Prävalenzen aus der Literatur die Anzahl Erkrankter geschätzt und von da ausgehend mit Behandlungsprävalenzen die Anzahl tatsächlicher Patienten ermittelt. In der Indikation Nierenzellkarzinom wurde außerdem noch nach Therapielinie differenziert.

Beim Behandlungsmix waren die Unterschiede zwischen den Studien etwas ausgeprägter. Seifert et al. haben sich vor allem auf die Zusammensetzung der Arzneimittel konzentriert. Dazu wurden die Behandlungsinitiierung, Therapiemonitoring, Unerwünschte Arzneimittelwirkungen sowie kardiovaskulär bedingte Hospitalisierungen einbezogen. Jiang et al. haben in ihrem Vergleich der Impfstrategien die Impfstoffe und deren Applikation sowie die Folgen einer Pneumokokkeninfektion berücksichtigt. In den eigenen Studien wurden vor allem Verschiebungen im Arzneimittelmarkt im Detail untersucht und ambulante sowie stationäre Kosten nur pauschal berücksichtigt. Im Fall der allergischen Rhinitis handelte es sich um ein zusätzlich verabreichtes Arzneimittel, hier waren im Arzneimittelbudget keine Einsparungen anzunehmen. In der Indikation Nierenzellkarzinom wurden verschiedene Therapieschemata verglichen. In der Indikation Diabetes Mellitus Typ 2 bestand der Behandlungsmix aus kurz- und langwirksamen Insulinen. Compliance-Effekte wurden in einer Analyse als Sensitivitätsanalyse berücksichtigt.

Bei der Datenbeschaffung für die Studien wurden nahezu alle in den Methoden vorgestellten Quellen genutzt. In den Analysen kamen bevorzugt Daten aus publizierten Studien sowie offizielle Statistiken zur Anwendung. Neben der KM6-Statistik vom Bundesministerium für Gesundheit, stammten diese überwiegend von DESTATIS und GBE-Bund. Bei den Studien wurde vor allem für Wirkeffekte auf publizierte klinische Studienergebnisse zurück gegriffen. In den beiden Studien von SEIFERT ET AL. und JIANG ET AL. wurden zudem Daten aus den USA verwendet und auf Deutschland angepasst. In allen Studien wurde der macro-costing Ansatz verfolgt. Die Preise für Arzneimittel wurden der Lauer-Taxe oder Roten Liste entnommen. Bei SEIFERT ET AL. und JIANG ET AL. erfolgte zudem eine Korrektur um Rabatte und Zuzahlungen. Diese wurde in den eigenen Analysen auf Wunsch der Auftraggeber nicht durchgeführt. Ambulante und stationäre Kosten wurden aus den jeweils gültigen Abrechnungskatalogen (EBM und DRG) oder publizierten Studien entnommen. In allen BIAs wurden Unternehmensdaten verwendet, vor allem Daten aus der Marktforschung für zukünftige Marktanteils- und Preisentwicklungen. Darüber hinaus wurden Informationen aus Fachinformationen, Leitlinien, IMS-Daten und Sonderauswertungen von Krankenkassen verwendet.

In acht der neun BIAs erfolgte die Modellierung mittels diskreter Berechnungen in Excel. JIANG ET AL. dagegen verwendeten einen komplexeren Ansatz. In ihrer Studie kam ein populationsbasiertes, multi-Kohorten, state-transition Markov Modell zum Einsatz. Die verwendete Software wurde nicht genannt. Allerdings wurde die Populationskomponente dieses Modells als einzige durch den Vergleich mit historischen Daten validiert. Keines der Modelle wurde veröffentlicht bzw. zugänglich gemacht. Das Modell von SEIFERT ET AL. und die eigenen Modelle sind als interaktive Anwendermodelle konzipiert und für Aktualisierungen der Eingangsdaten vorbereitet.

Während in vielen Punkten Gemeinsamkeiten in den Analysen bestehen, offenbaren sich in der Ergebnisdarstellung einige Unterschiede. Die umfangreichste Präsentation erfolgt in der Publikation von JIANG ET AL. Alle Eingangsparameter und die Modellstruktur werden übersichtlich in Tabellen und Abbildungen dargestellt. Die Stärken und Schwächen des Modells sowie alle Annahmen werden ausführlich diskutiert. Als Sensitivitätsanalysen kommen Szenarioanalysen zum Einsatz. Außerdem wird eine Subgruppenanalyse durchgeführt. Die Ergebnisse werden nicht diskontiert und im Vergleich mit anderen Studien auf Konsistenz geprüft. Entgegen den Leitlinien wird der Budget Impact aber nur aggregiert dargestellt. SEIFERT ET AL. präsentieren ebenfalls alle Annahmen und Eingangsparameter übersichtlich in Tabellenform und diskutieren Stärken und Schwächen des Modells. Es wird ebenfalls keine Diskontierung durchgeführt und sechs Eingangsparameter mit einer univariaten Sensitivitätsanalyse untersucht. Mängel zeigen sich jedoch in der Darstellung des Budget Impact. Dieser wird für den gesamten Zeitraum nur aggregiert dargestellt, eine detaillierte Auswertung erfolgt nur für Jahr vier der Analyse. Außerdem wird das Modell nicht im Detail vorgestellt. Gravierend ist zudem die fehlende Sensitivitätsanalyse für den Parameter Hospitalisierungsrate unter dem neuen Arzneimittel. Hier wird eine Verminderung angenommen, was im Modell zu einem verringerten BI durch Einsparungen führt. Ein derart wichtiger Parameter sollte eigentlich auf jeden Fall in die Sensitivitätsanalyse eingeschlossen werden (s. Abschnitt 5.7.8.4).

Da die eigenen Analysen gemäß den Empfehlungen der ISPOR als modulare Excel-Tabellenblätter aufgebaut sind, ähneln sie sich auch in der Ergebnisdarstellung und werden daher nicht einzeln betrachtet. In allen Analysen erfolgte die Darstellung des BI disaggregiert für die einzelnen Jahre, jeweils als Gesamtimpact und pro Patient bzw. Versichertem. Als Sensitivätsanalysen fungieren in den Modellen integrierte Szenarioanalysen, die durch den Anwender direkt ausgeführt werden können. Da die Analysen als interaktive Modelle umgesetzt sind, können auch verschiedene Subgruppenanalysen nach Kassenart, KV-Region, Alter und Geschlecht sowie bestimmten indikationsspezifischen Parametern durchgeführt werden. Alle Methoden, Annahmen und Berechnungen sind im Modell auf einem gesonderten Tabellenblatt beschrieben. Die verwendeten Quellen sind den Modellen beigefügt und können direkt aufgerufen werden. Abbildung 5.8 und Abbildung 5.9 zeigen exemplarisch die Integration der Methodenbeschreibung und direkt verlinkte Quellen in den eigenen BIAs.

5.8.3 Diskussion

Am Ergebnis der Recherche wird ersichtlich, dass sich bezüglich der Anzahl publizierter BIAs in den letzten Jahren wenig geändert hat. Zwar wurde die Recherche nur auf BIAs in Deutschland beschränkt, nichtsdestotrotz wäre

Abbildung 5.8: Beispiel zur Methodenbeschreibung in BIM

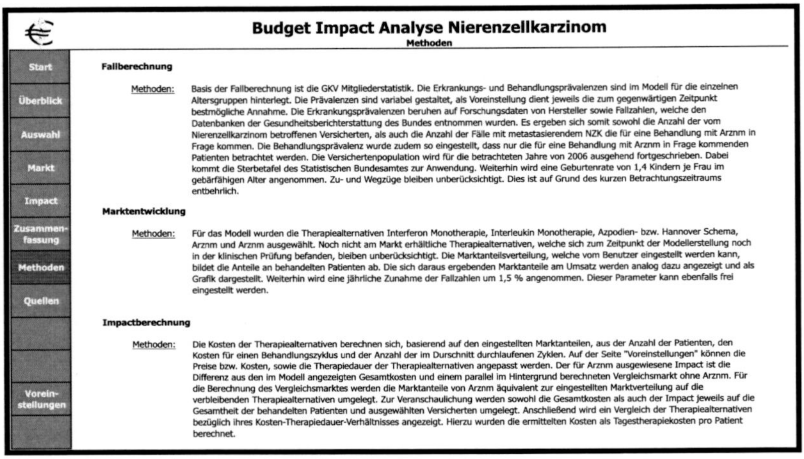

Quelle: Eigene Darstellung.

Abbildung 5.9: Beispiel für Quellenangaben mit Hyperlinks im BIM

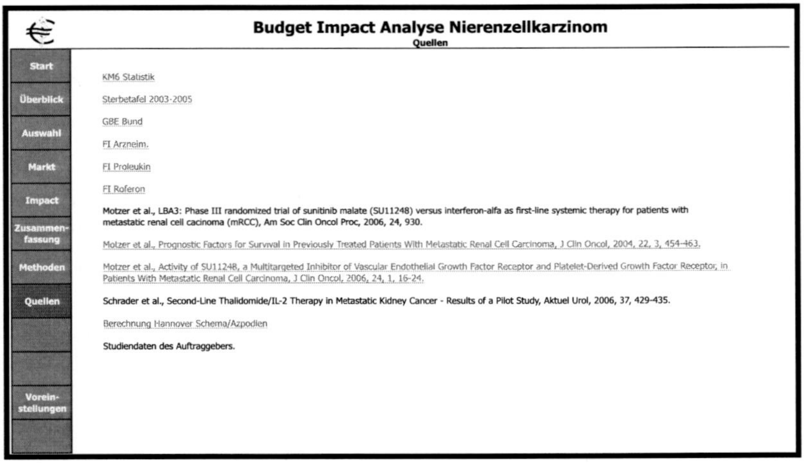

Quelle: Eigene Darstellung.

auch hier mit mehr BIAs zu rechnen gewesen. Immerhin handelt es sich um einen der wichtigsten Arzneimittelmärkte der Welt. Außerdem hat die Bedeutung der Preise und Budgetwirkung neuer Arzneimittel im regulatorischen Umfeld Deutschlands in den letzten Jahren deutlich zugenommen. Gleichzeitig wurden Möglichkeiten für Verträge zwischen einzelnen Herstellern und Krankenkassen geschaffen, in denen entsprechende Analysen als Verhandlungsgrundlage nötig wären. An dieser Stelle zeigt sich aber wieder Problematik von BIAs und deren Publikation (s. Abschnitt 5.7.8). Da sie oft für direkte Verhandlungen entwickelt werden, besteht i. d. R. kein Bedarf zur Publikation der Ergebnisse. Auch die eigenen Analysen wurden ausnahmslos von Herstellern in Auftrag gegeben, um damit direkt bei Kostenträgern argumentieren zu können.

Orlewska et al. hatten festgestellt, dass hinsichtlich der gewählten Perspektive, der Zusammenstellung des Behandlungsmix sowie der Datenquellen und Kostenbewertung generell eine große Übereinstimmung mit den Leitlinien bestand. Dies hat sich auch in der hier durchgeführten Untersuchung bestätigt. Dagegen hat der Review von Orlewska et al. bezüglich der Bereiche Population und Ergebnisdarstellung teils gravierende Mängel in publizierten BIAs aufgezeigt. Diese konnten nur teilweise nachvollzogen werden. Bei den hier untersuchten BIAs wurde bei der Modellierung der Populationen eine hohe Übereinstimmung mit den Leitlinien festgestellt (offene Populationen, Fortschreibung im Zeitverlauf). Weniger eindeutig ist die Situation bei der Ergebnisdarstellung. Zwar wurde in allen Analysen auf eine Diskontierung verzichtet, aber in der Darstellung des BI und den Sensitivitätsanalysen kamen einige Mängel zum Vorschein. So wurde in den beiden untersuchten Publikationen der BI nicht für alle Jahre einzeln und pro Patient ausgewiesen, wie von den Leitlinien gefordert. Darüber hinaus wurden nicht alle wichtigen Parameter Sensitivitätsanalysen unterzogen und die durchgeführten Szenarioanalysen umfassten keine Best- und Worst-Case Szenarien. In den eigenen Budget Impact Analysen waren ebenfalls keine Sensitivitätsanalysen in der Basisdarstellung enthalten. Diese müssen vom Anwender selbst durch entsprechende Parameterauswahl durchgeführt werden.

Die Untersuchung in Zusammenhang mit den Ergebnissen von Orlewska et al. hat gezeigt, dass sich BIAs beständig weiterentwickeln und zumindest für die wenigen untersuchten BIAs in Deutschland eine weitestgehende Einhaltung der Methoden attestiert werden kann. Die Frage, ob für Deutschland mehr BIAs publiziert werden, als für andere Länder muss aber ganz klar verneint werden. Neben dem Bedarf nach mehr Publikationen besteht außerdem noch Potential für weitere Verbesserungen. Zwar wurden die Leitlinien hinsichtlich der Methoden gut eingehalten, aber vor allem Fragen nach dem Off-Label Use, der induzierten Nachfrage, der Compliance sowie der Verwendung frei gewordener Ressourcen blieben unbeantwortet. Hier hat sich gegenüber der Untersuchung von ORLEWSKA ET AL. keine Verbesserung gezeigt, was angesichts der dafür notwendigen Daten allerdings wenig überraschend ist. Dennoch kann abschließend festgehalten werden, dass sich der Einfluss der ISPOR-Leitlinien und die breite Verfügbarkeit notwendiger Basisdaten für BIAs in Deutschland positiv auf die Qualität der BIAs auswirkt.

Einfachheit ist die höchste
Stufe der Vollendung.

(Leonardo da Vinci)

6 Fazit

In der vorliegenden Arbeit wurden zunächst die theoretischen Grundlagen der Modelltheorie vorgestellt und im Verlauf die Zusammenhänge zur Modellbildung bei Budget Impact Modellen hergestellt. Darauf folgte die Vorstellung des Health Technology Assessment als Handlungsrahmen von Budget Impact Analysen und die Klärung der Bedeutung von Modellen und Budget Impact Analysen im Health Technology Assessment. Darüber hinaus wurde die Situation der Pharmaindustrie als Erklärungsansatz für die hohen Arzneimittelpreise beschrieben und die damit verbundene Fokussierung der Erstattungshürden auf Arzneimittel erklärt. Ein Überblick zu den bestehenden Definitionen von Budget Impact Analysen diente als Ausgangspunkt zur Ableitung einer eigenen Arbeitsdefinition von Budget Impact Analysen. In engem Zusammenhang zur Definition wurde die Abgrenzung und Einordnung der Budget Impact Analyse im Vergleich zu anderen gesundheitsökonomischen Studienformen präzisiert. Der Kern der Arbeit bestand aus der Zusammenstellung bestehender Methoden und Leitlinien zu einem Methodenkatalog für die Erstellung von Budget Impact Analysen in Deutschland. Den Abschluss bildete ein empirischer Abgleich bestehender Budget Impact Analysen für Arzneimittel in Deutschland mit dem zuvor erstellten Methodenkatalog.

Im Rahmen der Arbeit konnte zunächst festgestellt werden, dass Arzneimittel sowohl im Health Technology Assessment als auch in Budget Impact Analysen der mit Abstand häufigste Untersuchungsgegenstand sind. Die Tatsache, dass inzwischen auf allen bedeutenden Arzneimittelmärkten der Zugang zur Erstattung in Form vierter und fünfter Hürden erschwert wurde und dass ökonomische Aspekte wie der Budget Impact ein hohes Gewicht im Entscheidungsprozess haben, zeigt die Bedeutung gesundheitsökonomischer Evaluationen für den Erfolg pharmazeutischer Innovationen. Aus Sicht der Industrie ist daher eine intensive Auseinandersetzung mit den Methoden und Leitlinien geboten, denn gute Budget Impact Analysen können zwar keinem schlechten Produkt zur Erstattung verhelfen, aber schlecht durchgeführte Budget Impact Analysen sehr wohl den Marktzugang eines guten Produktes erschweren.

Weiterhin hat sich in der Betrachtung der Methoden und Leitlinien gezeigt, dass sich diese im Lauf der Zeit deutlich weiterentwickelt haben. Präzise Leitlinien und gute Methoden sind wichtig, weil die Finanzierung und Erstellung von Budget Impact Analysen oft dem Anbieter einer Innovation auferlegt werden. Nur durch die Einhaltung guter Praktiken können Vergleichbarkeit und qualitativ hochwertige Entscheidungsgrundlagen sichergestellt werden. Trotz aller Fortschritte bestehen aber immer noch einige Lücken, vor allem was den Umgang mit Systemeffekten, der Compliance und dem Off-Label Use betrifft. In der empirischen Untersuchung hat sich gezeigt, dass zwar immer noch zu wenig Budget Impact Analysen publiziert werden, allerdings konnte der untersuchten Stichprobe zumindest eine durchweg höhere Qualität im Vergleich zu älteren Untersuchungen attestiert werden. Für die Zukunft ist eine deutlich höhere Bereitschaft zur Publikation durchgeführter Budget Impact Analysen wünschenswert, da nur auf diesem Wege die Wirkung von Budget Impact Analysen systematisch untersucht werden kann. Ferner sind Publikationen für die Weiterentwicklung der Methoden von enormer Bedeutung. Nur durch die Diskussion und den wissenschaftlichen Austausch über verschiedene Lösungsansätze, gerade in Bezug auf die bestehenden Lücken, ist hier mit einer deutlichen Weiterentwicklung zu rechnen.

Als ein wichtiges Element der Arbeit wurde der Themenbereich der Modellierung von den theoretischen Grundlagen über das allgemeine Vorgehen bei gesundheitsökonomischen Modellen bis hin zu Budget Impact Modellen erarbeitet. Dabei hat sich gezeigt, dass sich die Merkmale und die Begriffsbestimmung nach STACHOWIAK auch in den Leitlinien der ISPOR und des IQWiG wiederfinden. Als Ergebnis aus der Vereinbarkeit von Budget Impact Modellen mit der allgemeinen und ökonomischen Modelltheorie erlangen letztlich die allgemeinen Methoden und Anforderungen an Modelle auch Gültigkeit für gesundheitsökonomische Modellierungen im Allgemeinen und Budget Impact Modelle im Speziellen. Gleichzeitig erben sie aber auch die grundlegenden Probleme im Umgang mit Modellen, wie sie schon seit dem Aufstieg des Operations Research in den Wirtschaftswissenschaften bestehen. Die Diskussion um die damalige Mathematisierung der Wirtschaftswissenschaften in den 60er Jahren wiederholt sich heute in den gesundheitsökonomischen Modellierungen. Die Möglichkeiten moderner Datenverarbeitung verleiten zu unnötiger Komplexität und das Gebot der Einfachheit wird außer Acht gelassen. Hier gilt es für die Zukunft, den Bezug zur Realität und anderen Wissenschaftszweigen zu wahren, um nicht zur *l'art pour l'art* zu werden.

Darüber hinaus hat sich gezeigt, dass das fehlende Verständnis von Modellen und ihren Ergebnissen auf Seite der Adressaten die bedeutendste Ursache für die verhaltene Anwendung von Modellen zur Entscheidungsunterstützung ist. Verschärft wird diese Problematik bei Modellen mit wahrscheinlichkeitsbasierten Elementen, da vielen Menschen der Zugang zur Interpretation fehlt. Hier gilt es, vor dem Hintergrund der aktivistischen Konstruktionsthese dafür zu sorgen, dass Modelle als interpretierte Wahrnehmungen des Modellierers verstanden werden und in der Folge die Ergebnisse im Kontext interpretiert werden müssen. Aus diesen Gründen kommt neben dem sorgfältigen und kritischen Umgang mit Modellen auch der Transparenz, sorgfältigen Dokumentation und präzisen Verwendung von Sprache eine große Bedeutung zu. In diesem Zusammenhang lastet viel Verantwortung auf dem Modellierer, dem der Ausgleich zwischen den Forderungen der Modellsituation, den Anwendern und Auftraggebern gelingen muss. Als allgemeine Handlungsempfehlung kann hierbei gelten, die Gewichtung aller Ziele und Anforderungen am Modellzweck auszurichten sowie sich am pragmatischen Element und ökonomischen Prinzip zu orientieren.

In der Arbeit wurde deutlich, dass Budget Impact Analysen ihre Bedeutung nicht nur aus der Tatsache beziehen, dass für viele Kostenträger die Auswirkung auf ihr Budget eines der wichtigsten Entscheidungskriterien ist, sondern auch durch das Aufzeigen der Opportunitätskosten einer Maßnahme, wodurch sie zum Erhalt des Gesamtsystems beitragen. Darüber hinaus können sie langfristig einen Beitrag zur Überwindung der Silo-Mentalität im Gesundheitswesen leisten. Im Bezug auf die Perspektive der Versichertengemeinschaft der Gesetzlichen Krankenversicherung im AMNOG hätte es sogar passieren können, dass ausgerechnet ein Instrument der reinen Kostenbetrachtung einen starken Impuls in Richtung ganzheitlicher Betrachtung eines Arzneimittels im Budget der Gesetzlichen Krankenversicherung erwirkt. Diese Chance wurde zwar in der praktischen Umsetzung der frühen Nutzenbewertung vertan, der gesetzliche Rahmen, dieses Potential der Budget Impact Analysen zu nutzen, besteht aber weiterhin. Weil sich Budget Impact Analysen vor allem am Informationsbedürfnis der Kostenträger orientieren sowie belastbare Zahlen und Messbarkeit ermöglichen, können sie zudem als eine Art Wegbereiter und Brückentechnologie für den breiten Einsatz von Health Technology Assessment und umfassenderen Studienformen fungieren. Vor allem Vorteile, wie die Variabilität und Interaktivität der Modelle, schaffen hierzu das nötige Vertrauen bei den Adressaten und ermöglichen die Ermittlung realitätsnaher und konsensfähiger Ergebnisse.

Insgesamt können Budget Impact Analysen daher als Schlüssel gesehen werden, um die Lücke zwischen Kosten-Nutzen-Analysen und der Versorgungsrealität zu schließen. Auf dem Weg dahin müssen allerdings noch einige Probleme gelöst werden. Vor allem muss das Vertrauensverhältnis zwischen Anbietern und Entscheidern verbessert werden. Neben dem Einbezug letzterer schon in frühen Phasen der Modellentwicklung ist hier auch ein Umdenken bei Anbietern und Politik notwendig, um die Anreize im Gesundheitsmarkt stärker auf den Patientennutzen auszurichten. Ein weiterer Punkt ist die schlechte Datenlage über die tatsächliche Versorgungssituation im Behandlungsalltag. Hier ruhen große Hoffnungen auf der Versorgungsforschung, welche die Realitätsnähe zukünftiger Modelle deutlich verbessern könnte. Zu guter Letzt sollten auch die Synergien gemeinsamer Modelle für Budget Impact Analysen und Kosten-Nutzen-Analysen besser genutzt werden.

Auch in Zukunft werden die Herausforderungen für das deutsche Gesundheitswesen weiter zunehmen. Gerade im Bereich der Arzneimittel ist mit steigenden Preisen für Innovationen zu rechnen. Diese Arbeit hat gezeigt, dass Budget Impact Analysen an dieser Stelle einen sinnvollen Beitrag zur Bewältigung dieser Herausforderungen leisten können, um eine effiziente, gerechte und stabile Gesundheitsversorgung sicherzustellen.

Den Abschluss der Arbeit soll folgendes Zitat von DRUMMOND ET AL. bilden, da es sehr treffend auf den Punkt bringt, dass Instrumente wie die Budget Impact Analyse, trotz ihrer unbestrittenen Nützlichkeit, lediglich Hilfs- doch keine Allheilmittel sind. „None of the approaches is intended to be a magic formula for removal of judgement, responsibility, or risk from decision-making activities, though each is capable of improving the quality and consistency of decicison-making. At root, they are methods of critical thinking, of approaching choices, and often of placing difficult choices out in the open for discussion. While they generate quantitative statements about the value of programme costs and consequences, qualitatively they are simply frameworks for comprehensive identification and display of (economic) factors involved in decision-making. Whether factors covered by the economic analyses are, in fact, the dominant concerns in a specific decision, and whether the limitations of economic evaluation [...] significantly restrict its usefulness in a specific situation, are judgements which quite properly remain the responsibility of the final decision-maker."[565]

[565] Drummond, M. F., O'Brien, B., Stoddart, G. L. u. a. (1997), S. 24.

7 Literaturverzeichnis

Academy of Managed Care Pharmacy (Hrsg.) (2012)
The AMCP Format for Formulary Submissions 3.1.

Agarwal, S., Desai, S., Holcomb, M. M. u. a. (2001)
Unlocking the value in Big Pharma, in: The McKinsey Quarterly, 2, S. 64–73.

Al, M. J., Feenstra, T., Brouwer, W. B. F. (2004)
Decision makers' views on health care objectives and budget constraints: results from a pilot study, in: Health Policy 70, 1, S. 33–48.

Albach, H. (1965)
Entwicklung und Aufgaben der Unternehmensforschung, in: Die Wirtschaftsprüfung 18, S. 113–120.

Albert, H. (1980)
Modell-Platonismus. Der neoklassische Stil des ökonomischen Denkens in kritischer Beleuchtung, in: Topitsch, E., (Hrsg.) (1980), Logik der Sozialwissenschaften, 10., veränderte Auflage, Königstein/Ts., Verlagsgruppe Athenäum, Hain, Scriptor, Hanstein, S. 352–380.

Albring, M. (Hrsg.) (2007)
IMPLICONplus, Gesundheitspolitische Analysen, 1.

Albring, M. (Hrsg.) (2013)
IMPLICON, Gesundheitspolitische Analysen, 6.

American Society of Clinical Oncology (2006)
Reimbursement for Cancer Treatment: Coverage of Off-Label Drug Indications, in: Journal of Clinical Oncology 24, 19, S. 3206–3208.

Angermann, A. (1963)
Entscheidungsmodelle, Frankfurt am Main, Nowack.

Anis, A. H., Gagnon, Y. (2000)
Using economic evaluations to make formulary coverage decisions. So much for guidelines, in: PharmacoEconomics 18, 1, S. 55–62.

Annemans, L., Cleemput, I., Simoens, S. u. a. (2010)
The Increasing Role of Health Economic Evaluations in Drug Development, in: Drug Development Research 71, S. 457–462.

Antes, G., Jöckel, K.-H., Kohlmann, T. u. a. (2007)
Kommentierende Synopse der Fachpositionen zur Kosten-Nutzenbewertung für Arzneimittel.

AOK-Bundesverband (Hrsg.) (2012)
Reformdatenbank, URL: http://www.aok-bv.de/politik/reformaktuell/reformdatenbank/ (besucht am 12. 12. 2012).

Arzneimittelpreisverordnung (2013)
Arzneimittelpreisverordnung v. 14.11.1980 BGBl. I S. 2147, zuletzt geändert durch Artikel 3 des Gesetzes v. 15.07.2013 BGBl. I S. 2420.

Ärzte Zeitung (Hrsg.) (2012)
Europas Pharmaindustrie übt harsche Kritik an Deutschland, URL: http://www.aerztezeitung.de/politik_gesellschaft/arzneimittelpolitik/article/815058/europas-pharmaindustrie-uebt-harsche-kritik-deutschland.html?sh=274&h=-825835998 (besucht am 01. 03. 2013).

Baio, G., Dawid, A. P. (2008)
Probabilistic Sensitivity Analysis in Health Economics, Research Report, 292, Department of Statistical Science, University College London, S. 1–20.

Banta, H. D. (2006)
Health technology assessment, in: Bundesgesundheitsblatt - Gesundheitsforschung - Gesundheitsschutz 49, 3, S. 225.

Barbieri, M., Drummond, M., Rutten, F. u. a. (2010)
What Do International Pharmacoeconomic Guidelines Say about Economic Data Transferability?, in: Value in Health 13, 8, S. 1028–1037.

Bartelmes, M., Neumann, U., Lühmann, D. u. a. (2009)
Methoden zur frühen entwicklungsbegleitenden Bewertung innovativer medizinischer Technologien, HTA-Bericht Kurzfassung, DAHTA.

Bausch, J. (2012)
Paradigmenwandel im Arzneimittelmarkt, in: IMPLICONplus, 8.

Berens, W., Delfmann, W. (1995)
Quantitative Planung, Konzeption, Methoden und Anwendungen, Schäffer-Poeschel.

Berkshire Hathaway Inc. (Hrsg.) (2011)
Annual Report 2010.

BernsteinResearch (Hrsg.) (2008)
Global Pharmaceuticals: Cautious Outlook, Valuations to Stay Depressed; Five Potential Winners.

Bibliographisches Institut GmbH (Hrsg.) (2012)
Modell, das, URL: http://www.duden.de/rechtschreibung/Modell (besucht am 19. 02. 2012).

Bierbaum, M., Schöffski, O. (2013)
Kosten-Kosten-Studie zur parenteralen Eisentherapie bei Eisenmangelanämie in der ambulanten Versorgung der GKV in Deutschland, in: Gesundheitsökonomie & Qualitätsmanagement 18, 4, S. 173–179.

Bierwirth, R., Schlecht, K. (2007)
Einseitige Evidenzselektion bei der Nutzenbewertung von Arzneimitteln, in: Der Diabetologe 3, 2, S. 79–83.

Bollschweiler, E., Sauerland, S. (2010)
Systematischer Review, Metaanalyse und Cochrane Collaboration, in: Lauterbach, K. W., Lüngen, M., Schrappe, M., (Hrsg.) (2010), Gesundheitsökonomie, Management und Evidence-based Medicine, Handbuch für Praxis, Politik und Studium, 3., völlig neu bearb. und erw. Aufl., Stuttgart, Schattauer, S. 474–491.

Borhani, D. W., Butts, J. A. (2011)
Rethinking Clinical Trials: Biology's Mysteries, in: Science 334, 6061, S. 1346–1347.

Box, G. E. P., Draper, N. R. (1987)
Emprical Model Building and Response Surfaces, New York, John Wiley u. a.

Brennan, A., Akehurst, R. (2000)
Modelling in Health Economic Evaluation: What is its Place? What is its Value?, in: PharmacoEconomics 17, 5, S. 445–459.

Brennan, A., Chick, S. E., Davies, R. (2006a)
A taxonomy of model structures for economic evaluation of health technologies, in: Health Economics 15, 12, S. 1295–1310.

Brennan, A., Chick, S. E., Davies, R. (2006b)
Online Companion For: A Taxonomy of Model Structures for Economic Evaluation of Health Technologie, URL: http://faculty.insead.edu/stephen-chick/research/online-companion-29 (besucht am 20. 08. 2013).

Bretzke, W.-R. (1980)
Der Problembezug von Entscheidungsmodellen, Tübingen, Mohr.

Briggs, A., Claxton, K., Sculpher, M. (2006)
Decision modelling for health economic evaluation, Oxford, Oxford University Press.

Brockhaus Enzyklopädie (Hrsg.) (2012)
Modell, URL: http://www.brockhaus-enzyklopaedie.de/be21_article.php?document_id=0x098603ca@be (besucht am 21. 02. 2012).

Brousselle, A., Lessard, C. (2011)
Economic evaluation to inform health care decision-making: promise, pitfalls and a proposal for an alternative path, in: Social science & medicine 72, 6, S. 832–839.

Buddensiek, W., Kaiser, F.-J., Kaminski, H. (1980)
Grundprobleme des Modelldenkens im sozio-ökonomischen Lernbereich, in: Stachowiak, H., (Hrsg.) (1980), Modelle und Modelldenken im Unterricht, Bad Heilbrunn/Obb., Verlag Julius Klinkhardt, S. 92–122.

Bundesministerium für Gesundheit (Hrsg.) (2012a)
Das Gesetz zur Neuordnung des Arzneimittelmarktes (AMNOG), URL: http://www.bmg.bund.de/krankenversicherung/arzneimittelversorgung/arzneimittelmarktneuordnungsgesetz-amnog/das-gesetz-zu-neuordnung-des-arzneimittelmarktes-amnog.html (besucht am 05. 03. 2013).

Bundesministerium für Gesundheit (Hrsg.) (2012b)
Demographischer Wandel, URL: http://www.bmg.bund.de/krankenversicherung/herausforderungen/demographischer-wandel.html (besucht am 20. 12. 2011).

Bundesministerium für Gesundheit (Hrsg.) (2012c)
Entkopplung der Gesundheitskosten vom Arbeitsmarkt, URL: http://www.bmg.bund.de/krankenversicherung/herausforderungen/entkopplung-der-gesundheitskosten.html (besucht am 20. 12. 2011).

Bundesministerium für Gesundheit (Hrsg.) (2012d)
Hintergrund zum Gesetz, URL: http://www.bmg.bund.de/krankenversicherung/arzneimittelversorgung/arzneimittelmarktneuordnungsgesetz-amnog/hintergrund-zum-gesetz.html (besucht am 05. 03. 2013).

Bundesministerium für Gesundheit (Hrsg.) (2013)
Zahlen und Fakten zur Krankenversicherung, URL: http://www.bmg.bund.de/krankenversicherung/zahlen-und-fakten-zur-krankenversicherung.html (besucht am 30. 07. 2013).

Bundesverband der Pharmazeutischen Industrie e.V. (Hrsg.) (2013)
Pharma-Daten 2012 Kompakt, URL: http://www.bpi.de/fileadmin/media/bpi/Downloads/Internet/Publikationen/Pharma-Daten/Pharmadaten_2012_DE_kompakt.pdf (besucht am 06. 03. 2013).

Bundeszentrale für politische Bildung (Hrsg.) (2011)
Deutsches Institut für medizinische Dokumentation und Information, URL: http://www.bpb.de/themen/WZDR7I,0,Gesundheitspolitik_Lernobjekt.html?guid=AAB795&lt=AAB683.

Bundeszentrale für politische Bildung (Hrsg.) (2013a)
Bismarcks Erbe: Besonderheiten und prägende Merkmale des deutschen Gesundheitswesens, URL: http://www.bpb.de/politik/innenpolitik/gesundheitspolitik/72553/deutsche-besonderheiten (besucht am 01. 03. 2013).

Bundeszentrale für politische Bildung (Hrsg.) (2013b)
Das Gesundheitswesen in Deutschland - Ein Überblick, URL: http://www.bpb.de/politik/innenpolitik/gesundheitspolitik/72547/einfuehrung-gesundheitswesen-ueberblick (besucht am 01. 03. 2013).

Burke, K. (2002)
No cash to implement NICE, health authorities tell MPs, in: British Medical Journal 324, S. 258.

Büro für Technikfolgen-Abschätzung beim Deutschen Bundestag (Hrsg.) (2011)
Willkommen im TAB, URL: http://www.tab-beim-bundestag.de/de/ueber-uns/index.html (besucht am 19. 11. 2011).

Busse, R. (2006)
Health Technology Assessment in Deutschland - quo vadis?, in: Bundesgesundheitsblatt - Gesundheitsforschung - Gesundheitsschutz 49, 3, S. 230–231.

Busse, R. (2008)
Bewertung der ökonomischen Implikationen von Technologien, in: Perleth, M., Busse, R., Gerhardus, A. u. a., (Hrsg.) (2008), Health Technology Assessment, Konzepte, Methoden, Praxis für Wissenschaft und Entscheidungsfindung, S. 203–220.

Busse, R., Orvain, J., Velasco, M. u. a. (2002)
Best practise in undertaking and reporting health technology assessments, in: International Journal of Technology Assessment in Health Care 18, 2, S. 361–422.

Buxton, M. J., Drummond, M. F., Hout, B. A. van u. a. (1997)
Modelling in economic evaluation: an unavoidable fact of life, in: Health Economics 6, 3, S. 217–227.

Cacciotti, J., Clinton, P., Looney, W. (2012)
Pharm Exec's Top 50 Pharma Companies, in: Pharmaceutical Executive Global Digest, 06, S. 6–11.

Canadian Agency for Drugs and Technologies in Health (2006)
Guidelines for the economic evaluation of health technologies, 3rd Edition, Ottawa.

Canadian Agency for Drugs and Technologies in Health (2013)
Common Drug Review Submission Guidelines for Manufacturers.

Caro, J. J. (2005)
Pharmacoeconomic Analyses Using Discrete Event Simulation, in: PharmacoEconomics 23, 4, S. 323–332.

Caro, J. J., Briggs, A. H., Siebert, U. u. a. (2012)
Modeling Good Research Practices—Overview: A Report of the ISPOR-SMDM Modeling Good Research Practices Task Force-1, in: Value in Health 15, 6, S. 796–803.

Carome, M., Wolfe, S. (2011)
Rethinking Clinical Trials: Phase 1 Studies Insufficient, in: Science 334, 6061, S. 1346.

Chandler, A. D. (2005)
Shaping the Industrial Century: The Remarkable Story of the Evolution of the Modern Chemical and Pharmaceutical Industries, Cambridge, Harvard University Press.

Cleemput, I., Neyt, M., Sande, S. V. de u. a. (2012)
Belgian guidelines for economic evaluations and budget impact analyses: second edition, HTA-Bericht, Belgian Health Care Knowledge Centre (KCE).

Clouth, J., Knoll, S., Eichmann, F. (2009)
Evaluating health care using system dynamics modelling a case study in Schizophrenia, in: Gesundheitsökonomie und Qualitatsmanagement 14, 6, S. 302–310.

Cohen, J., Stolk, E., Niezen, M. (2007)
The increasingly complex fourth hurdle for pharmaceuticals, in: PharmacoEconomics 25, 9, S. 727–734.

Cohen, J. P., Stolk, E., Niezen, M. (2008)
Role of budget impact in drug reimbursement decisions, in: Journal of health politics, policy and law 33, 2, S. 225–247.

Committee for Evaluating Medical Technologies in Clinical Use, Division of Health Sciences Policy, Division of Health Promotion and Disease Prevention (Hrsg.) (1985)
Assessing Medical Technologies, Washington, D.C., National Academy Press.

Dantzig, G. B. (1966)
Lineare Programmmierung und Erweiterungen, Berlin, Springer-Verlag.

DeJean, D., Giacomini, M., Schwartz, L. u. a. (2009)
Ethics in Canadian health technology assessment: A descriptive review, in: International Journal of Technology Assessment in Health Care 25, S. 463–469.

Delfmann, W. (Hrsg.) (1997)
Arbeitsberichte des Seminars für Allgemeine Betriebswirtschaftslehre, Betriebswirtschaftliche Planung und Logistik der Universität zu Köln.

Derdak, T. (Hrsg.) (1988)
International directory of company histories, Chicago, St. James Press.

Deutscher Blinden- und Sehbehindertenverband e. V. (Hrsg.) (2007)
Wenn drei sich streiten, erblindet der Vierte, URL: http://www.dbsv.org/presse/pressemitteilungen/2007/wenn-drei-sich-streiten-erblindet-der-vierte/ (besucht am 19. 09. 2012).

DiMasi, J. A., Feldman, L., Seckler, A. u. a. (2010)
Trends in Risks Associated With New Drug Development: Success Rates for Investigational Drugs, in: Clinical Pharmacology & Therapeutics 87, 3, S. 272–277.

DiMasi, J. A., Hansen, R. W., Grabowski, H. G. (2003)
The price of innovation: new estimates of drug development costs, in: Journal of Health Economics 22, 2, S. 151–185.

DIMDI (Hrsg.) (2008)
Handbuch für Autoren zur Erstellung von HTA-Berichten.

DIMDI (Hrsg.) (2012)
HTA-Prozess, URL: http://www.dimdi.de/static/de/hta/dahta/prozess/index.htm (besucht am 28. 01. 2012).

Draborg, E., Gyrd-Hansen, D., Poulsen, P. B. u. a. (2005)
International comparison of the definition and the practical application of health technology assessment, in: International Journal of Technology Assessment in Health Care 21, 1, S. 89–95.

Droste, S. (2008)
Informations- und Wissensmanagement, in: Perleth, M., Busse, R., Gerhardus, A. u. a., (Hrsg.) (2008), Health Technology Assessment, Konzepte, Methoden, Praxis für Wissenschaft und Entscheidungsfindung.

Drummond, M. F., O'Brien, B., Stoddart, G. L. u. a. (1997)
Methods for the Economic Evaluation of Health Care Programmes, Second Edition, Oxford, Oxford University Press.

Drummond, M. F., Sculpher, M. J., Torrance, G. W. u. a. (2005)
Methods for the economic evaluation of health care programmes, Oxford, Oxford University Press.

Durden, T. (2012)
Guest Post: The Pseudoscience Of Economics, URL: http://www.zerohedge.com/news/guest-post-pseudoscience-economics.

Eckart, W. U. (2011)
Illustrierte Geschichte der Medizin, 2. Auflage, Berlin, Springer-Verlag.

Eddy, D. M. (1985)
Technology Assessment: The Role of Mathematical Modeling, in: Committee for Evaluating Medical Technologies in Clinical Use, Division of Health Sciences Policy, Division of Health Promotion and Disease Prevention, (Hrsg.) (1985), Assessing Medical Technologies, Washington, D.C., National Academy Press, S. 144–175.

Egly, H.-J., Fritzsche, S., Milz, T. (2012)
Patientenwohl und Profit - ein Widerspruch?, in: pharma marketing e-jounal, 3, S. 11–14.

Eichhorn, W. (1972)
Die Begriffe Modell und Theorie in der Wirtschaftswissenschaft, in: Wirtschaftswissenschaftliches Studium, S. 281–288.

Elger, C. E., Gaudig, M. (2010)
Risks and cost of generic substitution of topiramate for the German healthcare system, in: Aktuelle Neurologie 37, 1, S. 18–24.

Emmert, M., Huber, M., Schöffski, O. (2011)
Eine Aggregation von Instrumenten zur Qualitätsbewertung gesundheitsökonomischer Evaluationsstudien, in: PharmacoEconomics - German Research Articles 9, 1, S. 11–30.

EUnetHTA (2011)
EUnetHTA Project 2006-08, URL: http://www.eunethta.net/public/work_packages/EUnetHTA-Project-2006-08 (besucht am 19. 11. 2011).

Evaluate Pharma (Hrsg.) (2011)
World Preview 2016, Beyond the Patent Cliff.

Evaluate Pharma (Hrsg.) (2012)
World Preview 2018, Embracing the Patent Cliff.

Financial Times Deutschland (Hrsg.) (2007)
Mehr Modell, weniger Mensch.

Flochel, P. (2012)
Die Patienten wollen heute mitreden, in: pharma marketing e-jounal 3, S. 5–10.

Francke, R., Hart, D. (2006)
HTA in den Entscheidungsprozessen des IQWiG und G-BA, Bestandsaufnahme und aktuelle Fragen der gesundheitsrechtlichen Regulierung, in: Bundesgesundheitsblatt - Gesundheitsforschung - Gesundheitsschutz 49, S. 241–250.

Freund, M., Lüftner, D. (Hrsg.) (2013)
Herausforderung demografischer Wandel. Bestandsaufnahme und künftige Anforderungen an die onkologische Versorgung, DGHO Deutsche Gesellschaft für Hämatologie und Medizinische Onokologie e.V.

Fricke, F.-U., Dauben, H. P. (2009)
Health Technology Assessment: A Perspective from Germany, in: Value in Health 12, S20–S27.

Fünftes Buch Sozialgesetzbuch - Gesetzliche Krankenversicherung (2011)
Artikel 1 des Gesetzes vom 20. Dezember 1988, BGBl. I S. 2477), das zuletzt durch Artikel 3 des Gesetzes vom 28. Juli 2011 (BGBl. I S. 1622) geändert worden ist.

Garattini, L., Vooren, K. van de (2011)
Budget Impact analysis in economic evaluation: a proposal for a clearer definition, in: European Journal of Health Economics 12, 6, S. 499–502.

Garrido, M. V., Kristensen, F. B., Nielsen, C. P. u. a. (Hrsg.) (2008a)
Health Technology Assessment and Health Policy-Making in Europe, Current status, challenges and potential, World Health Organization.

Garrido, M. V., Kristensen, F. B., Nielsen, C. P. u. a. (2008b)
Introduction, in: Garrido, M. V., Kristensen, F. B., Nielsen, C. P. u. a., (Hrsg.) (2008), Health Technology Assessment and Health Policy-Making in Europe, Current status, challenges and potential, World Health Organization, S. 1–3.

Gass, S. I. (2011)
Model World: On the Evolution of Operations Research, in: Interfaces 41, 4, S. 389–393.

Gassmann, O., Reepmeyer, G., Zedtwitz, M. von (2008)
Leading Pharmaceutical Innovation, Trends and Drivers for Growth in the Pharmaceutical Industry, Second Edition, Berlin, Springer.

Gassner, U. M. (2008)
Der Vorschlag des Instituts für Qualität und Wirtschaftlichkeit im Gesundheitswesen zur Methodik einer Kosten-Nutzen-Bewertung auf dem rechtlichen Prüfstand, in: Die Phamanzeutische Industrie 70, 6, S. 701–707.

Gemeinsamer Bundesausschuss (Hrsg.) (2010)
Der Gemeinsame Bundesausschuss stellt sich vor, URL: http://www.g-ba.de/downloads/17-98-2803/2010-01-01-Faltblatt-GBA.pdf (besucht am 19. 11. 2011).

Gemeinsamer Bundesausschuss (Hrsg.) (2012)
Gesetzlicher Auftrag und Arbeitsweise, URL: http://www.g-ba.de/institution/auftrag/ (besucht am 20. 12. 2012).

Gerhardus, A. (2006)
Die Rolle von HTA-Berichten im deutschen Gesundheitswesen, Brauchen wir Impactziele?, in: Bundesgesundheitsblatt - Gesundheitsforschung - Gesundheitsschutz 3, S. 233–240.

Gerhardus, A. (2008)
Die Effekte von HTA-Berichten im Gesundheitswesen, in: Perleth, M., Busse, R., Gerhardus, A. u. a., (Hrsg.) (2008), Health Technology Assessment, Konzepte, Methoden, Praxis für Wissenschaft und Entscheidungsfindung.

Gerhardus, A., Dintsios, C.-M. (2005a)
Der Einfluss von HTA-Berichten auf die gesundheitspolitische Entscheidungsfindung.

Gerhardus, A., Dintsios, C.-M. (2005b)
Der Einfluss von HTA-Berichten auf die gesundheitspolitische Entscheidungsfindung: eine systematische Übersichtsarbeit, in: GMS Health Technol Assess 1, S. 1–9.

Gerhardus, A., Dorendorf, E., Røttingen, J.-A. u. a. (2008)
What are the effects of HTA reports on the health system? Evidence from the research literature, in: Garrido, M. V., Kristensen, F. B., Nielsen, C. P. u. a., (Hrsg.) (2008), Health Technology Assessment and Health Policy-Making in Europe, Current status, challenges and potential, World Health Organization.

Gerhardus, A., Perleth, M., Gibis, B. u. a. (2008)
Bewertung der organisatorischen, rechtlichen, ethischen und soziokulturellen Aspekte von Technologien, in: Perleth, M., Busse, R., Gerhardus, A. u. a., (Hrsg.) (2008), Health Technology Assessment, Konzepte, Methoden, Praxis für Wissenschaft und Entscheidungsfindung, S. 167–202.

Gesetz über den Verkehr mit Arzneimitteln (2012)
G. v. 12.12.2005 BGBl. I S. 3394; zuletzt geändert durch Artikel 2 G. v. 19.10.2012 BGBl. I S. 2192.

Gesetz zur Modernisierung der gesetzlichen Krankenversicherung (2004)
G. v. 14.11.2003 BGBl. I S. 2190 (Nr. 55); zuletzt geändert durch Artikel 1 G. v. 15.12.2004 BGBl. I S. 3445.

Gesetz zur Neuordnung des Arzneimittelmarktes in der gesetzlichen Krankenversicherung (2010)
G. v. 22. 12. 2010 BGBl. I S. 2262 (Nr. 67).

Gesetz zur Reform der gesetzlichen Krankenversicherung ab dem Jahr 2000 (2002)
GKV-Gesundheitsreformgesetz 2000 vom 22. Dezember 1999 (BGBl. I S. 2626), das durch Artikel 3 des Gesetzes vom 15. Februar 2002 (BGBl. I S. 684) geändert worden ist.

Gesetz zur Stärkung des Wettbewerbs in der gesetzlichen Krankenversicherung (2011)
G. v. 26.03.2007 BGBl. I S. 378 (Nr. 11); zuletzt geändert durch Artikel 4 G. v. 28.07.2011 BGBl. I S. 1622.

Gibis, B. (2008)
HTA und Entscheidungsfindung - Regulation von Technologien, in: Perleth, M., Busse, R., Gerhardus, A. u. a., (Hrsg.) (2008), Health Technology Assessment, Konzepte, Methoden, Praxis für Wissenschaft und Entscheidungsfindung, S. 23–33.

Gigerenzer, G., Gaissmaier, W., Kurz-Milcke, E. u. a. (2007)
Helping Doctors and Patients Make Sense of Health Statistics, in: Psychological Science in the Public Interest 8, 2, S. 53–96.

GKV Spitzenverband (Hrsg.) (2013a)
Fragen und Antworten - Thema: AMNOG.

GKV Spitzenverband (Hrsg.) (2013b)
GKV-Kennzahlen, URL: http://www.gkv-spitzenverband.de/presse/zahlen_und_grafiken/gkv_kennzahlen/gkv_kennzahlen.jsp#lightbox (besucht am 06. 03. 2013).

Glaeske, G. (2012)
The Dilemma Between Efficacy as Defined by Regulatory Bodies and Effectiveness in Clinical Practice, in: Deutsches Ärzteblatt International 109, 7, S. 115–116.

Goodman, C. S. (2004)
HTA 101 Introduction to Health Technology Assessment, URL: http://www.nlm.nih.gov/nichsr/hta101/hta101.pdf (besucht am 21. 01. 2012).

Greiner, W. (2007)
Health Technology Assessment (HTA), in: Schöffski, O., Schulenburg, J.-M. Graf v. d., (Hrsg.), Gesundheitsökonomische Evaluationen, Dritte, vollständig überarbeitete Auflage, Berlin u. a., Springer-Verlag, S. 448–469.

Greiner, W., Schöffski, O. (2012)
Grundprinzipien einer Wirtschaftlichkeitsuntersuchung, in: Schöffski, O., Schulenburg, J.-M. Graf v. d., (Hrsg.) (2012), Gesundheitsökonomische Evaluationen, Vierte, vollständig überarbeitete Auflage, Berlin, Springer, S. 155–180.

Grewal, R., Chakravarty, A., Ding, M. u. a. (2008)
Counting chickens before the eggs hatch: Associating new product development portfolios with shareholder expectations in the pharmaceutical sector, in: International Journal of Research in Marketing 25, 4, S. 261–272.

Grove, A. (2011)
Rethinking Clinical Trials, in: Science 333, 6050, S. 1679.

Guevara, H. H., Tübke, A., Castello, P. M. P. u. a. (2008)
Analysis of the 2007 EU Industrial R&D Investment Scoreboard.

Guminski, W. (2008)
Produktlebenszyklus und die Möglichkeiten seiner Gestaltung, in: Schöffski, O., Fricke, F.-U., Guminski, W., (Hrsg.) (2008), Pharmabetriebslehre, 2., vollst. überarb. und erw. Aufl., S. 199–213.

Hackenbroch, V. (2006)
Giftmüll im Auge, URL: http://www.spiegel.de/spiegel/print/d-48990551.html (besucht am 12. 09. 2013).

Hagn, D., Schöffski, O. (2008)
Orphan Drugs, in: Schöffski, O., Fricke, F.-U., Guminski, W., (Hrsg.) (2008), Pharmabetriebslehre, 2., vollst. überarb. und erw. Aufl., S. 413–427.

Hailey, D. (2003)
Elements of Effectiveness for Health Technology Assessment Programs, Diskussionspapier, Alberta Heritage Foundation for Medical Research.

Hailey, D., Babidge, W., Cameron, A. u. a. (2010)
HTA Agencies and Decision Makers, An INAHTA guidance document, INAHTA.

Halpern, M. T., McKenna, M., Hutton, J. (1998)
Letter to the editors, in: Health Economics 7, 8, S. 741–742.

Hampp, C., Kauf, T. L., Winterstein, A. G. (2010)
Small Budget Impact Is a Result of Flawed Assumptions and Ignores Questionable Cost-Effectiveness for RSV Prophylaxis, in: Value in Health 13, 5, S. 684–684.

Hanssmann, F. (1987)
Einführung in die Systemforschung, Methodik der modellgestützten Entscheidungsvorbereitung, 3. Auflage, München, Oldenbourg.

Harms, F., Rohmann, S., Drüner, M. (2013)
Pharma - Innovationsmarketing, URL: http://www.medizin-2000.de/pharmaoekonomie/texte/innovationsmarketing/innovationsmarketing.html (besucht am 12. 09. 2013).

Haye, R. de la, Gebauer, A. (2008)
Die Entwicklung eines Arzneimittels, in: Schöffski, O., Fricke, F.-U., Guminski, W., (Hrsg.) (2008), Pharmabetriebslehre, 2., vollst. überarb. und erw. Aufl., S. 105–116.

Held, S., Bolte, C., Bierbaum, M. u. a. (2009)
Impact of Big Pharma organizational structure on R&D productivity, Burgdorf, HERZ.

Hemphill, C. S., Sampat, B. N. (2012)
Evergreening, patent challenges, and effective market life in pharmaceuticals, in: Journal of health economics 31, 2, S. 327–339.

Hilden, J. (2008)
Budget impact analysis and its rational basis, in: Medical decision making 28, 4, S. 460–461.

Hilienhoff, A. (2008)
Makuladegeneration: AOK schließt Rahmenvertrag zu Lucentis, URL: http://www.aerzteblatt.de/nachrichten/32768/ (besucht am 19. 09. 2012).

Homburg, C. (1998)
Quantitative Betriebswirtschaftslehre, Entscheidungsunterstützung durch Modelle, Mit Beispielen, Übungsaufgaben und Lösungen, 2., überarbeitete und erweiterte Auflage, Gabler.

Hübel, A. (2011)
Innovationsschutz in der Pharmaindustrie, Teil 2: Patenterteilungsverfahren und internationale Anmeldestrategien, in: Die Phamanzeutische Industrie 73, 5, S. 868–872.

Hughes, B. (2010)
2009 FDA drug approvals, in: Nature Reviews Drug Discovery 9, 2, S. 89–92.

Hüttermann, A. (2011)
Innovationsschutz in der Pharmaindustrie, Teil 1: Was ist im Bereich der Pharmaindustrie schützbar?, in: Die Phamanzeutische Industrie 73, 4, S. 714–718.

IMS Health (Hrsg.) (2012)
Global Pharmaceutical Sales, 2001 – 2008, URL: http://www.imshealth.com/deployedfiles/imshealth/Global/Content/StaticFile/Top_Line_Data/Global_Pharma_Sales_2001-2008_Version_2.pdf (besucht am 04. 02. 2013).

IMS Institute for Healthcare Informatics (Hrsg.) (2011)
The Global Use of Medicines: Outlook Throug 2015.

IMS Institute for Healthcare Informatics (Hrsg.) (2012)
The Global Use of Medicines: Outlook Throug 2016.

INAHTA (Hrsg.) (2011)
Definitions, URL: http://www.inahta.org/HTA/.

Institut der deutschen Wirtschaft Köln (Hrsg.) (2011)
Deutschland in Zahlen.

Intel (Hrsg.) (2005)
Moore's Law, URL: http://download.intel.com/museum/Moores_Law/Printed_Materials/Moores_Law_2pg.pdf (besucht am 19. 02. 2013).

Interdisziplinäres Zentrum für Health Technology Assessment (Hrsg.) (2011)
Profil, URL: http://www.hta.uni-bremen.de/.

IQWiG (2008)
Methodik für die Bewertung von Verhältnissen zwischen Nutzen und Kosten im System der deutschen gesetzlichen Krankenversicherung, Methodenpapier, Institut für Qualität und Wirtschaftlichkeit im Gesundheitswesen.

IQWiG (2009a)
Kostenbestimmung, Arbeitspapier, Institut für Qualität und Wirtschaftlichkeit im Gesundheitswesen.

IQWiG (2009b)
Modellierung, Arbeitspapier, Institut für Qualität und Wirtschaftlichkeit im Gesundheitswesen.

IQWiG (Hrsg.) (2009c)
Pfizer hält Studien unter Verschluss, URL: https://www.iqwig.de/sidl9ddrt23pga0do4okb8d0oosji81hfge/pfizer-haelt-studien-unter-verschluss.868.html (besucht am 21. 01. 2012).

IQWiG (2011)
Allgemeine Methoden, Methodenpapier, Institut für Qualität und Wirtschaftlichkeit im Gesundheitswesen.

IQWiG (Hrsg.) (2012)
IQWiG Zeitleiste 2003 bis 2012, URL: https://www.iqwig.de/download/IQWiG_Zeitleiste.pdf (besucht am 01. 03. 2013).

Jiang, Y., Gauthier, A., Annemans, L. u. a. (2012)
A public health and budget impact analysis of vaccinating at-risk adults and the elderly against pneumococcal diseases in Germany, in: Expert review of pharmacoeconomics & outcomes research 12, 5, S. 631–43.

John, J., Leidl, R. (2004)
Zur Bedeutung von ökonomischen Evaluationen beim Ein- und Ausschluss von Leistungen, in: Sozialer Fortschritt 53, 8-9.

Jommi, C., Otto, M., Armeni, P. u. a. (2012)
Market access management by pharmaceutical companies in a complex environment: The Italian case study, in: Journal of Medical Marketing: Device, Diagnostic and Pharmaceutical Marketing 12, 2, S. 93–103.

Jung, H. (2006)
Allgemeine Betriebswirtschaftslehre, 10., überarb. Aufl., Oldenbourg.

Kaiser, T. (2008)
Feststellung des Unabhängigkeitsstatus für HTA-Einrichtungen, in: Perleth, M., Busse, R., Gerhardus, A. u. a., (Hrsg.) (2008), Health Technology Assessment, Konzepte, Methoden, Praxis für Wissenschaft und Entscheidungsfindung, S. 229–235.

Kassenärztliche Vereinigung Bayern (Hrsg.) (2012)
Gesundheitsreformen, URL: http://www.kvb.de/ueber-uns/gesundheitspolitik/gesundheitsreformen/?sword_list[]=gesundheitsreformen&no_cache=1.

Kersting, W. (2007)
Gerechtigkeitsethische Überlegungen zur Gesundheitsversorgung, in: Schöffski, O., Schulenburg, J.-M. Graf v. d., (Hrsg.) (2007), Gesundheitsökonomische Evaluationen, Dritte, vollständig überarbeitete Auflage, Berlin, Springer, S. 23–47.

Kittel, C. (1947)
The Nature and Development of Operations Research, in: Science 105, 2719, S. 150–153.

Kleinrock, M. (2012)
Introduction, in: The Global Use of Medicines: Outlook Throug 2016, S. 2.

Koch, K., Dintsios, C.-M., Sawicki, P. T. (2008)
Methodenvorschlag des IQWiG zur Kosten-Nutzen-Bewertung von medizinischen Verfahren, in: Sozialer Fortschritt 12, S. 294–300.

Koopmanschap, M. A., Rutten, F. F. H. (2003)
The drug budget silo mentality: the Dutch case, in: Value Health 6, S1, S46–S51.

Kosiol, E. (1961)
Modellanalyse als Grundlage unternehmerischer Entscheidungen, in: Zeitschrift für betriebswirtschaftliche Forschung, S. 318–334.

Kosiol, E. (1964)
Betriebswirtschaftslehre und Unternehmensforschung, in: Zeitschrift für Betriebswirtschaft, S. 743–762.

Kosiol, E. (1968)
Einführung in die Betriebswirtschaftslehre, Die Unternehmung als wirtschaftliches Aktionszentrum, Gabler.

Kulp, W., Schulenburg, J.-M. Graf v. d. (2012)
Institutionen der Vierten Hürde, in: Schöffski, O., Schulenburg, J.-M. Graf v. d., (Hrsg.) (2012), Gesundheitsökonomische Evaluationen, Vierte, vollständig überarbeitete Auflage, Berlin, Springer, S. 439–446.

Kunhardt, H. (Hrsg.) (2011)
Systemisches Management im Gesundheitswesen, Innovative Kozepte und Praxisbeispiele, Gabler.

Laschet, H. (2013)
„Liberale" Arzneimittelpolitik - eine Bilanz, in: Albring, M., (Hrsg.) (2013), IMPLICON, Gesundheitspolitische Analysen, 6, S. 1–9.

Lauterbach, K. W., Lüngen, M., Schrappe, M. (Hrsg.) (2010)
Gesundheitsökonomie, Management und Evidence-based Medicine, Handbuch für Praxis, Politik und Studium, 3., völlig neu bearb. und erw. Aufl., Stuttgart, Schattauer.

Lauterbach, K. W., Schrappe, M. (Hrsg.) (2004)
Gesundheitsökonomie, Qualitätsmanagement und Evidence-based Medicine, Eine systematsiche Einführung, 2. überarbeitete und erweiterte Auflage, Stuttgart.

Lehoux, P., Tailliez, S., Denis, J. u. a. (2004)
Redefining health technology assessment in Canada: diversification of products and contextualization of findings, in: International Journal of Technology Assessment in Health Care 20, 3, S. 325–336.

Lieber, D. (2009)
Arzneimittelnebnewirkungen: Art, Häufigkeit, Bedeutung, Typisierung, Klassifizierung und Kausalität von Arzneimittelnebenwirkungen, in: Otte, A., Nguyen, T., (Hrsg.) (2009), Risiken und Nebenwirkungen von Arzneimitteln, S. L1–L21.

Lindgren, P., Jönsson, B. (2011)
Cost-effectiveness of statins revisited: lessons learned about the value of innovation, in: European Journal of Health Economics.

Little, J. D. C. (2004)
Models and Managers: The Concept of a Decision Calculus, in: Management Science 50, 12, S. 1841–1853.

Macal, C., North, M. (2010)
Tutorial on agent-based modelling and simulation, in: Journal of Simulation 4, S. 151–162.

Mankiw, N. G., Taylor, M. P. (2006)
Ecnonomics.

Marshall, D. A., Douglas, P. R., Drummond, M. F. u. a. (2008)
Guidelines for conducting pharmaceutical budget impact analyses for submission to public drug plans in Canada, in: PharmacoEconomics 26, 6, S. 477–495.

Mauskopf, J. A., Earnshaw, S., Mullins, C. D. (2005)
Budget impact analysis: review of the state of the art, in: Expert review of pharmacoeconomics & outcomes research 5, 1, S. 65–79.

Mauskopf, J. A., Paul, J. E., Grant, D. M. u. a. (1998)
The Role of Cost-Consequence Analysis in Healthcare Decision-Making, in: PharmacoEconomics 13, 3, S. 277–288.

Mauskopf, J. A., Sullivan, S. D., Annemans, L. u. a. (2007)
Principles of Good Practice for Budget Impact Analysis: Report of the ISPOR Task Force on Good Research Practices – Budget Impact Analysis, in: Value in Health 10, 5, S. 336–347.

Medizinischer Dienst des Spitzenverbandes Bund der Krankenkassen (Hrsg.) (2011)
Aufgaben für die gesetzliche Krankenversicherung, URL: http://www.mds-ev.de/Ueber_uns_Aufgaben.htm.

Meinken, C. B. (2011)
Innovationsschutz in der Pharmaindustrie, Teil 3: Patent-Life-Cycle-Management-Strategien, in: Die Phamanzeutische Industrie 73, 6, S. 1058–1061.

Meyer, M. (1979)
Operations Research, Systemforschung, Systemtheorie: ein historischer Abriss, in: Wirtschaftswissenschaftliches Studium 8, 10, S. 461–468.

Mihm, A. (2013)
Fest geplante Milliardeneinsparungen der Kassen gefährdet, URL: http://www.faz.net/aktuell/wirtschaft/wirtschaftspolitik/nach-klage-eines-pharmakonzerns-fest-geplante-milliardeneinsparungen-der-kassen-gefaehrdet-12058386.html (besucht am 21. 02. 2013).

Moharra, M., Kubesch, N., Estrada, M. u. a. (2008)
Survey report on HTA organisations, survey report, Catalan Agency for Health Technology Assessment u. a.

Morgan, S., Grootendorst, P., Lexchin, J. u. a. (2011)
The cost of drug development: A systematic review, in: Health Policy 100, 1, S. 4–17.

Mullard, A. (2013)
2012 FDA drug approvals, in: Nature Reviews Drug Discovery 12, 2, S. 87–90.

Müller, E., Walzer, S., Krone, F. A. u. a. (2008)
Cost savings in the treatment of renal anemia due to subcutaneous application of epoetin beta, in: Nieren- und Hochdruckkrankheiten 37, 8, S. 404–411.

Müller, R. (1983)
Zur Geschichte des Modelldenkens und des Modellbegriffs, in: Stachowiak, H., (Hrsg.) (1983), Modelle – Konstruktion der Wirklichkeit, München, Wilhelm Fink Verlag, S. 17–71.

Müller, R. (2012)
Der Modellbegriff, Definitionen, Bedeutungs- und Funktionsvielfalt, URL: http://www.muellerscience.com/MODELL/Definitionen/Modellbegriff.Definition.htm (besucht am 21. 02. 2012).

Müller-Bohn, T., Ulrich, V. (2000)
Pharmakoökonomie, Einführung in die ökonomische Analyse der Arzneimittelanwendung, Stuttgart, Wiss. Verl.-Ges.

Müller-Jahncke, W.-D., Friedrich, C., Paulus, J. (1996)
Geschichte der Arzneimitteltherapie, Stuttgart, Deutscher Apotheker Verlag.

Müller-Merbach, H. (1984)
Internationale Kooperationen im Operations Research, in: Steckhan, H., Bühler, W., Jäger, K. E. u. a., (Hrsg.) (1984), Operations Research Proceedings 1983, Papers of the 12th Annual Meeting, Berlin, Springer-Verlag, S. 658–671.

Murphy, T. (2012)
Ruthless Extrapolation, URL: http://physics.ucsd.edu/do-the-math/2012/06/ruthless-extrapolation/ (besucht am 27. 06. 2012).

Nagengast, J. (2011)
Internationales Management, in: Kunhardt, H., (Hrsg.) (2011), Systemisches Management im Gesundheitswesen, Innovative Kozepte und Praxisbeispiele, Gabler, S. 127–140.

Neugebauer, W. (1980)
Didaktische Modellsituationen, in: Stachowiak, H., (Hrsg.) (1980), Modelle und Modelldenken im Unterricht, Bad Heilbrunn/Obb., Verlag Julius Klinkhardt, S. 50–71.

Neumann, P. J. (2007)
Budget impact analyses get some respect, in: Value in Health 10, 5, S. 324–325.

NICE (Hrsg.) (2011)
Technology appraisal recommendation summary, URL: http://www.nice.org.uk/newsroom/nicestatistics/TADecisionsRecommendationSummary.jsp (besucht am 17. 12. 2011).

NICE (Hrsg.) (2013)
Guide to the methods of technology appraisal 2013, URL: http://publications.nice.org.uk/pmg9.

Nuijten, M. J. C., Mittendorf, T., Persson, U. (2011)
Practical issues in handling data input and uncertainty in a budget impact analysis. In: The European journal of health economics 12, 3, S. 231–241.

Nuijten, M. J. C., Rutten, F. (2002)
Combining a budgetary-impact analysis and a cost-effectiveness analysis using decision-analytic modelling techniques, in: PharmacoEconomics 20, 12, S. 855–867.

o. A. (2005)
Prescription for Change, URL: http://www.economist.com/node/4053970 (besucht am 04. 02. 2013).

Oakley, J. E., O'Hagan, A. (2004)
Probabilistic sensitivity analysis of complex models: a Bayesian approach, in: Journal of the Royal Statistical Society: Series B (Statistical Methodology) 66, 3, S. 751–769.

Office of Technology Assessment (Hrsg.) (1976)
Development of Medical Technology, Opportunities for Assessment.

Orlewska, E., Gulácsi, L. (2009)
Budget-impact analyses: a critical review of published studies, in: PharmacoEconomics 27, 10, S. 807–827.

Orlewska, E., Mierzejewski, P. (2004)
Proposal of Polish Guidelines for Conducting Financial Analysis and Their Comparison to Existing Guidance on Budget Impact in Other Countries, in: Value in Health 7, 1, S. 1–10.

O'Rourke, B. (2011)
CADTH - Canadian Agency for Drugs and Technologies in Health, URL: http://www.inahta.org/Members/CADTH/ (besucht am 17. 12. 2011).

Ortlieb, C. P., Dresky, C. v., Gasser, I. u. a. (2009)
Mathematische Modellierung, Eine Einführung in zwölf Fallstudien, 1. Aufl., Wiesbaden, Vieweg+Teubner Verlag / GWV Fachverlage GmbH.

OTA (1978)
Assessing the Efficacy and Safety of Medical Technologies.

Otte, A., Nguyen, T. (Hrsg.) (2009)
Risiken und Nebenwirkungen von Arzneimitteln.

Pereira, D. A., Williams, J. A. (2007)
Origin and evolution of high throughput screening, in: British journal of pharmacology 152, 1, S. 53–61.

Perleth, M. (2003a)
Evidenzbasierte Entscheidungsunterstützung im Gesundheitswesen, Konzepte und Methoden der systematischen Bewertung medizinischer Technologien (Health Technology Assessment) in Deutschland, WiKu.

Perleth, M. (2003b)
Health Technology Assessment (HTA), in: Schwartz, F. W., Walter, U., Abelin, T., (Hrsg.), Das Public-Health-Buch, Gesundheit und Gesundheitswesen, Gesundheit fördern - Krankheit verhindern, 2., völlig neu bearb. und erw. Aufl., München, Urban & Fischer, S. 745–754.

Perleth, M. (2008)
Grundlagen und Prinzipien von Health Technology Assessment (HTA), in: Perleth, M., Busse, R., Gerhardus, A. u. a., (Hrsg.) (2008), Health Technology Assessment, Konzepte, Methoden, Praxis für Wissenschaft und Entscheidungsfindung, S. 1–21.

Einführung in die Methodik der Erstellung von HTA-Berichten (2008a), In: Perleth, M., Busse, R., Gerhardus, A. u. a., (Hrsg.) (2008), Health Technology Assessment, Konzepte, Methoden, Praxis für Wissenschaft und Entscheidungsfindung, S. 135–220.

Perleth, M., Busse, R., Gerhardus, A. u. a. (Hrsg.) (2008b)
Health Technology Assessment, Konzepte, Methoden, Praxis für Wissenschaft und Entscheidungsfindung.

Perleth, M., Gibis, B. (2008)
Priorisierung von HTA-Themen, in: Perleth, M., Busse, R., Gerhardus, A. u. a., (Hrsg.) (2008), Health Technology Assessment, Konzepte, Methoden, Praxis für Wissenschaft und Entscheidungsfindung, S. 85–98.

Perleth, M., Lühmann, D. (2010)
Nutzen- und Wirtschaftlichkeitsbewertung der biomedizinischen Technik, in: Bundesgesundheitsblatt - Gesundheitsforschung - Gesundheitsschutz 53, 8, S. 825–830.

Perleth, M., Schwartz, F. W. (2001)
Health Technology Assessment (HTA), evidenzbasierte Medizin (EbM), Alter Wein in neuen Schläuchen?, in: Bundesgesundheitsblatt - Gesundheitsforschung - Gesundheitsschutz 44, S. 857–864.

Pfohl, H.-C. (1977)
Problemorientierte Entscheidungsfindung in Organisationen, Berlin, De Gruyter.

Pharmaceutical Benefits Advisory Committee (2008)
Guidelines for preparing submissions to the Pharmaceutical Benefits Advisory Committee, Leitlinie, Australian Government - Department of Health u. a.

Pharmaceutical Research and Manufacturers of America (Hrsg.) (2008)
Pharmaceutical Industry Profile 2008.

Pharmaceutical Research and Manufacturers of America (Hrsg.) (2012)
Pharmaceutical Industry Profile 2012.

Pirk, O., Schöffski, O. (2012)
Primärdatenerhebung, in: Schöffski, O., Schulenburg, J.-M. Graf v. d., (Hrsg.) (2012), Gesundheitsökonomische Evaluationen, Vierte, vollständig überarbeitete Auflage, Berlin, Springer, S. 197–242.

Preuß, K.-J., Ecker, T. (2011)
Plädoyer für ein Globales Market-Access-Dossier, in: pharma marketing e-jounal 4, S. 9–11.

PricewaterhouseCoopers (Hrsg.) (2006)
Insights, Analysis & opinions on global M&A activity from our network of local advisers.

PricewaterhouseCoopers (2007)
Pharma 2020: The vision.

Probst, E. (2013)
Meilensteine der Medizin, URL: http://www.deutschlandmed.de/deutsch/medizingeschichte/meilensteine.html (besucht am 28. 01. 2013).

Quote Investigator (Hrsg.) (2011)
Everything Should Be Made as Simple as Possible, But Not Simpler, URL: http://quoteinvestigator.com/2011/05/13/einstein-simple/ (besucht am 12. 09. 2013).

Raasch, C., Schöffski, O. (2008)
Management des Patentauslaufs, in: Schöffski, O., Fricke, F.-U., Guminski, W., (Hrsg.) (2008), Pharmabetriebslehre, 2., vollst. überarb. und erw. Aufl., S. 215–231.

Raiffa, H. (1968)
Decision Analysis, introductory lectures on choices under uncertainty, Reading, Massachusetts, Addison-Wesley.

Reihlen, M. (1997)
Ansätze in der Modelldiskussion, Eine Analyse der Passivistischen Abbildungsthese und der Aktivistischen Konstruktionsthese, in: Delfmann, W., (Hrsg.) (1997), Arbeitsberichte des Seminars für Allgemeine Betriebswirtschaftslehre, Betriebswirtschaftliche Planung und Logistik der Universität zu Köln.

Rittenhouse, B. (1996)
Uses of models in economic evaluations of medicines and other health technologies.

Roberts, M., Russell, L. B., Paltiel, A. D. u. a. (2012)
Conceptualizing a Model: A Report of the ISPOR-SMDM Modeling Good Research Practices Task Force-2, in: Value in Health 15, 6, S. 804–811.

Robinson, R. (2012)
Nichebusters vs. Blockbusters, in: PharmaVOICE, 9, S. 1–4.

Roehrig, C., Kargus, K. (2003)
Health Technology Assessment in Canada and the G-7 Countries: A Comparativ Analysis of the Role of HTA Agencies in the Decision Making Process, working paper, Health Care System Division.

Romaneix, F. (2011)
HAS - Haute Autorité de Santé, URL: http://www.inahta.org/Members/HAS/ (besucht am 17. 12. 2011).

Rosen, M. (2005)
Top 20 big pharmas represent majority of world pharma market, URL: http://wtnnews.com/articles/1903/ (besucht am 05. 02. 2013).

Rosian, I., Antony, K., Habl, C. u. a. (2001)
Benchmarking Arzneimittelausgaben, Strategien zur Kostendämpfung in der Europäischen Union.

Ruchti, H. (1956)
Bilanz und Investitionen, in: Der Industriebetrieb und sein Rechnungswesen, S. 32–57.

Rüther, A., Dauben, H. P. (2004)
Health Technology Assessment, in: Lauterbach, K. W., Schrappe, M., (Hrsg.) (2004), Gesundheitsökonomie, Qualitätsmanagement und Evidence-based Medicine, Eine systematsiche Einführung, 2. überarbeitete und erweiterte Auflage, Stuttgart, S. 127–134.

Rüther, A., Dauben, H.-P. (2010)
Health Technology Assessment (HTA) und seine Rolle in der Versorgungsforschung, in: Lauterbach, K. W., Lüngen, M., Schrappe, M., (Hrsg.) (2010), Gesundheitsökonomie, Management und Evidence-based Medicine, Handbuch für Praxis, Politik und Studium, 3., völlig neu bearb. und erw. Aufl., Stuttgart, Schattauer, S. 528–536.

Rutten, F. (2004)
The Impact of Healthcare Reform in The Netherlands, in: PharmacoEconomics 22, Suppl. 2, S. 65–71.

Sachverständigenrat zur Begutachtung der Entwicklung im Gesundheitswesen (2009)
Koordination und Integration - Gesundheitsversorgung in einer Gesellschaft des längeren Lebens, Gutachten, Drucksache 16/13770, Deutscher Bundestag.

Sackett, D. L., Rosenberg, W. M. C., Gray, J. A. M. u. a. (1996)
Evidence based medicine: what it is and what it isn't, in: British Medical Journal 312, 7023, S. 71–72.

Sawicki, P. T. (2006)
Health Technology Assessment, in: Bundesgesundheitsblatt - Gesundheitsforschung - Gesundheitsschutz, S. 228–230.

Scannell, J. W., Blanckley, A., Boldon, H. u. a. (2012)
Diagnosing the decline in pharmaceutical R&D efficiency, in: Nature Reviews Drug Discovery 11, 3, S. 191–200.

Schaaber, J. (2005)
Was kostet Pharmaforschung wirklich?, in: Pharma-Brief Spezial 2, S 6.

Schellhorn, H., Zerwes, U., Rosery, H. (2013)
Budget Impact in der frühen Nutzenbewertung, in: Gesundheitsökonomie und Qualitätsmanagement, 18, S. 180–185.

Schiffner, R. (2008)
Mechanismen des Innovationszutritts in das Gesundheitssystem, in: Perleth, M., Busse, R., Gerhardus, A. u. a., (Hrsg.) (2008), Health Technology Assessment, Konzepte, Methoden, Praxis für Wissenschaft und Entscheidungsfindung, S. 40–50.

Schleberger, H., Gerhardus, A. (2008)
Projektmanagement von HTA-Berichten, in: Perleth, M., Busse, R., Gerhardus, A. u. a., (Hrsg.) (2008), Health Technology Assessment, Konzepte, Methoden, Praxis für Wissenschaft und Entscheidungsfindung, S. 221–229.

Schlingensiepen, I. (2010)
Das IQWiG hat ein Glaubwürdigkeitsproblem, und bei Hausärzten gilt es als wenig nützlich, URL: http://www.aerztezeitung.de/politik_gesellschaft/article/621257/iqwig-glaubwuerdigkeitsproblem-hausaerzten-gilt-nuetzlich.html (besucht am 22. 01. 2012).

Schmid, E. F., Smith, D. A. (2005)
Is declining innovation in the pharmaceutical industry a myth?, in: Drug Discovery Today 10, 15, S. 1031–1039.

Schmitt-Feuerbach, B. (2012)
Deutschland ist noch attraktivster Markt für Innovationen, URL: http://www.aerztezeitung.de/politik_gesellschaft/arzneimittelpolitik/article/817978/deutschland-noch-attraktivster-markt-innovationen.html (besucht am 01. 03. 2013).

Schöffski, O. (2008)
Das Krankenversicherungssystem in Deutschland, in: Schöffski, O., Fricke, F.-U., Guminski, W., (Hrsg.) (2008), Pharmabetriebslehre, 2., vollst. überarb. und erw. Aufl., S. 3–22.

Schöffski, O. (2012)
Grundformen gesundheitsökonomischer Evaluationen, in: Schöffski, O., Schulenburg, J.-M. Graf v. d., (Hrsg.) (2012), Gesundheitsökonomische Evaluationen, Vierte, vollständig überarbeitete Auflage, Berlin, Springer.

Schöffski, O., Fricke, F.-U., Guminski, W. (Hrsg.) (2008)
Pharmabetriebslehre, 2., vollst. überarb. und erw. Aufl.

Schöffski, O., Greiner, W. (2012)
Das QALY-Konzept als prominentester Vertreter der Kosten-Nutzwert-Analyse, in: Schöffski, O., Schulenburg, J.-M. Graf v. d., (Hrsg.) (2012), Gesundheitsökonomische Evaluationen, Vierte, vollständig überarbeitete Auflage, Berlin, Springer, S. 71–110.

Schöffski, O., Schulenburg, J.-M. Graf v. d. (Hrsg.) (2007)
Gesundheitsökonomische Evaluationen, Dritte, vollständig überarbeitete Auflage, Berlin, Springer.

Schöffski, O., Schulenburg, J.-M. Graf v. d. (Hrsg.) (2012)
Gesundheitsökonomische Evaluationen, Vierte, vollständig überarbeitete Auflage, Berlin, Springer.

Schöffski, O., Schumann, A. (2007a)
Das gesundheitsökonomische Schwellenwert-Konzept: Wie viel darf ein QALY kosten?, in: Albring, M., (Hrsg.) (2007), IMPLICONplus, Gesundheitspolitische Analysen, 1.

Schöffski, O., Schumann, A. (2007b)
Optimaler Kosteneffektivitätsschwellenwert versus gesellschaftlich gewünschter Schwellenwert: Vorschlag eines multiplen Schwellenwertmodells, in: Gesundheitsökonomie und Qualitätsmanagement 12, 03, S. 160–169.

Schöffski, O., Schumann, A., Kuhlmann, A. u. a. (2012)
Das Schwellenwertkonzept: Theorie sowie Umsetzung beim IQWiG und anderen Institutionen, in: Schöffski, O., Schulenburg, J.-M. Graf v. d., (Hrsg.) (2012), Gesundheitsökonomische Evaluationen, Vierte, vollständig überarbeitete Auflage, Berlin, Springer, S. 111–153.

Schulenburg, J.-M. Graf v. d. (2007)
Die Entwicklung der Gesundheitsökonomie und ihre methodischen Ansätze, in: Schöffski, O., Schulenburg, J.-M. Graf v. d., (Hrsg.) (2007), Gesundheitsökonomische Evaluationen, Dritte, vollständig überarbeitete Auflage, Berlin, Springer, S. 12–22.

Schulenburg, J.-M. Graf v. d., Vauth, C. (2007)
Nach welchen ökonomischen Methoden sollten Gesundheitsleistungen in Deutschland evaluiert werden?, in: Journal of Economics and Statistics (Jahrbuecher fuer Nationaloekonomie und Statistik) 227, 5+6, S. 787–805.

Schumann, A., Schöffski, O. (2006)
Ressourcenallokation im Spannungsverhältnis zwischen optimalem Schwellenwert und optimalem Budget: Ansätze zur Sichtbarmachung und Herleitung eines Kosteneffektivitätsschwellenwerts, in: Gesundheitsökonomie und Qualitätsmanagement 11, 5, S. 302–310.

Schwabe, U. (2012)
Arzneiverordnungen 2011 im Überblick, in: Schwabe, U., Paffrath, D., (Hrsg.) (2012), Arzneiverordnungs-Report 2012, Aktuelle Daten, Kosten, Trends und Kommentare, Berlin, Springer Medizin, S. 1–42.

Schwabe, U., Paffrath, D. (Hrsg.) (2012)
Arzneiverordnungs-Report 2012, Aktuelle Daten, Kosten, Trends und Kommentare, Berlin, Springer Medizin.

Schwalm, A., Danner, M., Seidl, A. u. a. (2010)
Wo steht die Kosten-Nutzen-Bewertung des IQWiG, in: Bundesgesundheitsblatt - Gesundheitsforschung - Gesundheitsschutz 53, 6, S. 615–622.

Seifert, C., Lottmann, K., Chen, X. u. a. (2011)
Budget-Impact-Analyse von Dronedaron bei Behandlung von Patienten mit nicht-permanentem Vorhofflimmern aus Perspektive der GKV in Deutschland, in: Perfusion 24, 6.

Siebert, U. (2003)
When should decision-analytic modeling be used in the economic evaluation of health care?, in: European Journal of Health Economics 4, 3, S. 143–150.

Siebert, U. (2005)
Entscheidungsanalytische Modelle zur Sicherung der Übertragbarkeit internationaler Evidenz von HTA auf den Kontext des deutschen Gesundheitssystems, HTA-Bericht, Deutsche Agentur für Health Technology Assessment des Deutschend Instituts für Medizinische Dokumentation und Information.

Siebert, U., Jahn, B., Mühlberger, N. u. a. (2012)
Entscheidungsanalyse und Modellierungen, in: Schöffski, O., Schulenburg, J.-M. Graf v. d., (Hrsg.) (2012), Gesundheitsökonomische Evaluationen, Vierte, vollständig überarbeitete Auflage, Berlin, Springer, S. 275–324.

Simoens, S. (2009)
Health economic assessment: a methodological primer, in: International journal of environmental research and public health 6, 12, S. 2950–2966.

Sindern, J., Schröder-Bernhardi, D., Slawik, L. (2010)
Sekundärdaten für Budget Impact Analysen, in: Gesundheitswesen 72, S. 356–362.

Siskou, M. (2009)
Zur Geschichte der Pharmakovigilanz, in: Otte, A., Nguyen, T., (Hrsg.) (2009), Risiken und Nebenwirkungen von Arzneimitteln, S2–S16.

Smith, M. W., Barnett, P. G. (2008)
The role of economics in the QUERI program: QUERI Series, in: Implementation science 3, S. 20.

Spitznagel, M. (2012)
The Austrians and the Swan: Birds of a Different Feather, Universa Working White Paper, Universa Investments L. P.

Stachowiak, H. (1973)
Allgemeine Modelltheorie, Wien, Springer-Verlag.

Stachowiak, H. (Hrsg.) (1980)
Modelle und Modelldenken im Unterricht, Bad Heilbrunn/Obb., Verlag Julius Klinkhardt.

Stachowiak, H. (Hrsg.) (1983)
Modelle – Konstruktion der Wirklichkeit, München, Wilhelm Fink Verlag.

Stahl, J. E. (2008)
Modelling Methods for Pharmacoeconomics and Health Technology Assessment, in: PharmacoEconomics 26, 2, S. 131–148.

Stahlknecht, P. (1970)
Operations Research, 2. Aufl., Braunschweig, Vieweg.

Steckhan, H., Bühler, W., Jäger, K. E. u. a. (Hrsg.) (1984)
Operations Research Proceedings 1983, Papers of the 12th Annual Meeting, Deutsche Gesellschaft für Operations Research e.V., Berlin, Springer-Verlag.

Steinbrook, R. (2006)
The Price of Sight – Ranibizumab, Bevacizumab, and the Treatment of Macular Degeneration, in: The New England Journal of Medicine 355, 14, S. 1409–1412.

Storz, U. (2011)
Innovationsschutz in der Pharmaindustrie, Teil 4: Ergänzender Schutz für pharmazeutische Produkte, in: Die Phamanzeutische Industrie 73, 7, S. 1272–1275.

Stovall, S. (2012)
Adjusting To Blockbusters' Decline, in: Pharmaceutical Newsletter, S. 2–4.

Stubbington, T. (2011)
Shire CEO Focusing M&A On Drugs With Defined Markets, in: Pharmaceutical Newsletter, S. 13.

Tacitus, P. C. (2005)
Annalen, 5. Auflage, Düsseldorf, Artemis und Winkler.

Taleb, N. N. (2008)
The Fourth Quadrant: A Map of the Limits of Statistics, URL: http://www.edge . org/ 3rd _ culture/ taleb08/ taleb08 _ index . html (besucht am 19. 05. 2012).

Tarride, J.-E., McCarron, C. E., Lim, M. u. a. (2008)
Economic evaluations conducted by Canadian health technology assessment agencies: where do we stand?, in: International journal of technology assessment in health care 24, 4, S. 437–444.

Topitsch, E. (Hrsg.) (1980)
Logik der Sozialwissenschaften, 10., veränderte Auflage, Königstein/Ts., Verlagsgruppe Athenäum, Hain, Scriptor, Hanstein.

Trilling, T., Graf, M., Knoke, C. (2008)
Pharmamarketing, Ein Leitfaden für die tägliche Praxis, 2. Aufl., Berlin u. a., Springer-Verlag.

Trueman, P., Drummond, M., Hutton, J. (2001)
Developing guidance for budget impact analysis, in: PharmacoEconomics 19, 6, S. 609–621.

Turner, E. H., Matthews, A. M., Linardatos, E. u. a. (2008)
Selective Publication of Antidepressant Trials and Its Influence on Apparent Efficacy, in: The New England Journal of Medicine 358, 3, S. 252–260.

Vauth, C. (2010)
Gesundheitsökonomische Sekundärforschung. Das Beispiel der Bewertung starkt wirksamer Analgetika in der chronischen Schmerztherapie, Baden-Baden, Nomos.

Verband Forschender Arzneimittelhersteller e. V. (Hrsg.) (2012)
Die Pharmaindustrie in Deutschland, URL: http://www.vfa.de/download/kompakt-2012.pdf (besucht am 31. 01. 2013).

Wack, P. (1985)
Scenarios: Shooting the Rapids, in: Harvard Business Review 63, 6, S. 139–150.

Wang, Z., Salmon, J. W., Walton, S. M. (2004)
Cost-effectiveness analysis and the formulary decision-making process, in: Journal of managed care pharmacy 10, 1, S. 48–59.

Watzlawick, P. (1976)
Wie wirklich ist die Wirklichkeit?, R. Piper.

Weinstein, M. C., O'Brian, B., Hornberger, J. u. a. (2003)
Principles of Good Practice for Decision Analytic Modeling in Health-Care Evaluation: Report of the ISPOR Task Force on Good Research Practices–Modeling Studies, in: Value in Health 6, 1.

Weintraub, A. (2009)
Can Roche Leave Genentech Alone?, in: BusinessWeek.

Welge, M. K., Holtbrügge, D. (2006)
Internationales Management, Theorien, Funktionen, Fallstudien, 4. überarbeitete und erweiterte Auflage, Stuttgart.

Wild, C. (2010)
Bewertung Medizinischer Leistungen in/für Krankenanstalten, in: HTA-Newsletter, 88.

Williams, E. C. (1954)
Reflections on Operational Research, in: Journal of the Operations Research Society of America 2, 4, S. 441–443.

Wöhe, G., Döring, U. (2005)
Einführung in die allgemeine Betriebswirtschaftslehre, 22., neubearb. Aufl., München, Vahlen.

Zaric, G. S., O'brien, B. J. (2005)
Analysis of a pharmaceutical risk sharing agreement based on the purchaser's total budget, in: Health economics 14, 8, S. 793–803.

Zeidler, J., Braun, S. (2012)
Sekundärdatenanalysen, in: Schöffski, O., Schulenburg, J.-M. Graf v. d., (Hrsg.) (2012), Gesundheitsökonomische Evaluationen, Vierte, vollständig überarbeitete Auflage, Berlin, Springer, S. 243–274.

Zentner, A., Garrido, M. V., Busse, R. (2005)
Methoden zur vergleichenden Bewertung pharmazeutischer Produkte, HTA-Bericht, Deutsche Agentur für Health Technology Assessment des Deutschend Instituts für Medizinische Dokumentation und Information.

Zschocke, D. (1995)
Modellbildung der Ökonomie.: Modell, Information, Sprache. Vahlen.

Anhang A Bedeutende Patentabläufe bei Arzneimitteln nach Jahr und Ländern

Tabelle A.1: Bedeutende Patentabläufe nach Jahr und Ländern

Jahr	USA		Japan	UK	Frankreich	Deutschland
2012	Plavix® Seroquel® Singulair® Actos® Lexapro®	Diovan® Diovan HCT® Geodon® Boniva®	Nu Lotan Myslee® Preminent Haigou Seroquel®	Lipitor® Amias Seroquel® Aricept® Singulair®	Tahor Singulair® Pariet® Ixprim Aprovel	Seroquel® Atacand® Atacand® Plus Sortis® Aricept®
2013	Oxycontin® Aciphex® Zometa®	Xeloda® Opana® ER Asacol®	Diovan® Plavix® Livalo® Elplat®	Viagra® Xeloda®	Seretide® Coaprovel Xeloda® Micardis® Viagra®	Viani® Zometa® Atmadisc® Coaprovel Viagra®
2014	Nexium® Cymbalta® Celebrex® Symbicort®	Lunesta® Restasis® Evista® Sandostatin® LAR Actonel®	Prograf® Glivec® Abilify®	Abilify® Cipralex® Risperdal® Consta®	Seroplex® Abilify® Ebixy® Risperdal® Consta® LP	Axura Risperdal® Consta® Blopress Plus®
2015	Abilify® Copaxone® Gleevec® Namenda®	Provigil® Combivent® Zyvox® Prezista® Avodart®	Zyprexa® Adoair® Alimta® Spiriva® Symbicort®	Spiriva® Cymbalta® Alimta®	Alimta® Spiriva® Copaxone® Protelos® Cymbalta®	Spiriva® Copaxone® Alimta® Cymbalta®
2016	Crestor® Benicar® Benicar HCT® Cubicin®		Blopress Baraclude®	Glivec® Vfend®	Glivec® Cancidas® Vfend®	Glivec® Zyvoxid Vfend®

Quelle: Vgl. IMS Institute for Healthcare Informatics (Hrsg.) (2012), S. 32.

Anhang B Ergebnisse der Literaturrecherche

Literaturrecherche Methoden

Al, M. J., Feenstra, T., Brouwer, W. B. F. (2004)
Decision makers' views on health care objectives and budget constraints: results from a pilot study, in: Health Policy 70, 1, S. 33–48.

Anis, A. H., Gagnon, Y. (2000)
Using economic evaluations to make formulary coverage decisions. So much for guidelines, in: PharmacoEconomics 18, 1, S. 55–62.

Annemans, L., Cleemput, I., Simoens, S. u. a. (2010)
The Increasing Role of Health Economic Evaluations in Drug Development, in: Drug Development Research 71, S. 457–462.

Brousselle, A., Lessard, C. (2011)
Economic evaluation to inform health care decision-making: promise, pitfalls and a proposal for an alternative path, in: Social science & medicine 72, 6, S. 832–839.

Cleemput, I., Neyt, M., Sande, S. V. de u. a. (2012)
Belgian guidelines for economic evaluations and budget impact analyses: second edition, HTA-Bericht, Belgian Health Care Knowledge Centre (KCE).

Cohen, J., Stolk, E., Niezen, M. (2007)
The increasingly complex fourth hurdle for pharmaceuticals, in: PharmacoEconomics 25, 9, S. 727–734.

Cohen, J. P., Stolk, E., Niezen, M. (2008)
Role of budget impact in drug reimbursement decisions, in: Journal of health politics, policy and law 33, 2, S. 225–247.

Garattini, L., Vooren, K. van de (2011)
Budget Impact analysis in economic evaluation: a proposal for a clearer definition, in: European Journal of Health Economics 12, 6, S. 499–502.

Hilden, J. (2008)
Budget impact analysis and its rational basis, in: Medical decision making 28, 4, S. 460–461.

John, J., Leidl, R. (2004)
Zur Bedeutung von ökonomischen Evaluationen beim Ein- und Ausschluss von Leistungen, in: Sozialer Fortschritt 53, 8-9.

Jommi, C., Otto, M., Armeni, P. u. a. (2012)
Market access management by pharmaceutical companies in a complex environment: The Italian case study, in: Journal of Medical Marketing: Device, Diagnostic and Pharmaceutical Marketing 12, 2, S. 93–103.

Koch, K., Dintsios, C.-M., Sawicki, P. T. (2008)
Methodenvorschlag des IQWiG zur Kosten-Nutzen-Bewertung von medizinischen Verfahren, in: Sozialer Fortschritt 12, S. 294–300.

Koopmanschap, M. A., Rutten, F. F. H. (2003)
The drug budget silo mentality: the Dutch case, in: Value Health 6, S1, S46–S51.

Marshall, D. A., Douglas, P. R., Drummond, M. F. u. a. (2008)
Guidelines for conducting pharmaceutical budget impact analyses for submission to public drug plans in Canada, in: PharmacoEconomics 26, 6, S. 477–495.

Mauskopf, J. A., Earnshaw, S., Mullins, C. D. (2005)
Budget impact analysis: review of the state of the art, in: Expert review of pharmacoeconomics & outcomes research 5, 1, S. 65–79.

Neumann, P. J. (2007)
Budget impact analyses get some respect, in: Value in Health 10, 5, S. 324–325.

Nuijten, M. J. C., Mittendorf, T., Persson, U. (2011)
Practical issues in handling data input and uncertainty in a budget impact analysis. In: The European journal of health economics 12, 3, S. 231–241.

Nuijten, M. J. C., Rutten, F. (2002)
Combining a budgetary-impact analysis and a cost-effectiveness analysis using decision-analytic modelling techniques, in: PharmacoEconomics 20, 12, S. 855–867.

Orlewska, E., Gulácsi, L. (2009)
Budget-impact analyses: a critical review of published studies, in: PharmacoEconomics 27, 10, S. 807–827.

Rutten, F. (2004)
The Impact of Healthcare Reform in The Netherlands, in: PharmacoEconomics 22, Suppl. 2, S. 65–71.

Schulenburg, J.-M. Graf v. d., Vauth, C. (2007)
Nach welchen ökonomischen Methoden sollten Gesundheitsleistungen in Deutschland evaluiert werden?, in: Journal of Economics and Statistics (Jahrbuecher fuer Nationaloekonomie und Statistik) 227, 5+6, S. 787–805.

Simoens, S. (2009)
Health economic assessment: a methodological primer, in: International journal of environmental research and public health 6, 12, S. 2950–2966.

Sindern, J., Schröder-Bernhardi, D., Slawik, L. (2010)
Sekundärdaten für Budget Impact Analysen, in: Gesundheitswesen 72, S. 356–362.

Smith, M. W., Barnett, P. G. (2008)
The role of economics in the QUERI program: QUERI Series, in: Implementation science 3, S. 20.

Tarride, J.-E., McCarron, C. E., Lim, M. u. a. (2008)
Economic evaluations conducted by Canadian health technology assessment agencies: where do we stand?, in: International journal of technology assessment in health care 24, 4, S. 437–444.

Trueman, P., Drummond, M., Hutton, J. (2001)
Developing guidance for budget impact analysis, in: PharmacoEconomics 19, 6, S. 609–621.

Wang, Z., Salmon, J. W., Walton, S. M. (2004)
Cost-effectiveness analysis and the formulary decision-making process, in: Journal of managed care pharmacy 10, 1, S. 48–59.

Zaric, G. S., O'brien, B. J. (2005)
Analysis of a pharmaceutical risk sharing agreement based on the purchaser's total budget, in: Health economics 14, 8, S. 793–803.

Literaturrecherche Studien

Clouth, J., Knoll, S., Eichmann, F. (2009)
Evaluating health care using system dynamics modelling a case study in Schizophrenia, in: Gesundheitsökonomie und Qualitatsmanagement 14, 6, S. 302–310.

Elger, C. E., Gaudig, M. (2010)
Risks and cost of generic substitution of topiramate for the German healthcare system, in: Aktuelle Neurologie 37, 1, S. 18–24.

Jiang, Y., Gauthier, A., Annemans, L. u. a. (2012)
A public health and budget impact analysis of vaccinating at-risk adults and the elderly against pneumococcal diseases in Germany, in: Expert review of pharmacoeconomics & outcomes research 12, 5, S. 631–43.

Müller, E., Walzer, S., Krone, F. A. u. a. (2008)
Cost savings in the treatment of renal anemia due to subcutaneous application of epoetin beta, in: Nieren- und Hochdruckkrankheiten 37, 8, S. 404–411.

Seifert, C., Lottmann, K., Chen, X. u. a. (2011)
Budget-Impact-Analyse von Dronedaron bei Behandlung von Patienten mit nicht-permanentem Vorhofflimmern aus Perspektive der GKV in Deutschland, in: Perfusion 24, 6.

Anhang C Entscheidungsbaum zur Modellauswahl

Abbildung C.1: Entscheidungsbaum zur Modellauswahl

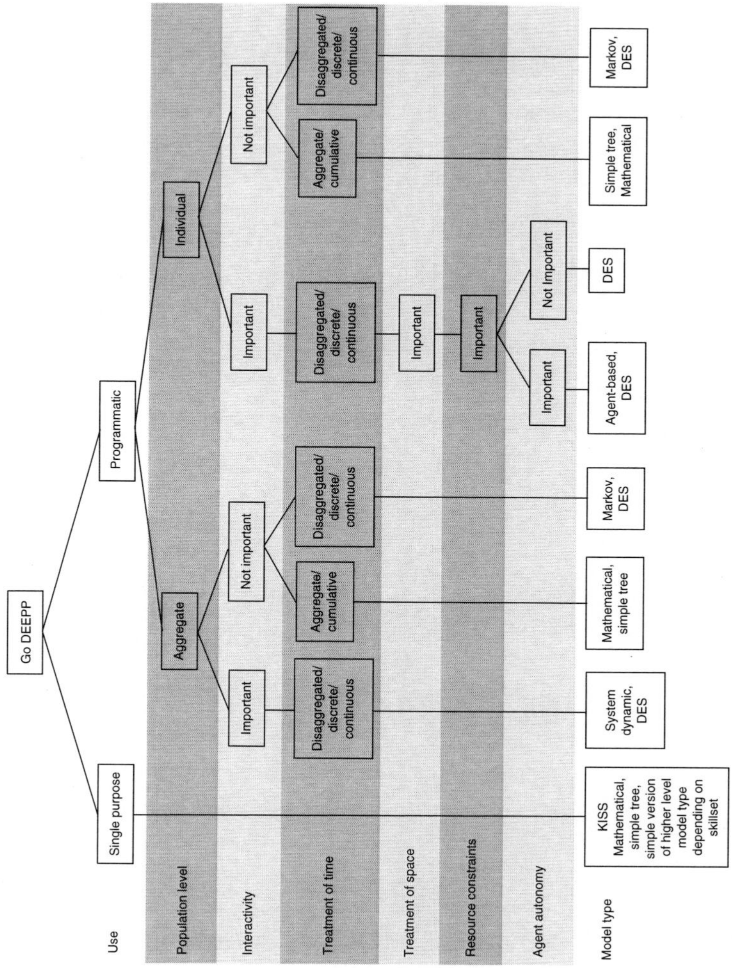

Quelle: Stahl, J. E. (2008), S. 137.

<u>Schriften zur Gesundheitsökonomie</u>

HERZ

Health Economics Research Zentrum
Buchweizenfeld 27
31303 Burgdorf
Fax: +49(0)5136/976187
email: herz@schoeffski.de

Bisher erschienen:

Band 1 *Steininger-Niederleitner, M., Sohn, S., Schöffski, O. (2003)*
Managed Care in der Schweiz und Übertragungsmöglichkeiten nach Deutschland
ISBN 3-936863-00-8, 172 S., 18 Abb., Geb. EUR 19,90

Band 2 *Esslinger, A. S. (2003)*
Qualitätsorientierte strategische Planung und Steuerung in einem sozialen Dienstleistungsunternehmen mit Hilfe der Balanced Scorecard
ISBN 3-936863-01-6, 276 S., 36 Abb., 50 Tab., Geb. EUR 29,90

Band 3 *Lindenthal, J., Sohn, S., Schöffski, O. (2004)*
Praxisnetze der nächsten Generation: Ziele, Mittelverteilung und Steuerungsmechanismen
ISBN 3-936863-02-4, 216 S., 16 Abb., 19 Tab., Geb. EUR 24,90

Band 4 *Steinbach, H., Sohn, S., Schöffski, O. (2004)*
Möglichkeiten der Kalkulation von sektorenübergreifenden Kopfpauschalen (Capitation)
ISBN 3-936863-03-2, 312 S., 22 Abb., 28 Tab., Geb. EUR 29,90

Band 5 *Glock, G., Sohn, S., Schöffski, O. (2004)*
IT-Unterstützung für den medizinischen Prozess in der integrierten Versorgung
ISBN 3-936863-04-0, 208 S., 22 Abb., Geb. EUR 24,90

Band 6 *Hagn, D., Schöffski, O. (2005)*
Orphan Drugs. A Challenge for the Pharmaceutical Industry in Europe
ISBN 3-936863-05-9, 160 S., 37 Abb., 20 Tab., Geb. EUR 19,90

Band 7 *Pelleter, J., Sohn, S., Schöffski, O. (2004)*
Medizinische Versorgungszentren. Grundlagen, Chancen und Risiken einer neuen Versorgungsform
ISBN 3-936863-06-7, 196 S., 18 Abb., Geb. EUR 24,90

Band 8 *Sohn, S. (2006)*
Integration und Effizienz im Gesundheitswesen. Instrumente und ihre Evidenz für die integrierte Versorgung
ISBN 3-936863-07-5, 288 S., 26 Abb., 28 Tab., Geb. EUR 29,90

Band 9 *Hämmerle, P., Estelmann, A., Schwandt, M., Schöffski, O. (2006)*
Moderne Verfahren der Qualitätsberichterstattung im Krankenhaus
ISBN 3-936863-08-3, 140 S., 33 Abb., Geb. EUR 19,90

Band 10 *Marschall, D. (2007)*
Positionierung einer erfolgreichen Arzneimittelmarke
ISBN 978-3-936863-09-3, 244 S., 54 Abb., 24 Tab., Geb. EUR 24,90

Band 11 *Haarländer, S., Bühner, A., Schwandt, M., Schöffski, O. (2007)*
Public Private Partnership (PPP) im Krankenhausbereich
ISBN 978-3-936863-10-9, 192 S., 32 Abb., 3 Tab., Geb. EUR 24,90

Band 12 *Schmitt-Rüth, S., Esslinger, A. S., Schöffski, O. (2007)*
Der Markt für Medizintechnik – Analyse der Entwicklungen im Wandel der Zeit
ISBN 978-3-936863-11-6, 172 S., 20 Abb., 6 Tab., Geb. EUR 19,90

Band 13 *Sauer, F. (2007)*
Erfolgsfaktoren für das marktorientierte Management patentgeschützter Arzneimittel
ISBN 978-3-936863-12-3, 388 S., 54 Abb., 29 Tab., Geb. EUR 34,90

Band 14 *Emmert, M. (2008)*
Pay for Performance (P4P) im Gesundheitswesen – Ein Ansatz zur Verbesserung der Gesundheitsversorgung?
ISBN 978-3-936863-12-3, 460 S., 41 Abb., 77 Tab., Geb. EUR 39,90

Band 15 *Patzak, M. (2009)*
Alternative Finanzierungsinstrumente für Krankenhäuser
ISBN 978-3-936863-14-7, 320 S., 340 Abb., 28 Tab., Geb. EUR 39,90

Band 16 *Heil, A., Schwandt, M., Schöffski, O. (2009)*
Darstellung ärztlicher Weiterbildungskosten im Krankenhaus
ISBN 978-3-936863-15-4, 156 S., 9 Abb., 8 Tab., Geb. EUR 24,90

Band 17 *Held, S., Bolte, C., Bierbaum, M., Schöffski, O. (2009)*
Impact of Big Pharma organizational structure on R&D productivity
ISBN 978-3-936863-16-1, 160 S., 22 Abb., 29 Tab., Geb. EUR 24,90

Band 18 *Lauerer, M., Emmert, M., Schöffski, O. (2011)*
Die Qualität des deutschen Gesundheitswesens im internationalen Vergleich
ISBN 978-3-936863-17-8, 204 S., 14 Abb., 27 Tab., Geb. EUR 24,90

Band 19 *Scheppach, M., Emmert, M., Schöffski, O. (2011)*
Pay for Performance (P4P) im Gesundheitswesen: Leitfaden für eine erfolgreiche Einführung
ISBN 978-3-936863-18-5, 184 S., 23 Abb., 18 Tab., Geb. EUR 24,90

Band 20 *Pelleter, J. (2012)*
Organisatorische und institutionelle Herausforderungen bei der Implementierung von Integrierten Versorgungskonzepten am Beispiel der
Telemedizin
ISBN 978-3-936863-19-2, 675 S., 67 Abb., 10 Tab., Geb. EUR 49,90

Band 21 *Kloep, M. (2012)*
Managed Equipment Services as a Conceptual Business Opportunity Model for the GCC with Focus on UAE - An Institutional and Economic Analysis.
ISBN 978-3-936863-20-8, 212 S., 17 Abb., 22 Tab., Geb. EUR 24,90

Band 22 *Wolf Sussman, J. (2013)*
Key Considerations for Successful Biotechnological and Pharmaceutical Product Launches
ISBN 978-3-936863-21-5, 268 S., 47 Abb., 26 Tab., Geb. EUR 29,90

Band 23 *Bierbaum, M. (2013)*
Budget Impact Analysen für pharmazeutische Innovationen in Deutschland
ISBN 978-3-936863-22-2, 288 S., 30 Abb., 32 Tab., Geb. EUR 29,90